畿辅哲学研究（第二辑）

主　编　程志华
副主编　许春华　张燕京

河北大学出版社
·保定·

出 版 人：朱文富
责任编辑：王殊宁
装帧设计：王占梅
责任校对：蔡文涛
责任印制：常　凯

JIFU ZHEXUE YANJIU *DIERJI*

图书在版编目（CIP）数据

畿辅哲学研究．第二辑 / 程志华主编．-- 保定：河北大学出版社，2023.4
ISBN 978-7-5666-2146-7

Ⅰ．①畿… Ⅱ．①程… Ⅲ．①古代哲学－研究－中国 Ⅳ．① B215

中国国家版本馆 CIP 数据核字 (2023) 第 073779 号

出版发行：河北大学出版社
地址：河北省保定市七一东路2666号　邮编：071000
电话：0312-5073003　0312-5073029
网址：www.hbdxcbs.com
邮箱：hbdxcbs818@163.com
印　　刷：保定市北方胶印有限公司
幅面尺寸：170 mm × 240 mm
字　　数：212千字
印　　张：14.25
版　　次：2023年4月第1版
印　　次：2023年4月第1次印刷
书　　号：ISBN 978-7-5666-2146-7
定　　价：45.00 元

目 录

宋元明清思想研究

近现代思想研究

名家书评

畿辅哲学综论

“北学”简论

程志华*

（河北大学　哲学与社会学学院，河北　保定　071002）

摘要：北学指以河北为中心的黄河以北地域性儒学流派。这个流派有源有流，自荀子以后经历了四个阶段、五个时期的历史发展：先秦北学发端、汉唐北学经学、宋明北学理学、清代北学理学、清代北学实学。北学有绵延未绝的学术谱系，有经久未衰的理论传承创造，其中既有发儒学先声者，亦有丰富儒学者，在先秦儒学“实存道德描述形态”、宋明儒学“形上学形态”、明末清初儒学“形上道德实践形态”诸阶段都做出了理论贡献，成为儒学史上重要的地域性流派。

关键词：北学；儒学；学术谱系；地域性；流派

一、“北学”之来由

要研究北学，须先界定或解释清楚“北学”的概念。之所以将北学的“界定”与“解释”分开讲，一是因为北学的概念有多个，需要在其中界定出来选用哪个；二是因为所界定出来的北学概念亦可能有歧义，需要解释清楚。

---

* 程志华，哲学博士，河北大学哲学与社会学学院教授、博士生导师，河北大学燕赵哲学与文化研究中心首席专家，国家“万人计划”哲学社会科学领军人才，享受国务院政府特殊津贴。

先说"界定"。在学界，"北学"可以指涉多种含义。历史地看，"北学"先后所指为：

第一，指周代"五学"之一，为根据区位而名之的一种学校类型。据说夏、商、周三代就有学校，分别称为"校""序""庠"；三者虽有"教""射""养"之不同内容，但宗旨均为教人"明人伦"。周代学校涉及北学之名：周代在王宫分设四学，即，东学"东序"、西学"瞽宗"、南学"成均"、北学"上庠"，与太学"辟雍"合称"五学"。"五学"与明堂位置有关，亦有教学宗旨之别："东学"以学"亲疏有序"，"南学"以学"长幼有差"，"西学"以学"上贤贵德"，"北学"以学"贵贱等差"，"辟雍"以学"道德理智"。就已知文献讲，这是北学一词的最早出处，它指根据位置而名之的学校名称。

第二，指南北朝时期北方的经学派别。南北朝时期，经学形成南北不同风格，故史称南朝经学为南学，称北朝经学为北学。"自刘、石十六国并入北魏，与南朝对立，为南北朝分立时代；而其时说经者亦有'南学''北学'之分。"① 《北史》记载，南学、北学虽然宗旨"同致"，但却"殊方"，即途径有别："南人约简，得其英华；北学深芜，穷其枝叶。"② 这里，所谓"约简"，主要指侧重"义理"；所谓"深芜"，主要指侧重"训诂"。需要说明的是，无论是南学，还是北学，它们都属于古文经学一脉。

第三，指清初三个地域性儒学派别之一。清初，儒学的传承与弘扬以三个地域性派别为盛，分别是关学、南学、北学。关学起于北宋，与洛学同时代，因宗师张载（1020—1077 年）居关中而命名。不过，在张载过世后，关学门生纷纷转师洛学程门，出现一段时间的萧条。在清初，"关中三李"即李颙（1627—1705 年）、李柏（1630—1700 年）、李因笃（1632—1692 年）重振张载之学，使关学重新成为显学，成为与南学、北学并立的地域性学派。《清朝艺苑》专门设有"北学、南学、关学"条目，其中说："清初孙征君（指孙奇逢——引者）讲学苏门，号为北学。余姚黄梨洲先生宗羲教授其乡，数往来明

① ［清］皮锡瑞著，周予同注释：《经学历史》，北京：中华书局 1959 年（下同），第 170 页。

② ［唐］李延寿：《北史》，北京：中华书局 1974 年，第 2709 页。

越间开塾讲肆，为南学。关中之士，则群奉西安李二曲先生容为人伦模楷，世称关学。”① 南学指清初黄宗羲（1610—1695 年）开塾讲学所奠立的地域性儒学学派，因其居于南方的浙东，故称南学，又称浙东学派。北学指清初直隶孙奇逢（1584—1675 年）于黄河以北所奠立的地域性儒学学派。尹会一（1691—1748 年）说：“在北言北，亦犹之乎在洛言洛，在关言关耳。至于学无南北，惟道是趋，五事、五伦昭如大路，学者读是书而兴起，拔乎俗而不为，苟同志于道而不为，苟异千里百里有若比肩而立者，孔、曾、思、孟而还，濂、洛、关、闽其揆一也，畴得而歧之，视此为北方之学也哉。”② 北学、南学、关学皆因地域而名，其中北学因奠立者孙奇逢长期讲学于夏峰村，故其人被称为夏峰先生，其学派被称为夏峰学派。

第四，指与南方学术文化相对应的北方学术文化，此已不是学派性质，而是完全的地域性文化之义。在梁启超（1873—1929 年）看来，中国文化的根发生在春秋战国时期，而春秋战国时期已出现“南学”“北学”之分野。梁启超概括为“南老北孔”“南道北儒”的不同：南方为“荆楚文化”，以道家老、庄为代表；北方为“齐鲁文化”，以儒家孔、孟为代表；两种文化在对象、特质、致用等方面均有不同。由儒、道两家之比较出发，梁启超将其扩大到文化领域，并提出“南学” “北学”概念，以分别表达南方文化与北方文化。王国维（1877—1927 年）与梁启超持相似的观点，认为春秋时期孔子（公元前 551—前 479 年）、墨子（公元前 476 或 480—前 390 或 420 年）成就了北方的“帝王派”思想，老子成就了南方的“非帝王派”思想；两派思想不仅来源不同，而且特征亦明显有异。

第五，在国际学术界还有一个“北学”概念，指近代朝鲜积极接受中国清朝先进文化技术的学术主张。根据日本学者水野俊平（1968—）的研究，近代朝鲜向清朝学习先进文化技术的主张成为一种学问，被称为北学；围绕北学所形成的学者群体被称为北学派。北学的主张是，接受清朝的文明，改善工商业

① 《清朝艺苑》，上海：上海书店出版社 1981 年，第 34 页。

② ［清］尹会一：《续北学编序》，《健余先生文集》卷二，清光绪畿辅丛书本，第 6 页。

流通、生产、技术，化解社会矛盾，谋求国家发展。北学的主张后来发展为重商主义的实学思想。①

在此，我们基于第三义讨论北学，而不取其他四义。

不过，要对其进行研究，只有此“界定”还不够，还需要进一步“解释”，而要解释的问题至少包括如下几个：其一，北学之“北”具体何指？“北”与“畿辅”是什么关系？这些范围与今天的行政区划是什么关系？其二，既然在夏峰学派之下讨论北学，那么这个学派是否有学术谱系？其三，北学如果有学术谱系和传衍，那么其是否有阶段性变化？若有，这些阶段如何划分？下面，我们依次对这些问题进行探究。

关于第一个问题。孙奇逢除命弟子编《北学编》外，还自著有《畿辅人物考》，以“畿辅”为范围记述明代300多位官吏或人才的事迹。晚于孙奇逢的《畿辅人物考》，清代还官修有《畿辅通志》《畿辅丛书》《大清畿辅先哲传》等典籍。由这些典籍可见，此处涉及“北”与“畿辅”两个地理概念。就当时情况看，“北”即黄河以北，指以古代燕赵为主的区域，即今天的河北地区（包含北京和天津）。“畿辅”指京城及附近地区。在清代，“畿辅”多数情况下为直隶省（即今河北省）的别称，故上述清代官修几部文献均限于直隶省。很显然，“北”与“畿辅”在范围上大致相当，所谓北学的地理区域即“畿辅”地区。故，北学之“北”即主要指今天河北省为主要区域的地域范围。

关于第二个问题。孙奇逢长期讲学苏门，弟子众多，当时即形成一个颇具影响的夏峰学派。不仅如此，他受冯从吾（1557—1627年）《关学编》启发，嘱弟子魏一鳌（1613—1692年）和汤斌（1627—1687年）分别编《北学编》和《洛学编》。参照《关学编》，《北学编》亦依历史顺序，建立起自汉代董仲舒（公元前179—前104年）到明代黄润玉（1389—1477年）共41人之学术谱系。后来，尹会一续《北学编》，补入汉代到明代之间4人，在孙奇逢之后续清代后来者13人。尹嘉铨（1711—1782年）等则再次续修《北学编》，补入明末孙承

① 参见［日］水野俊平著，于雷译《韩国的故事》，北京：中国友谊出版公司2015年，第112—113页。

宗（1563—1638 年），续清代后来者 5 人。这样，北学就建立起一个以董仲舒为开山、以 64 个儒者为传承的有源有流的学术谱系。很显然，北学的学术谱系已不限于夏峰学派，而是在之前仍有回溯，在之后亦有下委，呈现出一个更长的谱系脉络。其实，就学术史来讲，北学谱系仍不能限于这个更长的谱系脉络，此为下一个问题所讨论者。

关于第三个问题。就《北学编》看，它将北学源头从汉代讲起，以董仲舒为北学开山，之前的诸位贤哲被忽略了。究其原因，可能有两个方面：其一，“学”之标准的限制，致使之前未形成义理的圣贤被忽略。孙奇逢夏峰学派的学术理路乃“义理之学”，其追溯“学”之源只能止于“义理之学”，之前未形成义理者必然被忽略。其二，“道统”观念的限制，致使荀子（公元前 313—前 238 年）这个已有义理的儒者被排除在外。从学术史来看，在宋代之前，荀子与孟子一样在儒学史中占有重要地位。但是，宋代开始，荀子渐而被排除在儒学正统之外。程颐（1033—1107 年）说：“荀子极偏驳，只一句‘性恶’，大本已失。”[①] 后来，朱熹（1130—1200 年）拈出“四书”并分别作注，在奠定孟子（公元前 372—前 289 年）正统地位的同时，把荀子排除在正统儒学之外。显然，夏峰学派受到这种道统观的影响，未将荀子视为儒学正统，未将其列入北学谱系。不过，今天要研究北学，不能局限于夏峰学派，亦不能止于夏峰学派所梳理的学术谱系，即，不能止于董仲舒，而应继续上溯；上溯的结果是，是荀子而不是董仲舒为北学的真正开山。而且，由荀子还可以向前追溯至商末孤竹国的伯夷和叔齐（二人生卒不详，约生活于公元前 300 年前后）。如此讲来，清代以前的北学已有悠久历史，它几乎贯穿了整个儒学史，而在每个时代都有代表人物。若依时代和代表人物区分，北学历史大致可分为四个阶段、五个时期：第一阶段为“先秦‘北学’发端”阶段。第二阶段为“汉唐‘北学’经学”阶段。第三阶段为“宋明‘北学’理学”阶段。第四阶段为“清代‘北学’儒学”阶段；此阶段又为两个时期：一为“清代‘北学’理学”；二为“清代‘北学’实学”。

---

① ［宋］程颢、程颐著，王孝鱼点校：《二程集》，北京：中华书局 1981 年，第 262 页。

二、"北学"之历史传衍

（一）先秦"北学"之发端

虽然夏峰学派编写的《北学编》将董仲舒确定为北学之开山，实际上先秦时期的荀子方为北学之真正的开山。而且，在荀子之前，北学还有渊源，即伯夷、叔齐。

伯夷、叔齐为商末孤竹国（今河北卢龙县西）① 君主亚微的长子和三子。伯夷、叔齐之言行体现出如下三方面思想：第一，"义"。兄弟二人互相让国，首先体现出的是"义"。第二，"仁"。伯夷、叔齐以"以臣弑君，可谓仁乎"质问周武王伐纣，足见"仁"在其心目中为坚守者，属不可违背的信念。第三，"孝"。伯夷以父命为尊，坚决不做君王，这就是"孝"。且二人以"父死不葬，爰及干戈，可谓孝乎"质问周武王伐纣，足见其"孝"观念之重。

若回溯地看，孔子所创立的儒家思想似与伯夷、叔齐的观念有渊源关系，如"义""仁""孝"均为孔子儒学的基本观念，或许正因为如此，孔子对二人评价颇高。子贡（公元前520—前456年）问孔子："伯夷、叔齐何人也?"孔子的回答是："古之贤人也。"其何以为"贤人"呢？原因在于其"求仁而得仁"。② 而且，与柳下惠（公元前720—前621年）等人不同的是，"不降其志，不辱其身，伯夷、叔齐与!"③ 正因为如此，人们始终"以德称之"。"齐景公有马千驷，死之日，民无德而称焉。伯夷、叔齐饿于首阳之下，民到于今称之。"④ 故而可言，伯夷、叔齐在原始儒学形成中至少发挥了榜样作用。需要注意的是，伯夷、叔齐反武王伐纣且"耻食周粟"，二人是反对当时的周文化的。这种情况只能说

---

① 《括地志》记载："孤竹故城在平州卢龙县南十二里，殷时诸侯孤竹古国也，姓墨胎氏。"［唐］李泰等著，贺次君辑校：《括地志辑校》，北京：中华书局1980年，第110页。

② ［魏］何晏注，［宋］邢昺疏，朱汉民整理，张岂之审定：《论语注疏》，北京：北京大学出版社1999年（下同），第90页。

③ ［魏］何晏注，［宋］邢昺疏，朱汉民整理，张岂之审定：《论语注疏》，第252页。

④ ［魏］何晏注，［宋］邢昺疏，朱汉民整理，张岂之审定：《论语注疏》，第230页。

明，周公制礼作乐，奠定周文化规模，很可能汲取了伯夷、叔齐的观念。或者说，周公制礼作乐之前周文化是与商文化不同的——商文化既重“仁”又重“孝”的，而周文化则无“仁”“孝”等观念。如此讲来，伯夷、叔齐不仅是孔子儒学的来源之一，亦是更早的周文化的来源之一。换言之，伯夷、叔齐参与了孔子儒学的塑造，故而也成为北学的渊源。

不过，伯夷、叔齐主要发挥的是人格榜样作用，与之不同，荀子则建构了完整的义理体系，成为虽同为继承孔子但与孟子不同的儒家另一个脉络。

荀子为战国末期赵国（今河北邯郸）人，曾三次担任稷下学宫祭酒，两度出任楚兰陵令，晚年在兰陵著书立说、收徒授业，被称为“后圣”。概括地讲，荀子的理论特征可概括为三个方面：其一，荀子于儒家经学授受居功甚伟。清代汪中（1745—1794 年）认为：“荀卿之学，出于孔氏，而尤有功于诸经。”[①]依其考证，《毛诗》《鲁诗》《韩诗》《左氏春秋》《谷梁春秋》《礼》皆为荀子之传，故不仅“诗经学”“春秋学”与荀学有关，“礼学”更是出自荀学。其二，荀子表现出极强的主体性。荀子有强烈的主体意识，尤其在天人关系方面表现出极强的主体意识。在他看来，人不仅要认识“天道”，而且还要利用“天道”，故人需要“制天命而用之”[②]。基于这种主体性，荀子对“十二子”进行了深刻批判；不仅批判儒家外的墨翟、宋钘、慎到、惠施等，还批判儒家内的子张、子夏、子游甚至孟子。[③] 也正是基于这种主体性，荀子不拘束于传统，提出异于孟子“性善论”的“性恶论”。其三，荀子具有强烈的救世责任感。孔子具有强烈的“入世”情怀，孟子和荀子均继承了这种情怀，而且由“入世”发展为“救世”，但二人“救世”的理论主张不同：孟子经过子思所架构的“孔子 - 子思 - 孟子”谱系是理性主义的，其天道论、人性论以抽象本体为基础，具有鲜明的形而上学性质。荀子经过子弓所架构的“孔子 - 子弓 - 荀子”谱系是经验主义的，其天道论、人性论奠基于人类生活实践，是非本体论、非形而上学的。

---

① ［清］汪中：《荀卿子通论》，刘桂荣编著：《论荀辑要》，芜湖：安徽师范大学出版社 2016 年，第 125 页。

② ［清］王先谦撰，沈啸寰等点校：《荀子集解》，北京：中华书局 1988 年（下同），第 317 页。

③ 参见［清］王先谦撰，沈啸寰等点校《荀子集解》，第 89—105 页。

总之，由上述对伯夷、叔齐和荀子思想的分析可知，北学之渊源历史久远，伯夷、叔齐从人格角度影响了周公制礼作乐，进而成为孔子儒学的重要来源；荀子作为北学的开山祖师，通过对孔子、孟子思想的继承、发展，直接参与了原始儒学的“塑造”。无论是伯夷、叔齐，还是荀子，因地域关系，其思想贡献首先应归于北学，然后才可归于全国性的儒学。

（二）汉唐“北学”经学

相较而言，汉、唐不是一个“圣贤表现”的时代，时代不以圣贤人物及其思想取胜；而是一个英雄辈出的时代，时代以取天下之英雄人物及其思想而取胜。无论是相对于先秦，还是相对于宋明，汉唐时期学术思想比较萎靡。概括地讲，这个时期的北学的代表人物包括韩婴（公元前200—前130年）、毛亨、毛苌（生卒年不详）、董仲舒、刘德（公元前170—前130）、卢植（139—192年）、束皙（约261—300年）、刘献之（生卒年不详）、刘焯（544—610年）、孔颖达（574—648年）、李翱（772—841年）等。

就诗学讲，汉初治诗学者主要有四家，分别为鲁人申公、齐人辕固（生卒年不详）、燕人韩婴、赵人毛亨和毛苌，后人分别称为“鲁诗”“齐诗”“韩诗”和“毛诗”。由此来讲，诗学四家有两家在河北，故北学于汉代诗学、经学居功厥伟。而且，毛诗为古文诗学、古文经学，在儒家诗学、经学阵营内独树一帜。更为重要的是，唯毛诗留传下来，使《诗经》能够传于后世，故可言北学于儒家诗学、经学有传承之功。

韩婴，西汉涿郡鄚州（今河北任丘）人（一说为西汉燕人，亦在今河北境内）①，文帝时为博士，景帝时至常山王太傅。就学术理路讲，韩婴的思想表现出明显的统合孟、荀分歧的特征。一个方面，他继承和发扬孟子的“人性善”和“贵民”思想。另一个方面，他亦非常重视荀子的思想。

毛亨、毛苌是叔侄关系，生平不详，秦末汉初赵国（今河北鸡泽）人，是西汉“毛诗学”的开创者。毛诗具有鲜明的学术风格。其一，毛诗训诂简明，

---

① 《汉书·儒林传》：“韩婴，燕人也。”［汉］班固撰，［唐］颜师古注：《汉书》，北京：中华书局1962年（下同），第3613页。

很少神学迷信内容。其二，专有关于诗歌理论的“诗论”。毛诗每篇下都有小序，介绍本篇内容、意旨等，后人称为《毛诗序》，是中国诗歌理论的第一篇专论。

董仲舒，西汉广川（今河北景县）人。汉景帝时博士，讲授《公羊春秋》。“汉兴，承秦灭学之后，景、武之世，董仲舒治《公羊春秋》，始推阴阳，为儒者宗。”① 这里，“为儒者宗”是就两个方面讲的：其一，董仲舒治《公羊春秋》，开创了今文经学下的春秋公羊学；其二，董仲舒引阴阳家的“术数”入儒家，开创儒学史上的谶纬脉络，引发儒家传统的折转。更为关键的是，汉武帝时下诏征求治国方略，董仲舒呈《举贤良对策》，其中“天人感应”“大一统”和“推明孔氏，抑黜百家”等主张被汉武帝采纳。第一，董仲舒的贡献之一在于今文经学的奠立。第二，董仲舒贡献之二是为汉代皇权政治提供“政道”“治道”。历史地看，董仲舒通过上述两个方面的贡献将儒学“推上神坛”，儒学自此开始与皇权相伴而在。儒学“走上神坛”有利有弊：“利”是指儒学与政治直接结合，成为皇权政治意识形态，获得空前的政治地位，为诸子百家所不可同日而语者。“弊”指孔子所奠立的儒学为一种学问，学问之健康发展须以自由探讨为条件；而自董仲舒以后，儒学不再是“纯粹”的学问，而演变为一种意识形态，这种情况是导致儒学僵化、停滞的重要原因。

刘德，汉景帝刘启第二子，官河间（今河北河间）王达二十六载，毕生精力投入古籍收集、整理。关于刘德收集、整理古籍，《汉书》记载：“河间献王德以孝景前二年立，修学好古，实事求是。从民得善书，必为好写与之，留其真，加金帛赐以招之。繇是四方道术之人不远千里，或有先祖旧书，多奉以奏献王者，故得书多，与汉朝等。……献王所得书皆古文先秦旧书，《周官》《尚书》《礼》《礼记》《孟子》《老子》之属，皆经传说记，七十子之徒所论。”②《毛诗》和《左传》均为刘德之功而得以留传后世。

孔颖达，冀州衡水（今河北衡水）人，生于北朝，生平跨北朝、隋朝和唐

---

① ［汉］班固撰，［唐］颜师古注：《汉书》，第 1317 页。

② ［汉］班固撰，［唐］颜师古注：《汉书》，第 2410 页。

朝。入唐，孔颖达历任国子博士、国子司业、国子祭酒等职。孔颖达的主要贡献在经学。他长于古文经学所重的《春秋左传》《毛诗》和《礼记》，并曾与魏徵（580—643年）、颜师古（581—645年）、许敬宗（592—672年）等修订《隋书》，其最大成就是主持编纂《五经正义》，对汉代以来已有经说进行疏解、整理，以使治经、研学、科举取士有所依。

李翱，唐朝赵郡（今河北邯郸）人，祖籍陇西成纪（今甘肃秦安）。“李翱字习之，唐赵郡人。贞元进士。元和初，为国子博士、史馆修撰。终山南东道节度使。翱从韩愈为文章，辞致浑厚。”① 李翱一生力主崇儒排佛，最大贡献是重建儒家心性论。李翱的“复性说”为宋代理学家“心性论”开拓了方向：其一，李翱视《中庸》“性命之学”为孔孟思想精髓，开宋儒重视《中庸》先河，对宋儒程、朱开列“四书”产生了影响。其二，“性”与“情”区分启迪了宋明理学家“天命之性”“气质之性”的区分，也成为理学家“天理”“人欲”之辨的根源。其三，“正思”方法对程颢、程颐“主敬”观点的形成产生了影响，亦对朱熹、张栻争论“未发”“已发”产生了影响。

总的看，汉唐时期北学的表现形式主要为经学，而且今文经学和古文经学均与北学有密切关联，甚至可以说北学奠立了今文经学和古文经学，而奠立者主要为韩婴、毛苌和董仲舒。刘德也为经学尤其是古文经学的奠立发挥了文献资料的基础作用。由此来讲，北学是经学的重镇和关键时期。不仅如此，北学经学主张“道不离经”“经不离道”，具有“经道合一”的明显特征，而这主要反映在孔颖达、李翱的思想当中，而李翱“复性说”对于宋明理学之发生亦发挥了渊源作用。就此来讲，此阶段北学对于下阶段即宋明理学的发生起到了先导作用。

（三）宋明“北学”理学

与汉唐属“英雄辈出”的时代不同，宋明时期则属“圣贤表现”的时代，学术文化走出汉唐的僵化、萎靡状态，出现了“新儒学”“新儒家”之儒学复兴和大发展景象。不过，这种景象是通过地域性儒学而开展的，然后才形成所谓

---

① ［清］皮锡瑞著，周予同注释：《经学历史》，第216页。

“宋明理学”之谓。此时期北学涌现出一批大儒，代表人物包括邵雍、刘安世、刘安礼、高伸振、刘因、安熙、窦默、苏天爵、董朴、伯颜（师圣）、王恂、王结、宋讷、黄润玉、秦亨、贺钦、王崇庆、刘诚、蔡叆、李天麟、宋学道、杨继盛、赵南星、魏大成、孙承宗、鹿善继、朱冯原、金铉等。下面，吾人选择邵雍、刘因、鹿善继三个人物为代表，以反映其理学基本思想。

邵雍（1011—1077 年），生于北宋范阳（今河北涿州大邵村）。青年时随父徙卫州共城（今河南辉县）苏门山，后又移居河南（今洛阳）。邵雍的思想贡献大致如下：其一，会通儒、道，拓宽了儒学发展视域。其二，发扬易学“象数学”，成为“象数派”之集大成者。其三，推进了儒学的形上奠基，与周敦颐一起成为宋明儒学形上思考的开创者。

刘因（1249—1293 年），雄州容城（今河北容城）人。师从北方名儒砚弥坚，曾任承德郎、右赞善大夫等。刘因的理学思想大概如下：其一，“理”是天地万物本体，天地万物皆由“理”所生，万物形体消灭后又复归于“理”。其二，注重宇宙变化即“化”的探讨，认为天地“生生不息而已”。其三，“生生不息”有其“理”，而“理”即“道”。

鹿善继（1575—1636 年），明末北直隶保定府定兴（今河北定兴）人，“由万历四十一年进士，授户部主事”①，后任兵部职方主事、兵部郎中、太常少卿等，为大学士孙承宗的左膀右臂。关于鹿善继的为学宗旨，黄宗羲《明儒学案》评论说：“先生读《传习录》，而觉此心之无隔碍也。故人问其学何所授受，曰：‘即谓得之于阳明可也。’”② 概括地讲，鹿善继的思想特征主要有如下两个方面。其一，传阳明学脉于黄河以北，故其学被称为“燕南王学”。其二，注重躬行实践，倡知行合一之功。

总的讲，宋明时期的北学表现出鲜明特征：其一，形上与形下结合。例如，邵雍与周敦颐一起致力于形上学建构，为宋代“新儒学”奠定形上学基础，使儒学发展进入一个形上形下相结合的新阶段，即哲学史所谓的“宋明儒学”或

① ［清］张廷玉等撰：《明史》，北京：中华书局 1974 年，第 6889 页。

② ［清］黄宗羲著，沈芝盈点校：《明儒学案》，北京：中华书局 1985 年，第 1305—1306 页。

"宋明理学"阶段。其二，学问与躬行兼修。鹿继善继承阳明心学脉络，同时发扬"知行合一"之旨，在躬行方面大大推进了儒学，从而为颜李学派之"实学"的形成提供了理论先导。其三，文章、节义并重。无论是刘因还是鹿善继，他们不仅重视"文章"，同时亦重视"节义"，可言"文章""节义"并重。《畿辅人物考》评价刘因："畿辅理学以静修为开山，文章、节义为有元一代大儒。嗣衍薪传之绪，大约皆宗静修。"① 鹿继善则主张"理""事"结合，既要"读有字书"，更要"识没字理"。其四，理学两大主脉在北学都有传承。大致讲来，刘因是程朱理学的传承，鹿善继是陆王心学的传承。这种情况，一个方面反映当时北学为宋明理学的重镇；另一个方面反映当时北学具有相当的包容精神。

（四）清代"北学"理学

历史地看，周秦之际、唐宋之际、明清之际均是中国历史上的重要节点，所不同的是，周秦之际主要是政治制度的变化——由封建制转变为君主专制，唐宋之际和明清之际则是思想学术文化变化，政治则一仍其旧——宋相对于唐、清相对于明均出现了新的文化形态：就儒家来讲，宋代出现"新儒学"——基于对佛、道精神之汲取而建构起儒学形上学形态；清代亦形成儒学新形态——基于对宋明"新儒学"否定之否定而回返原始儒学，形成既具儒学形上性又具经世致用精神的儒学"形上道德实践形态"。② 相对照地讲，宋代"新儒学"之开端已有邵雍参与，北学人物在"新儒学"建构初期发挥了重要作用；清初儒学"形上道德实践形态"更是如此，夏峰学派不仅直接参与了这个形态最初的"形塑"，而且颜李学派成为清初"实学"的集大成者。

进一步，清代北学因其理路不同可大致分为两脉：一为清代北学理学；二

---

① ［清］孙奇逢著，向农、陈巧媚点校：《畿辅人物考》，北京：北京出版社2011年，第1页。

② 从"中断"的角度看，儒学史经历了三个大的阶段，表现为三种不同的形态：其一为原始儒学"实存道德描述形态"，指从先秦到汉唐间以对实存伦理道德的理论描述和理想表达为主要内容和以实践为特征的儒学形态；其二为宋明儒学"形上学形态"，指宋明两朝时期以程朱理学之道德形上学和阳明心学之实体形上学为主要内容和以形上性为特征的儒学形态；其三为明末清初儒学"形上道德实践形态"，指以道德本体论为基础、以综合汉宋学术为内容、以既具形上性又具经世功能为特征的儒学形态。参见程志华《牟宗三哲学研究——道德的形上学之可能》，北京：人民出版社2009年，第500—515页。

为清代北学实学。这两个理路的区分并无绝对意义，因为理学亦包括“实学”，“实学”为理学之一派。而且，颜元（1635—1704年）、李塨为孙奇逢弟子王余佑（1615—1684年）之弟子，故其间有师承关系。在此做区分，只是为论述方便，且利于凸显两理路的特征。

就清代北学理学讲，代表人物为夏峰学派诸学者，兼及同时代北学其他人物，主要包括孙奇逢、杜越（1596—1682年）、王余佑、刁包（1603—1669年）、魏象枢（1617—1687年）、陈溭（生卒年不详）、魏一鳌、张烈（1623—1685年）、崔述（1740—1816年）。下面，择孙奇逢、王余佑、崔述作代表，来概观北学之主要思想。

孙奇逢，直隶容城（今河北容城）人，晚年长期居河南辉县夏峰村讲学，从者甚众，世称夏峰先生，所创立学派称“夏峰学派”。孙奇逢与黄宗羲、李颙齐名，并称“明末清初三大儒”。《清史稿》载：“是时容城孙奇逢之学盛于北，余姚黄宗羲之学盛于南，与颙鼎足称三大儒。”[①]“颙”指李颙。关于孙奇逢的为学，《清史列传》概括为：以心学为本，兼采理学；以慎独为宗，以体认天理为要，以日用伦常为实际。孙奇逢在“慎独”“体认天理”“以日用伦常为实际”三个方面都表现出对“道问学”与“尊德性”的调和。其一，关于“慎独”，孙奇逢认为，“从忧思忍鬱中，灼见功在慎独”[②]，而“慎独”即“毋自欺”。其二，关于“体认天理”，孙奇逢认为，“随时随处体认天理，而名教自任”[③]，故儒者应“忧道不忧贫”。其三，关于“以日用伦常为实际”，孙奇逢非常注重日常节操品行，表现出鲜明的务实品格。总之，孙奇逢的学术以阳明心学为根本，以“慎独”为宗旨，以体认天理为要，以日用伦常为实际，而这些方面均可涵盖于调和“道问学”与“尊德性”特征的理路。历史地讲，孙奇逢这样一种调和“尊德性”“道问学”的理路产生重要理论意义：既保住儒学的形上特征，又开拓儒学的实用面向，从而使儒学走向一种新形态的建构。

---

① 赵尔巽等撰：《清史稿》，北京：中华书局1977年（下同），第13109页。

② [清]孙奇逢著，朱茂汉点校：《夏峰先生集》，北京：中华书局2004年（下同），第1页。“鬱”（音yù），意为“幽深”。

③ [清]孙奇逢著，朱茂汉点校：《夏峰先生集》，第1页。

王余佑，直隶新城（今河北高碑店）人。初随鹿善继学，后受业于孙奇逢，鹿善继、孙奇逢二人对王余佑颇为器重。王余佑治学虽以性理为本，但以明体达用为宗，以务实学及物为旨，成为孙奇逢到颜李学派的过渡。

崔述，直隶大名府魏县（今河北魏县）人。"崔述，字武承，大名人。"① 其家学宗朱熹理学，与当时北方以宗阳明心学为主有异。在朱熹理学的笼罩之下，崔述最明显的理论特质是疑古儒学。崔述的意思是，对于古书，辨其"虚实"即"真伪"为先务，此乃"正本清源"，在此基础上方可论其"得失"。② 进而，崔述主张回归真正的经典，提倡"考信于六艺"，以"六艺"为标准进行考核以确定真伪。③ 历史地看，崔述对后世儒学史上"疑古"思潮的兴起产生了重要影响。"古史辨"运动的兴起，郑樵、姚际恒、崔述等的思想都是重要的学术渊源。顾颉刚说："我的学术工作，开始就是从郑樵和姚、崔三人来的。崔东壁的书启发我'传、记'不可信，姚际恒的书则启发我不但'传、记'不可信，连'经'也不可尽信。……所以我的胆子越来越大了，敢于打倒'经'和'传、记'中的一切偶像。"④

概括地讲，清代北学理学有如下理论特质：其一，超越门户，调停朱陆，

① 赵尔巽等撰：《清史稿》，第 13270 页。

② 基于此，崔述提出了他的"实学"概念——"真实""真正"的学问之义，而非"实用"的学问之义。如他说："嗟夫！古今之读书者不乏人矣，其事帖括以求富贵者无论已。聪明之士，意气高迈，然亦率随时俗为转移，重词赋，……贵宏博……。盖时之所尚，能之则可以见重于人，是以敝精劳神而不辞也。重实学者，惟有宋诸儒，然多研究性理，以为道学，求其考核古今者，不能十之二三。"（徐世昌等编纂，沈芝盈、梁运华点校：《清儒学案》，第 3592 页。）以宋儒为"重实学者"，清楚地表明"实"为"真实""真正"之义，而非"实用"之义。此意义下的"实"可由其所使用的"虚实"概念得到印证——以"实"为"真"，以"虚"为"伪"，故其主张"辨其虚实为先务"。熊十力亦有类似的说法，并明确区分了"实学"之两义："实学一词，约言以二：一、指经世有用之学言。二、心性之学，为人格之所由立，尤为实学之大者。"（萧萐父主编：《熊十力全集》第 3 卷，武汉：湖北教育出版社 2001 年，第 849 页。）

③ "考信于六艺"为司马迁的著述原则："夫学者载籍极博，尤考信于六艺。《诗》《书》虽缺，然虞、夏之文可知也。"［汉］司马迁撰，［宋］裴骃集解，［唐］司马贞索隐，［唐］张守节正义：《史记》，北京：中华书局 1959 年，第 2121 页。

④ 刘俐娜编：《顾颉刚自述》，郑州：河南人民出版社 2005 年，第 98 页。

维护孔子儒学“道统”。面对“道问学”“尊德性”五百年“聚讼”，孙奇逢之独特处，不是在程朱与陆王之间进行选择，而是超越门户之争，致力于通过理论之重建，恢复“孔子之道”。在孙奇逢看来，“圣学”即“孔子之道”有一脉相承之道，此道乃传承不息者。而且，他以王阳明为朱熹之后的继承者，从而将儒家“道统”予以重新疏解。其二，梳理了北学的学术谱系，奠立起北学的理论规模。孙奇逢有强烈的“道统”意识，不仅著有《理学宗传》，而且命弟子编有《洛学编》《北学编》，从而使“北学”正式走入学术史。在此意义下，孙奇逢可谓“北学”学术概念的奠基者。其三，以日用伦常为实际，注重为人处事道理，体现出鲜明的务实品格和慷慨的任侠性格。孙奇逢明确主张理学与节义统一。“理学、忠节未始有二。不穷理而甘蹈白刃者有之，未有能穷理而不能致命遂志者也。”① 其实，无论是孙奇逢对东林党人的营救和抗清保家的义举，还是魏一鳌冒险救护傅山、王余佑研究兵法和武法，都是这种品格、性格的体现。这样一种品格，以王余佑为过渡，开启了颜李学派为代表的“北学”实学思潮。其四，疑古儒学，开启现代疑古思潮。崔述基于对反思清代汉宋之争，重提“考信于六艺”，主张回归经典，不仅对汉宋之争是一个小结，而且是开启“新文化运动”时期“古史辨”运动的重要渊源。历史地看，“古史辨”运动作为一种疑古思潮，对于思想启蒙、反对迷信发挥了重要作用，而崔述做出了重要贡献。

（五）清代“北学”实学

就实学脉络讲，颜李学派为代表，并兼及相关人物，包括颜元、李塨、王源（1648—1710 年）、冯濂（1661—1735 年）、尹会一、黄叔璥（1666—1742 年）、黄叔琳（1672—1756 年）、纪昀（1724—1805 年），以及莲池学派代表人物张裕钊、吴汝纶等，还兼及张之洞等。下面，选择颜元、李塨、尹会一、张之洞四个人物以及莲池学派总体为代表，反映北学实学的主要思想。

颜李学派，代表人物是颜元和李塨。颜元，颜李学派创始人，直隶博野县（今河北博野）人。李塨，是颜元的高足，直隶蠡县（今河北蠡县）人。颜李学

---

① ［清］孙奇逢著，朱茂汉点校：《夏峰先生集》，第 165 页。

派的主要思想大致有如下几个方面：其一，批评宋明理学空疏。其二，重释儒家范畴和思想。他们以"见之事""征诸物"为原则，对传统儒学诸多命题进行重释。其三，崇尚实学，具有明显的经世致用色彩。不过，颜、李之学亦有明显不足：其一，批评宋明理学有不足，当然无可厚非，但完全否定之，甚至说其背离孔子儒学，则有失公允。其二，崇尚实学虽体现出明显的经世致用色彩，但完全否定、排斥儒学形上学，将之贬斥为"空疏""无用"，似亦不当。

尹会一，直隶博野（今河北博野）人。其学术理路是，推崇颜李之学，但仍宗主程朱理学，主要思想如下：其一，传承北学脉络，对"颜李之学"持扬弃态度。其二，尊程朱理学为正学。其三，为人以德为本。

莲池学派。莲池书院建于清雍正十一年（1733年），为直隶总督李卫受敕于直隶省会保定所建。自创办始即屡有硕学巨儒领其讲席，如汪诗韩、章学诚等，因之声誉日著。到黄彭年（1824—1890年）、张裕钊（1823—1894年）、吴汝纶（1840—1903年）主持书院时，"恢宏教化，声播四方"，渐而出现"莲池学派"之名。莲池学派之学术思想主要包括，既重义理厘正，亦重文本考证，还重视中外学术交流，体现出鲜明的"平衡汉宋"的理论特质。历史地看，莲池学派不仅是桐城派北传的重镇，而且是清末理学传衍的重镇，以致全国学术之盛由江南转向直隶。就其学术思想来讲，主要内容包括如下三个方面：其一，重义理厘正。其二，重文本考证。其三，开拓中外学术交流。

张之洞，直隶南皮（今河北南皮）人。张之洞的学术思想主要体现在如下几个方面。其一，主张经史实学，呈务实致用之学风。其二，反对今文经学。其三，学兼汉、宋。其四，"旧学为体，新学为用"。

总的讲，清代北学实学具有鲜明的理论特征：第一，超越陆王，回归"孔子之学"。第二，持古文立场，兼综汉、宋。第三，下学上达，注重实学。第四，理性地看待中外学术文化交流。

三、"北学"的学术定位

自先秦至今，儒学已经历了几千年的历史。首先，这个历史具有"连续性”，否则今天它已不再是“儒学”；其次，它亦具有“中断性”，否则它不会传衍到今天。可以说，儒学几千年的历史既可以说是不断延续的历史，亦可以说是新旧理论不断更迭的历史。“连续性”和“中断性”共同构成了儒学的历史。因此，“既然可以‘连续性’的视角去研究儒学史，就完全可以‘中断性’为视角研究儒学史，这是符合逻辑的推论，即，以‘中断’为视角研究儒学史是可能的”①。但是，以“中断”为视角研究儒学史是非常复杂的，因为它涉及新旧诠释间的若干因素。大致来讲，这些因素主要指问题意识、核心命题、概念体系三类“变化因子”。一是问题意识的变化。儒学是一种“道德主义”，以道德为核心概念来解答“哲学问题”。但是，哲学问题具有时代性，不同时代的哲学问题决定了不同时代的儒学内容。二是核心命题的变化。任何一种哲学学说都具有一定的核心命题，整个理论体系为核心命题的论证和开展，儒学作为一种哲学学说亦不例外。但是，因为哲学问题具有时代性，不同时代的哲学问题决定了不同的核心命题。也就是说，在不同时代，儒学具有不同的核心命题。三是概念体系的变化。因为核心命题的开展须由概念表述，概念可谓哲学学说的“细胞”，故不同时代的儒学学说会有不同的概念体系。可以说，不同的概念体系是儒学不同时代问题意识和核心命题的表达形式系统。

若以这样三类“变化因子”为依据，可将儒学史分为三种不同形态：

一为原始儒学“实存道德描述形态”，指从先秦到汉唐间以对实存伦理道德理论描述和理想表达为主要内容和以实践为特征的儒学形态。具体来讲，首先，就“问题意识”讲，先秦、两汉时期儒学的“问题意识”是，如何在理论上解决“礼坏乐崩”的现实，即，“如何以道德原则直接指导现实践履”。其次，孔子对这个“问题意识”的答案是“天下如何归仁”的“核心命题”，即，以“仁”为根据引导人们恢复“周礼”，恢复差等有序的社会规范和社会秩序。之后，无论是孟子的“性善论”，还是荀子的“性恶论”，抑或是董仲舒的“天人感应论”，均是围绕“天下如何归仁”而展开的。再次，关于“概念体系”，基

---

① 程志华：《困境与转型——黄宗羲哲学文本的一种解读》，北京：人民出版社 2005 年（下同），第 310 页。

于上述“问题意识”和“核心命题”，此期儒学创建了一套概念系统，包括“仁”“义”“礼”“智”“信”“忠”“孝”和“温”“良”“恭”“俭”“让”等。而且，由于这套概念体系被反复诠释，遂渐而凝练为“五德”“五常”“三纲”等概语。在这些概念中，“仁”承载着儒学的核心意旨，它统摄并决定其他诸概念；其他诸概念在“仁”之下分别展开，但又互相支撑、交融和谐。

大致来讲，这个时期的儒学具有如下三个方面的特征。其一，以“道德”界定人的本质。在古希腊，亚里士多德认为，人是理性的动物①，亦是政治的动物②。在中国，儒家自始则认为人是“道德”的动物，即，“道德”是人之所以为人的根据。其二，推开“彼岸世界”和“终极关怀”。或者说，“现实关怀”成为此期儒学的重要特征。其三，未深入到本体论的理论层面。就此期儒学来讲，孔子为了恢复“周文”，提出并倡导“仁”为基础。但是，他对“仁”只以“爱人”解释，并无进一步的展开，亦无深入的解释。总之，先秦、两汉儒学若作为一种形态考量的话，这种形态实以“实存道德描述”和“道德理想设计”为内容。既然如此，不妨称之为儒学之“实存道德描述形态”。

二是宋明儒学“形上学形态”，指宋明两朝时期以程朱理学和陆王心学之形上学为主要内容的儒学形态。与儒学“实存道德描述形态”相较，宋明时期儒学表现出两个方面的特征：第一，重义理探讨，建构起较完整的理论体系。第二，重视本体论建构，为儒学建构起形上基础。

依据上述诠释的“变化因子”衡量，儒学“形上学”形态与“实存道德描述”形态相比发生了诸多变化：首先，从“问题意识”来看，此期儒学的核心问题是回应佛、老的冲击而建构儒学的形上学。因此，陈确（1604—1677年）认为，儒家“本体”二字脱胎于佛教。“‘本体’二字，不见经传，此宋儒从佛

① 亚里士多德说：“对于人，符合于理性的生活就是最好的和最愉快的，因为理性比任何其他的东西更加是人。”北京大学哲学系外国哲学史教研室编译：《古希腊罗马哲学》，北京：商务印书馆1961年，第328页。

② 亚里士多德说：“人类自然是趋向于城邦生活的动物（人类在本性上，也正是一个政治动物）。”[古希腊] 亚里士多德著，吴寿彭译：《政治学》，北京：商务印书馆1965年，第7页。

氏脱胎来者。”① 陈确所论从一个角度反映出此期儒学的问题意识。基于这样一种问题意识，派生出“道问学”和“尊德性”两种脉络。相较而言，“道问学”强调基于普遍理性建构的“理”，重视外在规范的约束。“尊德性”挺立基于主体性建构的“心”，重视主体内在的自觉能动性。其次，以这样的“问题意识”为前提，此期儒学的“核心命题”由“天下如何归仁”转化为“如何建立儒学的形上基础”，即为儒学作为形上学寻求合法性基础。因此，遂出现了“理本体”，并由此而展开为“道问学”脉络；亦出现了“心本体”，并由此而展开为“尊德性”脉络；两大脉络成为整个宋明儒学的主干。再次，围绕“核心命题”的变化，此期儒学的概念体系不同于前一个时期“仁”“义”“礼”“智”“信”“忠”“孝”和“温”“良”“恭”“俭”“让”等，而演变为“理”“气”“心”“性”和“太极”“阴”“阳”“体”“用”等。当然，因为“道问学”与“尊德性”之别，其概念体系并不完全相同：就前者讲，“理”乃核心概念，而且“性即理”，“理”决定“心”，“理”是“心”的主宰。就后者讲，“心”乃核心概念，而且“心即理”，“心”决定“理”，“心”是“理”的主宰。此外，与“理”“心”相关，亦有“气”“欲”“道”“器”等概念。

三为明末清初儒学“形上道德实践形态”，指以道德本体论为基础、既具形上性又具经世功能为特征的儒学形态。依前述“变化因子”分析，这个时期儒学展现为如下方面：其一，就“问题意识”讲，形而上的儒学如何“经世致用”，亦即内圣外王如何对列并举，乃这个时期儒者致思的主要问题。黄宗羲认为，“学道”与“事功”不可分途，否则便不是“真儒”。他说：“道无定体，学贵适用，奈何今之人执一以为道，使学道与事功判为两途。事功而不出于道，则机智用事而流于伪；道不能达之于事功，论其学则有，适于用则无；讲一身之行为则似是，救国家之急难则非也，岂真儒哉？”② 很显然，这种“问题意识”既与儒学“实存道德描述形态”之“以道德原则直接指导现实践履”的“问题意识”不同，亦与儒学“形上学形态”之“建立儒学形上学”的“问题意识”

---

① ［清］陈确：《陈确集》，北京：中华书局 1979 年，第 466 页。

② ［清］黄宗羲著，陈乃乾编：《黄梨洲文集》，北京：中华书局 1959 年，第 77 页。

不同。其二，就“核心命题”讲，此期儒学所关注者为，“‘儒者之道’之实现”，不仅须在理论上可能，而且亦须在实践上可能。很显然，“‘儒者之道’之实现”这样一个“核心命题”，既不同于“实存道德描述形态”之“天下如何归仁”的“核心命题”，亦不同于儒学“形上学形态”之“如何建立儒学的形上基础”的“核心命题”，而表现为对前两个命题的综合与超越。其三，就“概念体系”讲，此期儒学既然“问题意识”已经不同，“核心命题”也已发生变化，故概念体系亦必然发生变化。具体来讲，其不仅具有“内圣之学”的概念体系，亦有“外王之学”的概念体系——主要概念是“太虚”“太极”“太和”“理”“气”“道”“器”“心”“性”和“本体”与“工夫”“知”“行”“经世致用”等。

概括地讲，此期儒学主要表现为两方面理论特征：第一，“由虚转实”，回溯儒学宗旨。面对宋明儒学“边缘化外王”这样一种理论格局，在明清易代时代背景的刺激下，明末清初儒学主张由形上奠基之“虚”到“下学上达”之“实”。梁启超称之为“由主观的推想变为客观的考察”。他说：“明季道学反动，学风自然要由蹈空而变为核实——由主观的推想而变为客观的考察。客观的考察有两条路：一自然界现象方面；二社会文献方面。”① 第二，会通程朱与陆王，超越地回归原始儒学。在反思宋明儒学基础上，关学、南学和北学力求淡化宗派意识，由程朱、陆王之“分别”，回溯“孔子之道”的“综合”。因此，此期儒者对宋明儒学之理论“张力”多有探讨。例如，孙奇逢力图通过阐述并回归“孔子之道”来超越并化解“尊德性”与“道问学”之间长达五百年的“聚讼”。黄宗羲致力于调和“性即理”与“心即理”，在主张“盈天地皆心”时又主张“心无本体，工夫所至，即其本体”，从而对“心”亦施以“工夫”的限制。② 与先秦、两汉儒学“实存道德描述”、宋明儒学“形上学”两种形态相比，明末清初儒学可谓开启了“形上道德实践”的儒学形态。

总而言之，三种形态既是儒学发展三个阶段，也是儒学三种理论形态。时至今日，儒学仍在第三阶段下发展。而且，三个阶段或形态反映出“正”“反”

① 梁启超：《中国近三百年学术史》，北京：东方出版社 2004 年，第 20 页。

② 参见沈善洪主编《黄宗羲全集》第七册，自序，杭州：浙江古籍出版社 1992 年，第 3 页。

“合”的辩证逻辑。

在三个阶段或三种形态建构即儒学转型过程中，北学及其他地域性儒学共同发挥了重要作用。既然如此，对北学开展研究，价值和意义不可忽视。

北学崇实典型：贾恩绂与《定武学记》

王学斌*

（中共中央党校　文史教研部，北京　100875）

摘要：时值风云激荡的晚清，河北虽非全国学术之核心区域，但当地学人并未放弃对事功实学的追求。贾恩绂的经世学说便是例证。其讲稿式著作《定武学记》，在对颜李学进行扬弃的基础上，倡导“学行合一”“义在利中”等主张，体现出燕赵地区实学思想在晚清发展的新阶段。

关键词：北学；贾恩绂；《定武学记》；严复

一、《严几道先生来书》

时值清末，大儒吴汝纶于莲池书院传授桐城古文，但胸中仍怀复兴北学之志，故始终坚信后辈们会接踵而起，并以此为目标践行实学。贾恩绂即其中代表。

贾恩绂（1866—1948年），字佩卿，号河北男子，河北盐山人，近代著名方志学家。贾于1890年入保定莲池书院读书，师事桐城派学者吴汝纶。贾后于1893年中光绪癸巳恩科举人。1898年康有为在京联合各地举子公车上书，贾恩

* 王学斌，中共中央党校（国家行政学院）文史教研部教授，中国史教研室主任，中央党校创新工程项目“中华文明与中国道路研究”首席专家。

绂是签名者之一。贾曾先后主讲于梗阳书院、定武书院及贵胄学堂，并担任过直隶通志局总纂、北京政府财政部盐法志总纂、临时政府顾问、东方文化事业总委员会委员等职。贾著述颇丰，已刊行者有《直隶通志》《导河一得》《盐山新志》《心灵探源》《定县志》《定武学记》《水经注纠谬》《南宫县志》等。另外贾尚有未刊诗集、文集、日记、年谱等著作 17 种，40 册，名为《思易草庐诗稿》《思易草庐文稿》《思易草庐日记》和《思易草庐年谱》，现存于河北省图书馆。笔者曾于国家图书馆古籍馆查阅贾氏相关著作时，在其《定武学记》中发现严复写给贾的一封书信，题为《严几道先生来书》①，全文如下：

严几道先生来书

佩卿先生执事侯烈公邮书来皖并寄示大著《定武学记》一册。雒诵首尾，寅服无量。曩在京师，高轩过门，未遂倒屣，至今思之，辄深失人之悔。事会一往，不可攀缘，未知何时乃得合并耳。所录于学行分两大支，而要指以戒惧、慎独为孔门小乘，标悲天悯人、泽民益世为宗，此其志量，不但同符孔孟，实举一是宗教而兼包之。净名居士毗耶示疾，王伯安居夷后讲学，皆违此义，盖不图见地超绝之至于斯也，叹服！叹服！往者亦尝云中西学者作用不同，起于“恕”字界说之异，中土“恕”字界说曰“己所不欲，勿施于人”，此负义也；西人“恕”字界说曰“以己所欲，施之于人”，此正义也。二者似同实异。盖用前说则归洁其身，有所不为，其义已尽；用后说则匍匐救丧，强聒不舍，皆一己分内之事，而一日安闲，死有余责矣。故中国之君子期于无损人而己足，而西国之君子凡世间有一溺一饥皆己之性分有未尽也。是故学说不同，而社会结果遂以大异如此，此亦可谓与尊说暗合者矣。逮后读《论语》至“博施济众”章，又若有悟，觉圣门言恕与仁字似尚隔一尘，盖仁者欲立立人、欲达达人，此二语真活泼泼地。立者助人自立，达者助人开通，若本斯而谈，似可补前义之未足，执事以为何如？大著又谓《论语》为专重修己之书，为后世学派误点所由

① 贾恩绂将此信置于《定武学记》正文之前，以作为该书序言，可见贾对严复来信颇为看重。

出，复则以为《论语》自今日观之，诚有一二不合用者，然言各有当，安知其说行于孔子之世非无以易者乎？但仲尼疾固而绝意，必固我《周易》，又重随时之义，则其说之不可固执而有穷变通久之宜，似当时亦已言下指点。吾辈生当今日，尚论二千余年，遂若有可改良之处，此不独吾教为然，盖天下宗教之经历，莫不如此矣。总之，文字者，皆糟粕也，先生信孔子而不必信《论语》之说，最为的当。吾无间，然此间学堂日来适大考，匆匆未获尽意，伏维亮察。弟严复顿首！①

笔者翻检《严复集》《〈严复集〉补编》《严复合集》《严复与天津》《严复翰墨》等著作以及近年散见于学术刊物中有关严复佚文的论文，均未提及或收录此信，故当为严复的一篇佚文②。

据“邮书来皖并寄示大著《定武学记》一册”一句，可知此时严复身处安徽。严复曾应好友姚永概和安徽巡抚诚勋之请，于 1906 年 4 月至 1907 年 6 月间在皖主持安庆高等学堂校务。“至之日，官绅倾向，恩中丞③礼仪尤殷，诸生欢迎若拜大将，而旧教员中如姚永朴、胡元吉诸君皆相推挹。”④ 可见严之到任，颇受师生欢迎。该年年底，严复对预备班学生和学堂教员进行考核，共淘汰学生 38 人，辞退东洋教习数人。对这次考核，严甚感满意：“本学堂自经我秋间整顿之后，至今日有起色，学生亦肯用功，毫无风潮，皖人同声倾服，至今唯恐吾之舍彼而去也。”⑤ 不过严复治校过严，也招致了部分师生之怨怒，这也为后来爆发学潮、迫使严辞职离校埋下伏笔。据《思易草庐年谱》所述，贾恩绂于 1906 年 4 月任山东学监，“六月，杨莲甫中丞以学报相委，甚喜，以为可借

① 严复：《严几道先生来书》，《定武学记》，中华报社民国十七年（1928）刻本。

② 现此信已收入福建教育出版社所新出《严复全集》当中。

③ 指恩铭，他于 1906 年接替诚勋任安徽巡抚。

④ 严复：《辞安庆高等学堂监督意见书》，孙应祥、皮后锋编：《〈严复集〉补编》，福州：福建人民出版社 2004 年，第 89—90 页。

⑤ 严复：《与夫人朱明丽书》，王栻主编：《严复集》第三册，北京：中华书局 1986 年，第 736 页。

此出其素蕴，然杨之世弟吴辟疆网利营私，致于决裂。是年刻《定武学记》，乃为吴所激之故。”① 由此可知该书刊刻时间当在1906年6月之后，亦能确定严之回信应作于该年后半段，而其在信末提及“此间学堂日来适大考”，恰说明此时他正忙于考核甄别学生与教员等事宜。

由“曩在京师，高轩过门，未遂倒屣，至今思之，辄深失人之悔”一句，可知严、贾二人应早已结识。况且二人皆师从桐城派名宿吴汝纶，严复推崇桐城古文，多次前往莲池书院求学请益，而贾恩绂更是莲池书院培养出来的高才生，“治《仪礼》，有家法”。② 故二人之间尚有同门之谊。③ 由于贾恩绂在学界声名不显，加之其个人著作多未刊印，故这份书信便未被后人重视。今日我们重新研读这篇佚文，既能从中了解严、贾二人在某些学术观点上的异同，亦可将其视作严复同北方学人交往的一则重要史料。

二、《定武学记》

至于《定武学记》，其实是贾恩绂“于前清光绪壬寅年（1902）主讲定武中学时之一部分讲演词也”④。由其弟子米逢吉整理，分上下两篇，上篇题为“说

---

① 吴秀华：《贾恩绂〈年谱〉》，安徽省桐城派研究会主办：《桐城派研究》2007年第9、10期合刊，第109页。

② ［清］吴汝纶：《盐山贾先生八十寿序》，施培毅、徐寿凯校点：《吴汝纶全集》第一册，合肥：黄山书社2002年，第172页。

③ 除《定武学记》外，贾恩绂还曾将未刊的《思易草庐诗稿》寄给严复，请其赐教。严特意题诗一首：“河北有男子，骧首隘八荒。生时丁阳九，中夜泪浪浪。志欲扫浮云，磨洗日月光。忧时抚长剑，欲往河无梁。结庐扁思易，慨然念羲皇。所悲五千载，未睹斯民康。沉吟写孤愤，哀歌和迷阳。（集中孤愤诗六章，最奇辟）由来贤达士，身世常相妨。安得插两翼，视下仍苍苍。”（严复：《题盐山贾佩卿思易草庐诗存》，王栻主编：《严复集》第二册，北京：中华书局1986年，第393页。）亦说明二人颇有来往。

④ 米逢吉：《〈定武学记〉跋》，《定武学记》，中华报社民国十七年（1928）刻本。

学”，共17节①，下篇题为“说行”，共9节②。此书先于1906年由山东官印书局付印，后由米逢吉于1928年重刊，即本文所据版本。

细检《定武学记》一书，贾恩绂在继承前贤思想和吸收西学知识的基础之上，融会贯通，形成了自己的一套经世学说③，主要包括四个方面。第一，“即学即行，即行即学，二者未尝分途”。知行关系一直是儒家学者们关注的重点。宋明以来，程朱理学主张知先于行，其结果便是不务躬行；王阳明则强调知行合一，但其学说易导致混知为行，故王门后学多流于袖手空谈。知行之辩到颜元时有了新的发展，他提出了“见理于事”“寓知于行”的知行观，强调实践的重要性，指出“见理已明而不能处事者多矣，有宋诸先生便谓还是见理不明，只教人明理。孔子则只教人习事，迨见理于事，则已彻上彻下矣。此孔子之学与程、朱之学所由分也”④。虽然颜氏的知行观不免有经验主义的倾向，但对人们认识宋明理学之弊端起到很好的指示作用。贾恩绂正是深感颜李学在知行观上的积极意义，在开篇绪言中即对学界“学行分途”的现象提出尖锐批评：

---

① “说学”各节具体名称为：一、亘古学问径涂不外经世，其余尽为枝叶；二、孔子为修己以救世之教，曾子独得修己一派，而救世之学迄今尚晦；三、本朝最尚之汉学多无用，专为窃取声闻之具；四、凡讲性命之微者皆曾学，而非孔学，为孔学之支流；五、汉学又为理学之骈枝，而流派反与宋学为对峙；六、戒惧慎独为曾学，非孔子所授，在孔门为小乘；七、《论语》为专重修己之书，后世儒家流弊多源此书；八、词章之学为世之宝玩，在学问中为美术；九、汉学词章学亦不宜抹杀，适用处当采；十、曾卜学术适为秦汉后专制政体利用之资，故其传弥盛；十一、四子六经号为道理渊海而不能综贯，若为教科而设，似宜另为编订；十二、中史无利用善本；十三、学问除求知外别无工夫；十四、进化哲理不可不通；十五、计学为兴国第一智慧；十六、西学以物质诸科学为最亟，政治学次之；十七、初学以节录类辑各手册为入门根柢。

② “说行”各节具体名称为：一、人生除利己利人外别无他道；二、利己为人人分内应为之事，修己家分利义为对待，令人莫敢言利，而风俗益偷，是为大谬；三、修己家以黄老无为之道为儒教正宗，是为大谬；四、益世之外无圣贤；五、独善其身是人生第一大罪恶；六、穷达皆足益世，有大小之判耳；七、希望冒险进取为万事根基，无之必殃及君国；八、读书者在生计学中为分利之人，当求益世以赎分利蠹世之咎；九、欲为圣贤豪杰，当以破除习染为下手工夫。

③ 宋恕并认为贾恩绂《学记》中的不少观点“实多得前哲深处”。（贾恩绂：《贾恩绂来书》，胡珠生主编：《宋恕集》（上），北京：中华书局1993年，第626页）

④ ［清］颜元著，王星贤、张芥尘、郭征点校：《存学编》卷二，《颜元集》（上），北京：中华书局1987年，第71页。

> 吾人读书不外学行两端，此尽人所知也。虽然古之所为学行实与今异，古人即学即行，即行即学，二者未尝分途，观《周礼》以三物为宾兴，六艺即其学，六德六行即其行，不接一物安所得仁义中和之名？不任万事安得有睦姻任恤之号？所谓礼乐非德育乎？所谓射御非体育乎？所谓书数非智育乎？舍此三物安得更有读书乎？吾乡颜习斋、李刚主之徒独标三物之说，一扫宋儒静敬等说，真千年一见之豪杰也。斯文不幸，为方望溪等所摧锄净尽……盖自曾卜传统而学行分途之风以基，宋儒出而自了汉之道德愈倡而愈尊，其致用遂愈狭而愈谬，驯至今日，其说已深渍于人心，以办事为非分，以不办事为高尚，遇有慷慨自任者出，不惟莫慰其劳，反为世所讪笑。劳而受谤，其孰不奉为殷鉴，趋避恐后，然则凡世之号为君子者，皆畏事矣。天下事将安归乎？其舍小人而他无可归，无疑也。……噫！学术沿为风俗，至养成此不公不群之世界，已可哀已。而又不幸与讲公讲群者遇，相形见绌，至不得不为之牛马，为之奴隶，其可哀更何如也？深究其故，实以学行分途为受祸之始。夫学本为行而设，行而未能故先学焉，一而二，二而一者也，故欲正今日之人心风俗，必先正夫学术，欲正学术先破学行分途之谬见……①

贾把“学行分途”“不求致用”的后果提升到风俗窳败、学术虚浮以致国家衰亡的境地，这是颜李学派所未曾达到的。这反映出身处清末民族危亡、更迭频仍的大变局中，贾恩绂所面临的现实较之颜李更为严峻，故他的看法因之愈加深刻。

那如何才能纠正“学行分途”的谬误？这就涉及贾的第二个学术主张：“利人外别无利己”。在贾恩绂看来，宋明理学诸多谬误中，最巨者莫过于“讳言利己是也”②。追求利益本是人之天性，然而儒家的那一套说教却迫使人们讳言利，

---

① 贾恩绂：《绪言》，《定武学记》，中华报社民国十七年（1928）刻本，第1—2页。

② 贾恩绂：《一、人生除利己利人外别无他道》（下篇），《定武学记》，中华报社民国十七年（1928）刻本，第16页。

"卒使人人不敢以真利己自居，至群趋于作伪之一途，故率天下而为小人者，皆此讳言利己之说阶之厉也"①。此说大行其道的结局便是儒者"阳为夷齐而阴为盗跖"。深究下去，人们之所以讳言逐利，其根源还在于对义利关系的认识上。贾指出，"中国学术之误，误于义利分途，以故世人皆视义为害利之事，利为害义之端，二者为反比例"②。追求事功，获取利益本无可厚非，毕竟"人也者，原为求生而生，非为求义而生者也，不利则害生，不义则害名，名虚而生实，孰肯骛虚名而受实祸哉？……藉令义利不使分途，而以义为利，以不义为害，号召天下后世，至理名言，家喻户晓，久之风俗可成，必能与今日所见效果为相反，此凡有识者所公认不疑者也"③。然而那些所谓的"圣贤"们却见不及此，大倡逐利害义、义利分途，贾恩绂对此深恶痛绝：

> 不曰利在义中，而曰义利相反。夫欲其为义而先不以利惧之，岂非北其辙而令适越乎？董生云：正其谊不谋其利，明其道不计其功。此二语在吾国几于妇孺皆知，范围人之思想势力亦最大。然吾谓最害事者即此语也。人人诵其语，则人人知义利不并容矣。不惟小人不肯为道谊，即中人亦畏难而苟安，纵谆谆告诫，孰肯为无利无功之道谊哉？今为正之曰：非正谊不能谋利，非明道不能计功。谊道为功利之原因，而功利乃谊利之结果，如是言之，人纵不乐为义，独不为利计乎？则天下安有小人哉？④

"非正谊不能谋利，非明道不能计功"，这与颜元的"正其谊以谋其利，明其道而计其功"何其相似！由此可知贾恩绂之义利观具有强烈的事功色彩。其"利

---

① 贾恩绂：《一、人生除利己利人外别无他道》（下篇），《定武学记》，中华报社民国十七年（1928）刻本，第16页。

② 贾恩绂：《二、利己为人人分内应为之事，修己家分利义为对待，令人莫敢言利，而风俗益偷，是为大谬》（下篇），《定武学记》，中华报社民国十七年（1928）刻本，第18页。

③ 贾恩绂：《二、利己为人人分内应为之事，修己家分利义为对待，令人莫敢言利，而风俗益偷，是为大谬》（下篇），《定武学记》，中华报社民国十七年（1928）刻本，第19页。

④ 贾恩绂：《二、利己为人人分内应为之事，修己家分利义为对待，令人莫敢言利，而风俗益偷，是为大谬》（下篇），《定武学记》，中华报社民国十七年（1928）刻本，第19页。

在义中”与颜李学派“义利合一”的内在相似性，说明该观点乃晚清时期河北学人对颜李学派义利观的承继与发展。

既然强调学行合一、义在利中，那作为学者，自当“以专务经世为宗”，按照贾恩绂的话讲，即“亘古学问径途不外经世”，这亦是他的第三个主张。其实早在戊戌维新时期，贾的经世思想便有所展现。当时他致书康有为，对其所创办的保国会提出个人看法。在他看来，康有为设立保国会，“纵极剀痛，亦犹之空言耳”。因为“聪颖者自能取中西之书而博通之，无待会讲，而庸流无识者，纵闻言欣悦，亦不堪世用，况讪讥笑骂徒取其辱，又何为哉?”① 这实际上既无补于国家危亡，亦不能实现保国保种保教之初衷。贾的建议是：“莫若暗淡其声华，变保国会为学会，并立农商格致等公司，实事求是，日进一日，将来推行渐广，则国教种不求保而自保。以察秋毫者导人明，以正六律者导人聪，其与夫斤斤于聋瞽之场以自炫者，必有闲矣。”② 在《学记》里，贾的经世主张愈加成熟。回顾三代时期，“学问所学即所用，以六艺为应世课程，以六德六行为修身课程，与今日德育、智育、体育之论若合符节（体育即该六艺中），且不惟学用一贯，更能知行并进，礼于古所该最广，一切事功均括其中，吉凶军宾嘉典章制度文为凡应世之端悉属之，即今日之政治法律哲学等目是也”。而今日之人以“读书为学”，“以读书为学之全功是由实入虚之大关键，今骤语人以读书不为实学，在今日几视为奇谈，然试问读书之与经世与六艺之与经世，其距离孰为远近？有识者当不辨而自明”③。当然贾所处时代，西学大量涌入，新的学科、知识的引介使他认识到单靠所谓的“三事三物”之学不足以挽救中国之现状，必须向西方学习，为我所用。首先当引进的就是计学。计学亦即经济学，晚清严复翻译西方经济学著作时将经济学译为“计学”，贾恩绂当是受严之影响，将

---

① 贾恩绂：《与康有为书》，吴闿生编：《吴门弟子集》卷五，河北保定莲池书院民国十九年（1930）刊本，第 14 页。

② 贾恩绂：《与康有为书》，吴闿生编：《吴门弟子集》卷五，河北保定莲池书院民国十九年（1930）刊本，第 15 页。

③ 贾恩绂：《一、亘古学问径涂不外经世，其余尽为枝叶》（上篇），《定武学记》，中华报社民国十七年（1928）刻本，第 2 页。

经济学视作一国兴衰之命脉。计学之可贵，在于“其所见者远，所利者溥”，故贾认为“他种西学犹可从缓，而计学则兴国之第一智慧也”①。其次，对于大多人而言，应该以“动植、理化诸普通科学为一切应用根基”。因为“物质科学中所具智慧浅者，皆人生日用所需，深者皆营业勤学所必备，故不明政治学，不过不足以治人，不明物质诸科学，并不足被治于人”②。贾认为由于自古我国就未能建立一套完整的自然科学学科体系，所以文明不得不迟于西方。好在“西人于各种科学皆日精一日，编入教科，条理秩然，于以助成文明之发达，斯不谓食西哲之赐不可得也”③。可见贾恩绂对西学颇有涉猎。贾虽然提倡事功，认为“吾国多一读书人，反多一蠡贼”④。但他在对待读书的态度上，并非像颜元那般偏激绝对，将读书视为无用，“诵说中度一日，便习行中错一日；纸墨上多一分，便身世上少一分”⑤。贾恩绂所反对的读书态度，是以读书为学问，而忽略了实践的重要性，故他并不否定读书乃求知的渠道。因此他对于书本知识持较为开明的态度。如当有人“藐视词章之学为不值一钱”时，贾没有同声附和，而是为词章之学辩护道：词章“虽不足尽中学之大要，自是中国第一美术，在我国文明发生界实国粹可宝之一端。今学校中见外人有音乐科，相与仿效宝重之，词章之益及学术者独不在音乐上乎?”⑥ 不过，贾将词章之学比作“中国第一美术”，则似有拔高之嫌，这或与他的知识背景有关。贾曾师从桐城派名宿吴

① 贾恩绂：《十五、计学为兴国第一智慧》（上篇），《定武学记》，中华报社民国十七年（1928）刻本，第13—14页。

② 贾恩绂：《十六、西学以物质诸科学为最亟，政治学次之》（上篇），《定武学记》，中华报社民国十七年（1928）刻本，第14页。

③ 贾恩绂：《十六、西学以物质诸科学为最亟，政治学次之》（上篇），《定武学记》，中华报社民国十七年（1928）刻本，第14页。

④ 贾恩绂：《八、读书者在生计学中为分利之人，当求益世以赎分利蠹世之咎》（下篇），《定武学记》，中华报社民国十七年（1928）刻本，第24页。

⑤ ［清］颜元著，王星贤、张芥尘、郭征点校：《总论诸儒讲学》，《存学编》卷一，《颜元集》（上），北京：中华书局1987年，第42页。

⑥ 贾恩绂：《八、词章之学为世之宝玩，在学问中为美术》（上篇），《定武学记》，中华报社民国十七年（1928）刻本，第8页。

汝纶，“治《仪礼》，有家法”①。故贾亦被视为晚清桐城派在北方的代表人物之一②。若从此层关系上来考察，便易于理解他为何看重词章之学。

除却倡导事功之学外，贾对儒家经典的质疑和评骘汉宋学也颇具特色。对于被历代儒生奉为经典的《论语》，贾认为该书“其书多失圣人之真，于悲悯救世之大端，几付阙如，但于容貌、辞气、谨言、慎行诸事，详之又详，藉令综合全书之精神以为孔子写真，一学究足以当之而无愧，安见其为生民未有之大圣哉？世之人顾以此为孔道之真，是真不信孔子而信《论语》也”③。经过贾之考证，他断定《论语》必成于后世众穷儒之手，“流弊直与孔道相反”。所以他主张“宁信孔子而不尽信《论语》”，“吾之不信《论语》，适将以尊孔也”④。贾的观点招来了严复的商榷。严在回信中认为《论语》“博施济众”章“似可补前义之未足”，并就贾对《论语》的批判略作辩解，指出“《论语》自今日观之，诚有一二不合用者，然言各有当，安知其说行于孔子之世非无以易者乎？”⑤ 贾恩绂对四子六经亦不甚满意：

> 总之，六经不足览孔子道之全，《礼记》《周易》差胜矣，而亦非本末综贯、源流详该之体裁，《春秋》虽专明政见，而其道已古，此六经之大旨也。四子中《大学》《中庸》出自《礼记》，又纯为曾子之绪余，无论矣。《论语》与《礼记》上下相距不出数十年，亦曾卜门徒传信传疑之作。此外独《孟子》为佳，以其多出己手也。而体例事理并载，有似日记，与他子篇题亦不类，衰周诸子多标篇目类载，孟子则否，亦非综贯条理之作。以

---

① ［清］吴汝纶：《盐山贾先生八十寿序》，施培毅、徐寿凯校点：《吴汝纶全集》第一册，合肥：黄山书社 2002 年，第 172 页。

② 参见吴秀华《燕地贾恩绂手稿中所见桐城派学者资料》，《文献》2003 年第 4 期；吴秀华：《略谈桐城派在北方的传播》，《燕赵学术》，2007 年春之卷。

③ 贾恩绂：《七、〈论语〉为专重修己之书，后世儒家流弊多源此书》，《定武学记》，中华报社民国十七年（1928）刻本，第 6—7 页。

④ 贾恩绂：《七、〈论语〉为专重修己之书，后世儒家流弊多源此书》，《定武学记》，中华报社民国十七年（1928）刻本，第 7 页。

⑤ 严复：《严几道先生来书》，《定武学记》，中华报社民国十七年（1928）刻本。

故四子六经虽成道理渊海，求其由根而干而枝而叶，本末完全者，竟无一也。①

是故贾希望学习西方学科编排模式，将四子六经“分别部居，囊括众说而条理之，亦大观也”②。这种主张学术分科的见解，在清末还是颇具有远见的。“桐城尊宋学”，“好治文辞”③，贾师承桐城殿军吴汝纶，自然在评价汉宋学术时有其倾向性。对于乾嘉汉学，贾恩绂之评价颇低。在其看来，汉学有两大谬误：“训诂以托体六经而始尊。而六经之所以足尊者，在不可磨灭之道理，道理无事于训诂也。其有事训诂者，惟名物典制六经之粗迹耳。以研求粗迹代身心之学，其误一。又进而求之三代普通之学守之，学官者为六艺，礼乐射御书数是也，决非后世学官之六经，以六经冒六艺，实始于汉儒。六经虽尊而但就切近人事论之，实远逊于古之六艺，专穷经犹未必致用，况专穷经之粗迹乎？其误二。”④其结果便是“刎论古今”却“无当于经世”。对于理学，贾恩绂之态度明显有所保留。他认为汉学仅是理学的一个分支，“当世学人不曰宋，即曰汉，且互相主奴，宋学往往为汉学所凌驾。而不知沿流溯源，则汉儒所据地位去宋儒尚隔一级，理学虽腐而究为正干，汉学虽博而终属旁支，学者所当严其流别，勿徒为耳食之论也”⑤。贾毕竟深受理学熏染，其不能完全跳出学派观念来看待汉宋学术，故有些观点未必精确。

梁启超曾于《论中国学术思想变迁之大势》中对北学特征有过经典总结：

---

① 贾恩绂：《十一、四子六经号为道理渊海而不能综贯，若为教科而设，似宜另为编订》（上篇），《定武学记》，中华报社民国十七年（1928）刻本，第10—11页。

② 贾恩绂：《十一、四子六经号为道理渊海而不能综贯，若为教科而设，似宜另为编订》（上篇），《定武学记》，中华报社民国十七年（1928）刻本，第11页。

③ 邓实：《国学今论》，《国粹学报》1905年第五期，扬州：广陵书社2006年，第71页。

④ 贾恩绂：《三、本朝最尚之汉学多无用，专为窃取声闻之具》（上篇），《定武学记》，中华报社民国十七年（1928）刻本，第4页。

⑤ 贾恩绂：《五、汉学又为理学之骈枝，而流派反与宋学为对峙》（上篇），《定武学记》，中华报社民国十七年（1928）刻本，第6页。

> 北地苦寒硗瘠，谋生不易，其民族销磨精神日力，以奔走衣食，维持社会，犹恐不给，无余裕以驰骛于玄妙之哲理。故其学术思想常务实际，切人事，贵力行，重经验，而修身齐家治国利群之道术最发达焉。惟然，故重家族，以族长制度为政治之本，敬老年，尊先祖，随而崇古之念重，保守之情深，排外之力强。则古昔，称先王；内其国，外夷狄；重礼文，系亲爱；守法律，畏天命：此北学之精神也。①

刘师培亦认为：

> 燕赵之地……地土硗瘠，民风重厚而朴质，故士之产其间者，率治趋实之学，与南学浮华无根者迥殊。颜学之兴，亦其地势使然欤。②

自然地理环境对学术风格之塑造的影响究竟多大，可姑且不论，至少说明实学思想当为北学之主流。时值风云激荡的晚清，河北虽非全国学术之核心区域，但当地学人并未放弃对事功实学的追求。贾恩绂的经世学说便是例证。他在对颜李学进行扬弃的基础上，倡导“学行合一”“义在利中”等主张，体现出燕赵地区实学思想在晚清发展的新阶段。

---

① 梁启超：《论中国学术思想变迁之大势》，《饮冰室合集》文集之七，北京：中华书局 1989 年，第 18 页。

② 刘师培：《幽蓟颜门学案序》，《刘师培全集》第三册，北京：中共中央党校出版社 1997 年，第 562 页。

先秦两汉思想研究

传世文献与出土文献所见伊尹的复杂面貌

曹　峰*

（中国人民大学　哲学院，北京　100872）

摘要：从传世文献与出土文献来看，无论是前诸子时代还是诸子时代，伊尹都占据着思想舞台的中心，得到了包括儒家、法家、道家尤其黄老道家的一致肯定，在很长一段时间里，都是人们津津乐道，反复消费的话语对象。从目前整理的文献来看，伊尹具有非常复杂的面相，除儒家、法家外，其他各家如道家、小说家也借助伊尹多元的思想及特殊的经历阐述学说、撰写小说，而且相当成功，这一点以文献的形式在《汉书·艺文志》中得到了充分的体现。

关键词：伊尹；传世文献；出土文献；儒家；道家

夏末商初的伊尹是先秦秦汉之际被广为传颂的一个历史人物，而且得到了包括儒家、法家、道家尤其黄老道家的一致肯定，这是极为难得的。例如在《孟子》中，伊尹被推为“圣之任者”。在《韩非子》中，伊尹被看作是掌握了“法术赏罚”的能臣。而在《吕氏春秋·先己》里面记载了这样一段话：

汤问于伊尹曰：“欲取天下若何?”伊尹对曰：“欲取天下，天下不可

* 曹峰，哲学博士，博士生导师，中国人民大学哲学院教授，教育部长江学者特聘教授，主要研究领域为先秦两汉哲学、道家哲学、出土文献。

取。可取，身将先取。”凡事之本，必先治身，啬其大宝。用其新，弃其陈，腠理遂通。精气日新，邪气尽去，及其天年。此之谓真人。

这是典型的道家口吻和典型的从养生到治国的黄老道家思路。

《汉书·艺文志》中有《伊尹》五十一篇，位列道家之首，可见视其为道家思想的渊源。还有小说家类里面有《伊尹说》二十七篇①，从现存的资料看，伊尹故事充满传奇，很适合作为小说的题材，并因此使其事迹广为流传。《伊尹》《伊尹说》均已不存，后世也无伪托之作。《史记》虽然记载了伊尹的一些事迹，但并未为他列传②。在《殷本纪》中有如下的记载：

汤征诸侯。葛伯不祀，汤始伐之。汤曰：“予有言：人视水见形，视民知治不。”伊尹曰：“明哉！言能听，道乃进。君国子民，为善者皆在王官。勉哉，勉哉！”汤曰：“汝不能敬命，予大罚殛之，无有攸赦。”作汤征。

伊尹名阿衡。阿衡欲奸汤而无由，乃为有莘氏媵臣，负鼎俎，以滋味说汤，致于王道。或曰，伊尹处士，汤使人聘迎之，五反然后肯往从汤，言素王及九主之事。汤举任以国政。伊尹去汤适夏。既丑有夏，复归于亳。入自北门，遇女鸠、女房，作女鸠女房。

当是时，夏桀为虐政淫荒，而诸侯昆吾氏为乱。汤乃兴师率诸侯，伊尹从汤……

桀败于有娀之虚，桀奔于鸣条，夏师败绩。……伊尹报。于是诸侯毕服，汤乃践天子位，平定海内。

汤归至于泰卷陶，中垒作诰。既绌夏命，还亳，作汤诰……以令诸侯。伊尹作咸有一德，咎单作明居。

汤崩，太子太丁未立而卒，于是乃立太丁之弟外丙，是为帝外丙。帝

① 班固云：“其语浅薄，似依托也。”见《汉书·艺文志》小说家部分。

② 伊尹在先秦时期，地位类似周公、太公望，都是开国元勋，但在《史记》中三人都没有专门的传记。周公事迹主要见于《鲁周公世家》，太公望事迹主要见于《齐太公世家》，伊尹事迹则夹杂于《殷本纪》中。

> 外丙即位三年，崩，立外丙之弟中壬，是为帝中壬。帝中壬即位四年，崩，伊尹乃立太丁之子太甲。太甲，成汤适长孙也，是为帝太甲。帝太甲元年，伊尹作伊训，作肆命，作徂后。
>
> 帝太甲既立三年，不明，暴虐，不遵汤法，乱德，于是伊尹放之于桐宫。三年，伊尹摄行政当国，以朝诸侯。
>
> 帝太甲居桐宫三年，悔过自责，反善，于是伊尹乃迎帝太甲而授之政。帝太甲修德，诸侯咸归殷，百姓以宁。伊尹嘉之，乃作太甲训三篇，褒帝太甲，称太宗。
>
> 太宗崩，子沃丁立。帝沃丁之时，伊尹卒。既葬伊尹于亳，咎单遂训伊尹事，作沃丁。

这应该是司马迁综合了当时流行的伊尹传说和所能看到的伊尹文献后撰写的，内容很丰富，其间穿插有很多商汤及其他商王的言行，但也和伊尹有关，因此几乎就是一篇伊尹的传记了。司马迁描述了他的族属、名称，主要事迹以及主要作品。例如出身低贱的伊尹利用烹调接近商汤，商汤礼贤下士，使其成为最重要的辅佐。伊尹向其陈述了“素王”与“九主”的统治原理，然后共谋灭夏。伊尹是商代贤臣中最重要的人物，开国元勋，四朝元老。商汤去世后，伊尹辅佐商汤长孙太甲继位，开始时太甲乱德，故对其采取严厉措施，将其流放，并实际摄政，等其悔过之后，又归政太甲。伊尹死后，咎单作《沃丁》篇，总结了伊尹的事迹。

现存传世文献中，伊尹的资料散见各处，记载非常丰富，与之相关的资料时间跨度也极大。新出土文献中，伊尹的资料又大为增加。过去的研究远远不足，而且也只是依据有限的资料做出研究，显得支离破碎。因此，对此人物的材料加以完整地收集，做出适当的整理，非常有益于先秦思想史流变性的考察。本文主要进行资料整理工作，按照时代、文本的差别以及经史子集的顺序，尽可能完整地列出先秦秦汉时代伊尹的资料，并施以适当的分析。因为材料甚多，限于篇幅，只能对先秦传世文献与出土文献相关资料做出较详细的介绍，汉以后资料不再详尽列出，仅列出处并简单概括。检索主要使用五个关键词，那就是“伊尹”“伊挚”和“阿衡”①“小臣”“伊”，关于伊尹的材料，很可能还有用其他关键词加以表达的方法，发现之后，再做增补。

第一部分　先秦传世文献所见伊尹资料

一、《尚书》所见伊尹资料

《胤征》：

伊尹去亳适夏，既丑有夏，复归于亳。入自北门，乃遇汝鸠、汝方。作《汝鸠》《汝方》。

这一段《史记》直接采用。但未说明为何要离开商进入夏，后来又为何回到商。其他文献则有伊尹入夏是为了考察夏政混乱的实际情况，甚至有通过苦肉计，使伊尹获得夏桀信任的故事，这一点也被出土文献证明。

《汤誓》：

伊尹相汤伐桀，升自陑，遂与桀战于鸣条之野，作《汤誓》。

这一段《史记》基本采用。但《汤誓》的作者被模糊了，没有明确指伊尹。

《伊训》：

成汤既没，太甲元年，伊尹作《伊训》《肆命》《徂后》。

惟元祀十有二月乙丑，伊尹祠于先王。奉嗣王祗见厥祖，侯、甸群后咸在，百官总已以听冢宰。伊尹乃明言烈祖之成德，以训于王。

曰：“呜呼！古有夏先后，方懋厥德，罔有天灾。山川鬼神，亦莫不

① 不过，“阿衡”是否即“伊尹”，学术界是有争议的，参见夏毅榕《伊尹及其学术源流初探》，收入魏启鹏：《马王堆汉墓帛书〈黄帝书〉笺证》，北京：中华书局2004年。

宁，暨鸟兽鱼鳖咸若。于其子孙弗率，皇天降灾，假手于我有命，造攻自鸣条，朕哉自亳。惟我商王，布昭圣武，代虐以宽，兆民允怀。今王嗣厥德，罔不在初，立爱惟亲，立敬惟长，始于家邦，终于四海。

“呜呼！先王肇修人纪，从谏弗咈，先民时若。居上克明，为下克忠，与人不求备，检身若不及，以至于有万邦，兹惟艰哉！敷求哲人，俾辅于尔后嗣，制官刑，儆于有位。曰：‘敢有恒舞于宫，酣歌于室，时谓巫风，敢有殉于货色，恒于游畋，时谓淫风。敢有侮圣言，逆忠直，远耆德，比顽童，时谓乱风。惟兹三风十愆，卿士有一于身，家必丧；邦君有一于身，国必亡。臣下不匡，其刑墨，具训于蒙士。’

“呜呼！嗣王祗厥身，念哉！圣谟洋洋，嘉言孔彰。惟上帝不常，作善降之百祥，作不善降之百殃。尔惟德罔小，万邦惟庆；尔惟不德罔大，坠厥宗。”

《伊训》是伊尹写给商王太甲的教导与告诫。篇名见于《史记》，在今天所见《尚书》中属于古文。

《太甲上》：

太甲既立，不明，伊尹放诸桐。三年复归于亳，思庸，伊尹作《太甲》三篇。

惟嗣王不惠于阿衡，伊尹作书曰：“先王顾諟天之明命，以承上下神祇。社稷宗庙，罔不祗肃。天监厥德，用集大命，抚绥万方。惟尹躬克左右厥辟，宅师，肆嗣王丕承基绪。惟尹躬先见于西邑夏，自周有终。相亦惟终；其后嗣王罔克有终，相亦罔终，嗣王戒哉！祗尔厥辟，辟不辟，忝厥祖。”

王惟庸罔念闻。伊尹乃言曰：“先王昧爽丕显，坐以待旦。旁求俊彦，启迪后人，无越厥命以自覆。慎乃俭德，惟怀永图。若虞机张，往省括于度则释。钦厥止，率乃祖攸行，惟朕以怿，万世有辞。”

王未克变。伊尹曰：“兹乃不义，习与性成。予弗狎于弗顺，营于桐宫，密迩先王其训，无俾世迷。王徂桐宫居忧，克终允德。”

《太甲中》：

惟三祀十有二月朔，伊尹以冕服奉嗣王归于亳，作书曰：“民非后，罔克胥匡以生；后非民，罔以辟四方。皇天眷佑有商，俾嗣王克终厥德，实万世无疆之休。”

伊尹拜手稽首曰：“修厥身，允德协于下，惟明后。先王子惠困穷，民服厥命，罔有不悦。并其有邦厥邻，乃曰：‘徯我后，后来无罚。’王懋乃德，视乃厥祖，无时豫怠。奉先思孝，接下思恭。视远惟明；听德惟聪。朕承王之休无斁。”

《太甲下》：

伊尹申诰于王曰：“呜呼！惟天无亲，克敬惟亲。民罔常怀，怀于有仁。鬼神无常享，享于克诚。天位艰哉！德惟治，否德乱。与治同道，罔不兴；与乱同事，罔不亡。终始慎厥与，惟明明后。先王惟时懋敬厥德，克配上帝。今王嗣有令绪，尚监兹哉。若升高，必自下，若陟遐，必自迩。无轻民事，惟难；无安厥位，惟危。慎终于始。有言逆于汝心，必求诸道；有言逊于汝志，必求诸非道。呜呼！弗虑胡获？弗为胡成？一人元良，万邦以贞。君罔以辩言乱旧政，臣罔以宠利居成功，邦其永孚于休。”

这三篇记载了伊尹放逐太甲最后又将其迎归的过程及其训诫。见于《史记》，在今天所见《尚书》中属于古文。

《咸有一德》：

伊尹作《咸有一德》。

伊尹既复政厥辟，将告归，乃陈戒于德。曰：“呜呼！天难谌，命靡常。常厥德，保厥位。厥德匪常，九有以亡。夏王弗克庸德，慢神虐民。皇天弗保，监于万方，启迪有命，眷求一德，俾作神主。惟尹躬暨汤，咸有一德，克享天心，受天明命，以有九有之师，爰革夏正。非天私我有商，惟天佑于一德；非商求于下民，惟民归于一德。德惟一，动罔不吉；德二三，动罔不凶。惟吉凶不僭在人，惟天降灾祥在德。今嗣王新服厥命，惟新厥德。终始惟一，时乃日新。任官惟贤材，左右惟其人。臣为上为德，为下为民。其难其慎，惟和惟一。德无常师，主善为师。善无常主，协于克一。俾万姓咸曰：'大哉王言。'又曰：'一哉王心'。克绥先王之禄，永砥烝民之生。呜呼！七世之庙，可以观德。万夫之长，可以观政。后非民罔使；民非后罔事。无自广以狭人，匹夫匹妇，不获自尽，民主罔与成厥功。"

沃丁既葬伊尹于亳，咎单遂训伊尹事，作《沃丁》。

此篇在《尚书》中属于古文。可与《礼记·缁衣》提到的《尹吉》以及清华简《尹诰》对照。《礼记·缁衣》篇两引《尹吉》，其一云："《尹吉》曰：'惟尹躬及汤，咸有壹德。'"郑玄认为："'吉'，当为'告'。'告'，古文'诰'，字之误也。'尹告'，伊尹之诰也。《书序》以为《咸有壹德》，今亡。咸，皆也。君臣皆有壹德不贰，则无疑惑也。"就是说汤与伊尹皆有壹德。此处清华简《尹诰》首句作："惟尹既及汤，咸有一德。"郭店楚简和上海博物馆藏战国楚竹书本《缁衣》篇"躬"之字形当释为"允"，"允及"就是"以及"，清华简的"既及"就是"暨及"，也是以及的意思。然而《礼记·缁衣》的孔颖达疏以为"是伊尹诰大甲，故称'尹诰'"，则是据后世的《咸有一德》立论。清华简则证明了与伊尹对话者是汤。所以孔颖达说的"诰大甲"，实质是上了晚起的古文《尚书》之《咸有一德》的当。从而证明《咸有一德》确属伪书，而清华简本才是真正的《尹诰》或《咸有一德》①。

《说命下》：

① 详参廖名春《清华简与〈尚书〉研究》，《文史哲》2010年第6期。

王曰："呜呼！说，四海之内，咸仰朕德，时乃风。股肱惟人，良臣惟圣。昔先正保衡作我先王，乃曰：'予弗克俾厥后惟尧舜，其心愧耻，若挞于市。'一夫不获，则曰时予之辜。佑我烈祖，格于皇天。尔尚明保予，罔俾阿衡专美有商。惟后非贤不乂，惟贤非后不食。其尔克绍乃辟于先王，永绥民。"

此篇在《尚书》中属于古文。这是一段殷高宗武丁和其相傅说之间的对话，里面的"保衡""阿衡"均为伊尹，先描述伊尹如何忠心于商汤，并获得美名。然后希望傅说向伊尹学习，说你不要做得比伊尹差。

《君奭》：

公曰："君奭！我闻在昔成汤既受命，时则有若伊尹，格于皇天。"

这是周公历数的商代贤臣，伊尹排在第一。《君奭》是今文《尚书》。

二、《诗经》所见伊尹资料

《长发》：

昔在中叶，有震且业。允也天子，降予卿士，实维阿衡，实左右商王。

《长发》是《商颂》里的一篇，有伊尹与商汤并配上帝、共受先王祭礼的记载。据说这一记载还得到了有关甲骨卜辞和铜器铭文的支持①。按照《史记·殷本纪》记载，商族从契至汤整个先商时期共有先公 14 位，在这么多先公之中，作为商民族史诗性质的《长发》只提出"契""相土""汤"，但将"伊尹"位列其间，可见伊尹在商族历史上地位的重要。既然伊尹享受了商先公祖宗同样的祀典，有学者认为伊尹与商汤实际上是地位近似的二位部族首领，而且实行的

---

① 参见江林昌《〈商颂〉所见伊尹、商汤复祭与"禅让制"遗风及先商社会性质》，《民族艺术》2000 年第 2 期。

是禅让制，只不过后来伊尹这一支落败了①。

三、《左传》所见伊尹资料

《左传·襄公二十一年》：

伊尹放大甲而相之，卒无怨色。

《左传》只此一见，说的是伊尹流放太甲之事。

四、《逸周书》所见伊尹资料

《逸周书·王会解》：

伊尹朝，献商书②。汤问伊尹曰："诸侯来献，或无马牛之所生，而献远方之物，事实相反，不利。今吾欲因其地势所有献之，必易得而不贵，其为四方献令。"伊尹受命，于是为四方令曰："臣请正东……，请令以……为献。正南……，请令以……为献。正西……，请令以……为献。正北……，请令以……为献。"汤曰："善。"

这段话显示伊尹对于中国各地山川物产的熟悉和了解，可见伊尹具有特殊的智慧。

五、《国语》所见伊尹资料

《国语·晋语一》：

昔夏桀伐有施，有施人以妹喜女焉，妹喜有宠，于是乎与伊尹比而亡夏。

---

① 参见江林昌《〈商颂〉所见伊尹、商汤并祭与"禅让制"遗风及先商社会性质》，《民族艺术》2000年第2期。

② 也有学者认为这里当读为"伊尹朝献"，是一本书名，是一部《商书》，主要记载伊尹辅佐商汤作四方令之事。

这是关于商亡于伊尹之阴谋的较早期的记载。所谓“比”，指的是妹喜与伊尹合谋。

《国语·晋语四》：

伊尹放太甲而卒以为明王，管仲贼桓公而卒以为侯伯。

这是比较早把伊尹和管仲并列起来的文献，认为臣下某些过激的行为，如果对君主产生了良好的影响，是值得赞赏的。

六、《晏子春秋》所见伊尹资料

《晏子春秋·谏篇·谏上·景公将伐宋瞢二丈夫立而怒晏子谏》：

明日，晏子朝见，公告之如占瞢之言也。公曰：“占瞢者之言曰：‘师过泰山而不用事，故泰山之神怒也。’今使人召祝史祠之。”晏子俯有间，对曰：“占瞢者不识也，此非泰山之神，是宋之先汤与伊尹也。”公疑，以为泰山神。晏子曰：“公疑之，则婴请言汤伊尹之状也。汤质皙而长，颜以髯，兑上丰下，倨身而扬声。”公曰：“然，是已。”“伊尹黑而短，蓬而髯，丰上兑下，偻身而下声。”公曰：“然，是已。今若何?”晏子曰：“夫汤、太甲、武丁、祖乙，天下之盛君也，不宜无后。今惟宋耳，而公伐之，故汤伊尹怒，请散师以平宋。”景公不用，终伐宋。晏子曰：“伐无罪之国，以怒明神，不易行以续蓄，进师以近过，非婴所知也。师若果进，军必有殃。”

这说的晏子解梦的事，晏子推断齐景公梦到了商汤和伊尹，并说出了两个人的脸型。伊尹和商汤一样已经成为商人及宋国之神，作为鬼神可以对人产生神秘的作用。“兑”即锐，“兑上丰下”指脸颊比额头大，“丰上兑下”指额头比脸颊大，汉代的谶纬之书对《晏子春秋》这段描述有兴趣，做出了解读。

七、《战国策》所见伊尹资料

《战国策·楚策四·客说春申君》：

客又说春申君曰："昔伊尹去夏入殷，殷王而夏亡。管仲去鲁入齐，鲁弱而齐强。夫贤者之所在，其君未尝不尊，国未尝不荣也。"

和《国语·晋语四》一样，这里也是伊尹和管仲并列，但强调的是贤能之士的任用对于君主和国家有多么的重要，带有强烈的战国时代特征。

《战国策·楚策四·楚考烈王无子》：

春申君相楚二十五年，考烈王病。朱英谓春申君曰："世有无妄之福，又有无妄之祸。今君处无妄之世，以事无妄之主，安不有无妄之人乎?"春申君曰："何谓无妄之福?"曰："君相楚二十余年矣，虽名为相国，实楚王也。五子皆相诸侯。今王疾甚，旦暮且崩，太子衰弱，疾而不起，而君相少主，因而代立当国，如伊尹、周公。王长而反政，不，即遂南面称孤，因而有楚国。此所谓无妄之福也。"

这是强调春申君的地位有如历史上的伊尹、周公，可"代立当国"。可见伊尹、周公的长期摄政在中国古代是非常罕见、影响深远的事情。

《战国策·赵策四·冯忌请见赵王》：

昔者尧见舜于草茅之中，席陇亩而荫庇桑，阴移而授天下传。伊尹负鼎俎而干汤，姓名未著而受三公。

这是把伊尹和尧相并列，强调草根也可登天，这在身份制度受到挑战、阶层地位可以重新洗牌的战国时代，是个非常好的话题。

《战国策·燕策二·奉阳君告朱欢与赵足》：

伊尹再逃汤而之桀，再逃桀而之汤，果与鸣条之战，而以汤为天子。伍子胥逃楚而之吴，果与伯举之战，而报其父之雠。

历史上伊尹曾经既服务于汤，也服务于桀，但最终选择汤。此文将其与伍子胥相比。强调两人对于改变历史之作用的强大。

八、《墨子》所见伊尹资料

《当染》：

非独染丝然也，国亦有染。舜染于许由、伯阳，禹染于皋陶、伯益，汤染于伊尹、仲虺，武王染于太公、周公。此四王者所染当，故王天下，立为天子，功名蔽天地。得其人臣，则得天下。

此文通过排列一系列曾经发生巨大历史影响的名臣，强调这些人对于希望“王天下”“得天下”之君主的重要性。这是典型的强调任贤使能之重要性的春秋晚期以后的话题。

《尚贤上》：

故古者尧举舜于服泽之阳，授之政，天下平；禹举益于阴方之中，授之政，九州成；汤举伊尹于庖厨之中，授之政，其谋得；文王举闳夭泰颠于罝罔之中，授之政，西土服。

《尚贤中》：

古者舜耕历山，陶河濒，渔雷泽，尧得之服泽之阳，举以为天子，与接天下之政，治天下之民。伊挚，有莘氏女之私臣，亲为庖人，汤得之，举以为己相，与接天下之政，治天下之民。傅说被褐带索，庸筑乎傅岩，武丁得之，举以为三公，与接天下之政，治天下之民。此何故始贱卒而贵，始贫卒而富？

强调选拔人才必须不拘一格，也是典型的春秋晚期以后的话题。这里面的贤人都出身卑微。历史上伊尹以身份低微著称，所以也在其中。

《尚贤下》：

昔伊尹为莘氏女师仆，使为庖人，汤得而举之，立为三公，使接天下之政，治天下之民。昔者傅说居北海之洲，圜土之上，衣褐带索，庸筑于傅岩之城，武丁得而举之，立为三公，使之接天下之政，而治天下之民。是故昔者尧之举舜也，汤之举伊尹也，武丁之举傅说也，岂以为骨肉之亲、无故富贵、面目美好者哉？惟法其言，用其谋，行其道，上可而利天，中可而利鬼，下可而利人，是故推而上之。

是故昔者尧有舜，舜有禹，禹有皋陶，汤有小臣，武王有闳夭、泰颠、南宫括、散宜生，而天下和，庶民阜，是以近者安之，远者归之。

《尚贤下》同样继续上述话题，但加上了举荐贤才不能被“骨肉之亲、无故富贵、面目美好”所束缚之类的话，并突出了贤人对于明主的重要性。符合《墨子》十论虽然主题相同、语言相关，但时代越晚篇幅越大的规律。

《贵义》：

昔者，汤将往见伊尹，令彭氏之子御。彭氏之子半道而问曰：“君将何之？”汤曰：“将往见伊尹。”彭氏之子曰：“伊尹，天下之贱人也。若君欲见之，亦令召问焉，彼受赐矣。”汤曰：“非女所知也。今有药此，食之则耳加聪，目加明，则吾必说而强食之。今夫伊尹之于我国也，譬之良医善药也。而子不欲我见伊尹，是子不欲吾善也。”因下彭氏之子，不使御。彼苟然，然后可也。

这又是一个求贤若渴、不顾周围反对的故事，其情节类似清华简《汤处于汤丘》。从《墨子》可以看出，伊尹在里面的出镜率非常高。可见伊尹故事到了春秋战国之际，开始被大量消费，成为诸子著述立说的重要资材。

九、《管子》所见伊尹资料

《地数》：

管子对曰："昔者桀霸有天下，而用不足。汤有七十里之薄，而用有余。天非独为汤雨菽粟，而地非独为汤出财物也。伊尹善通移轻重，开阖决塞，通于高下徐疾之策，坐起之费时也。

类似《逸周书》《吕氏春秋·本味》，都突出了伊尹对于地理、物产的了解和掌握，说他能够积极利用自然资源为人类服务。

《轻重甲》：

桓公曰："轻重有数乎?"管子对曰："轻重无数，物发而应之，闻声而乘之，故为国不能来天下之财，致天下之民，则国不可成。"桓公曰："何谓来天下之财?"管子对曰："昔者桀之时，女乐三万人，端噪晨乐，闻于三衢，是无不服文绣衣裳者，伊尹以薄之游女，工文绣纂组，一纯得粟百钟于桀之国。夫桀之国者，天子之国也，桀无天下忧，饰妇女钟鼓之乐，故伊尹得其粟而夺之流，此之谓来天下之财。"

这里管仲把伊尹描述成了具有经济头脑的人，说他善于"来天下之财"，并借此向齐桓公阐述了他的经济治理之策。

十、《论语》所见伊尹资料

《颜渊》：

樊迟问仁。子曰："爱人。"问知。子曰："知人。"樊迟未达。子曰："举直错诸枉，能使枉者直。"樊迟退，见子夏。曰："乡也吾见于夫子而问知，子曰，'举直错诸枉，能使枉者直'，何谓也?"子夏曰："富哉言乎!舜有天下，选于众，举皋陶，不仁者远矣。汤有天下，选于众，举伊尹，不仁者远矣。"

《论语》谈到伊尹仅此一见，但开始把伊尹列于"仁者"的系列。伊尹与皋陶并列，将其视为其有强大政治执行力的人。

十一、《孙子兵法》所见伊尹资料

《用间》：

> 昔殷之兴也，伊挚在夏。周之兴也，吕牙在殷。故明君贤将，能以上智为间者，必成大功，此兵之要，三军之所恃而动也。

《孙子》谈到伊尹仅此一见，利用了伊尹曾经做过间谍的故事，强调伊尹、姜子牙都有做卧底的经历。

十二、《孟子》所见伊尹资料

《公孙丑上》：

> “伯夷、伊尹何如?”曰：“不同道。非其君不事，非其民不使；治则进，乱则退，伯夷也。何事非君，何使非民；治亦进，乱亦进，伊尹也。可以仕则仕，可以止则止，可以久则久，可以速则速，孔子也。皆古圣人也，吾未能有行焉；乃所愿，则学孔子也。”

这是通过“进退”，对伯夷、伊尹、孔子三个人做了评价，认为伊尹不是一个隐者，而是一个有担当有能力的积极有为的政治家。但依然不能同孔子相比，孔子有进有退，有久有速，是最高的政治家。

《公孙丑下》：

> 故汤之于伊尹，学焉而后臣之，故不劳而王；桓公之于管仲，学焉而后臣之，故不劳而霸。……汤之于伊尹，桓公之于管仲，则不敢召。

这也是将伊尹同管子相比，认为好的臣下可以成为君主之师。

《万章上·下》：

益、伊尹、周公不有天下。伊尹相汤以王于天下。汤崩，太丁未立，外丙二年，仲壬四年。太甲颠覆汤之典刑，伊尹放之于桐。三年，太甲悔过，自怨自艾，于桐处仁迁义；三年，以听伊尹之训己也，复归于亳。周公之不有天下，犹益之于夏，伊尹之于殷也。

万章问曰："人有言'伊尹以割烹要汤'有诸？"

孟子曰："否，不然。伊尹耕于有莘之野，而乐尧舜之道焉。非其义也，非其道也，禄之以天下，弗顾也；系马千驷，弗视也。非其义也，非其道也，一介不以与人，一介不以取诸人，汤使人以币聘之，嚣嚣然曰：'我何以汤之聘币为哉？我岂若处畎亩之中，由是以乐尧舜之道哉？'汤三使往聘之，既而幡然改曰：'与我处畎亩之中，由是以乐尧舜之道，吾岂若使是君为尧舜之君哉？吾岂若使是民为尧舜之民哉？吾岂若于吾身亲见之哉？天之生此民也，使先知觉后知，使先觉觉后觉也。予，天民之先觉者也；予将以斯道觉斯民也。非予觉之，而谁也？'思天下之民匹夫匹妇有不被尧舜之泽者，若己推而内之沟中。其自任以天下之重如此，故就汤而说之以伐夏救民。吾未闻枉己而正人者也，况辱己以正天下者乎？圣人之行不同也，或远或近，或去或不去，归洁其身而已矣。吾闻其以尧舜之道要汤，未闻以割烹也。伊训曰：'天诛造攻自牧宫，朕载自亳。'"

"伊尹曰：'何事非君？何使非民？'治亦进，乱亦进。曰：'天之生斯民也，使先知觉后知，使先觉觉后觉。予，天民之先觉者也；予将以此道觉此民也。'思天下之民匹夫匹妇有不与被尧舜之泽者，若己推而内之沟中，其自任以天下之重也。"

孟子曰："伯夷，圣之清者也；伊尹，圣之任者也；柳下惠，圣之和者也；孔子，圣之时者也。孔子之谓集大成。"

通过这段话可以看出，孟子对伊尹事迹非常熟悉。主要赞赏他以下几点：第一，和周公一样，可以有天下，但却不拥有天下；第二，伊尹是一个乐于尧舜之道的人，并明确自己的使命在于"使先知觉后知，使先觉觉后觉"，因此是一个政治伦理的教化者；第三，否定长期以来流传的伊尹以"割烹要汤"的特殊经历，可能觉得这样有损其形象，竭力想要将其打造成为儒家的圣人；第四，将其评价为“圣之任者”，即勇于任事、敢担当、有责任的人，仅次于孔子的“圣之时者”。孟子的有些说法似乎并无历史记载可以印证，是孟子杜撰也未可知。

《告子下》（又见《说苑·杂言》）：

> 淳于髡曰：“先名实者，为人也；后名实者，自为也。夫子在三卿之中，名实未加于上下而去之，仁者固如此乎？”
>
> 孟子曰：“居下位，不以贤事不肖者，伯夷也；五就汤，五就桀者，伊尹也；不恶污君，不辞小官者，柳下惠也。三子者不同道，其趋一也。一者何也？曰：仁也。君子亦仁而已矣，何必同？”

这是把伊尹与伯夷、柳下惠进行比较，将其塑造成一个能屈能伸的人物，属于仁者之一，但还不能和孔子比，和上面一段一样，也是为了借助伊尹衬托孔子形象的伟大。

《尽心上》：

> 公孙丑曰：“伊尹曰：‘予不狎于不顺。’放太甲于桐，民大悦。太甲贤。又反之，民大悦。贤者之为人臣也，其君不贤，则固可放与？”
>
> 孟子曰：“有伊尹之志，则可；无伊尹之志，则篡也。”

借助伊尹流放太甲但又不代而自立之事，孟子论述了“伊尹之志”的重要性，即是否影响尊卑上下的君臣大义，关键在于伊尹之心是否符合儒家伦理。这样的解释颇具儒家特色。①

《尽心下》：

---

① 宋洪兵认为孟子这里存在“伊尹悖论”，体现了儒家道德政治下企图以实质正义代替形式正义而实际上又无法真正达成实质正义的悖论。这个悖论到了韩非子这里才解决。参见《孟子与韩非的“伊尹悖论”》，《诸子学刊》第12辑，上海：上海古籍出版社2015年。

孟子曰："由尧舜至于汤，五百有余岁，若禹、皋陶，则见而知之；若汤，则闻而知之。由汤至于文王，五百有余岁，若伊尹、莱朱则见而知之；若文王，则闻而知之。由文王至于孔子，五百有余岁，若太公望、散宜生，则见而知之；若孔子，则闻而知之。由孔子而来至于今，百有余岁，去圣人之世，若此其未远也；近圣人之居，若此其甚也，然而无有乎尔，则亦无有乎尔。"

这又是对伊尹的崇高评价，但认为他是"见而知之"者，即还只是一个高级的智者，孟子将孔子抬升为"闻而知之"者，那就是圣人级别了。"见而知之""闻而知之"等如何知之的问题，是春秋战国之际一大话题，《老子》《论语》《中庸》《五行》竹简《文子》都做过讨论。

总之，《墨子》之后，孟子也开始大量消费伊尹故事，但不同于墨子借助伊尹宣扬从底层选拔人才的重要性。孟子完全否认伊尹曾经地位卑下，而是直接将其塑造成儒家圣人，并借助伊尹的影响力，进一步衬托出孔子的伟大，用心良苦。在先秦诸子中只有孟子这样做，看来到了战国中期。历史人物的形象已经可以按照作者的心愿随意塑造了。

十三、《庄子》所见伊尹资料

《庄子·庚桑楚》：

雀适羿，羿必得之，威也；以天下为之笼，则雀无所逃。是故汤以庖人笼伊尹，秦穆公以五羊之皮笼百里奚。是故非以其所好笼之而可得者，无有也。

《庄子》内篇未见伊尹，在《庚桑楚》这里，庖人的标志非但不是身份低贱的象征，反而成为商汤投其所好、笼络伊尹的手段。天下之人就是因为各有所好，而不能免于名利的束缚。这也是典型的伊尹传说消费方式。但对伊尹并无批判之意。

《庄子·让王》：

汤将伐桀，因卞随而谋，卞随曰："非吾事也。"汤曰："孰可？"曰："吾不知也。"汤又因瞀光而谋，瞀光曰："非吾事也。"汤曰："孰可？"曰："吾不知也。"汤曰："伊尹何如？"曰："强力忍垢，吾不知其他也。"汤遂与伊尹谋伐桀。

这是对伊尹的评价，说他能够"强力忍垢"，有点类似孟子所说的"圣之任者"。总的来说，对伊尹评价不高，认为他不如卞随、瞀光，通过伊尹衬托卞随、瞀光的高洁。

总的来说，《庄子》里面伊尹引用不多，而且仅见于外杂篇，这有些让人意外。历史人物在《庄子》中大量出现，依照伊尹的知名度，庄子应该大量消费才是。其中原因值得探讨。

十四、《鹖冠子》所见伊尹资料

《世兵》：

君子不惰，真人不怠，无见久贫贱，则据简之，伊尹酒保，太公屠牛，管子作革，百里奚官奴。海内荒乱，立为世师，莫不天地，善谋日月，不息乃成，四时精习象神，孰谓能之，素成其用，先知其故。

是金子一定会发光，有能力者一定会受到赏识。像伊尹、太公、管仲这样曾经十分低贱的人，也有可能最终"立为世师"。《鹖冠子》作为积极进取的黄老道家，特别重视贤能的任用选拔，伊尹受到很高评价是正常的。

《备知》：

昔汤用伊尹，周用太公，秦用百里，楚用申麃，齐用管子。……今世非无舜之行也，不知尧之故也，非无汤武之事也，不知伊尹太公之故也。

同样，此文也竭力强调挖掘任用人才的重要性。

《世贤》：

昔伊尹医殷，太公医周武王，百里医秦，申麃医郢，原季医晋，范蠡医越，管仲医齐，而五国霸。其善一也，然道不同数。

此文后面通过扁鹊大兄二兄善于治未病的故事，阐述了治国之道在于无为的重要性。把伊尹看作扁鹊，还没有达到道家治国的最高境界。可见只是把伊尹看作一个著名能臣，但还不是道家心目中最高明的政治家。

十五、《荀子》所见伊尹资料

《非相》：

伊尹之状，面无须麋。

这是说伊尹脸上没有胡须眉毛。关于伊尹之形容，除此之外只有《晏子春秋》提及，说他“伊尹黑而短，蓬而髯，丰上兑下，偻身而下声。”

《王霸》：

故能当一人而天下取，失当一人而社稷危。不能当一人，而能当千百人者，说无之有也。既能当一人，则身有何劳而为？垂衣裳而天下定。故汤用伊尹，文王用吕尚，武王用召公，成王用周公旦。

这是叙述用人之得当与否涉及社稷安危。将伊尹和吕尚、召公、周公相比美。

《臣道》：

故齐之苏秦，楚之州侯，秦之张仪，可谓态臣者也。韩之张去疾，赵之奉阳，齐之孟尝，可谓篡臣也。齐之管仲，晋之咎犯，楚之孙叔敖，可谓功臣矣。殷之伊尹，周之太公，可谓圣臣矣。

这是对臣下进行分类，伊尹和太公放在一起，称之为“圣臣”，要高于其他文献中与之并列的管仲，管仲在这里只是“功臣”。

《臣道》：

故明君之所赏，暗君之所罚也；暗君之所赏，明君之所杀也。伊尹箕子可谓谏矣，比干子胥可谓争矣，平原君之于赵可谓辅矣，信陵君之于魏可谓拂矣。传曰：“从道不从君。”此之谓也。故正义之臣设，则朝廷不颇；谏争辅拂之人信，则君过不远；爪牙之士施，则仇雠不作；边境之臣处，则疆垂不丧。

这是把伊尹称为能够纠正君过的“正义之臣”。

《解蔽》：

成汤鉴于夏桀，故主其心而慎治之，是以能长用伊尹，而身不失道，此其所以代夏王而受九有也。文王监于殷纣，故主其心而慎治之，是以能长用吕望，而身不失道，此其所以代殷王而受九牧也。

把成汤、文王能够“受九有”“受九牧”的原因，说成是因为能够接受殷鉴，并任用伊尹之类贤人的缘故。

总的看来，《荀子》也较多地使用了伊尹材料，但《荀子》这里的伊尹形象并无新意，既无随意歪曲，也无随意拔高，基本上是对当时流传形象的直接利用。

十六、《韩非子》所见伊尹资料

《难言》：

故度量虽正，未必听也；义理虽全，未必用也。大王若以此不信，则小者以为毁訾诽谤，大者患祸灾害死亡及其身。故子胥善谋而吴戮之，仲尼善说而匡围之，管夷吾实贤而鲁囚之。故此三大夫岂不贤哉？而三君不明也。上古有汤至圣也，伊尹至智也；夫至智说至圣，然且七十说而不受，身执鼎俎为庖宰，昵近习亲，而汤乃仅知其贤而用之。故曰以至智说至圣，未必至而见受，伊尹说汤是也；以智说愚必不听，文王说纣是也。

《难言》认为伊尹虽然至智，并遇到至圣，其言也未必能全部接受。强调贤臣要被君主完全接受是很难的。这种说法，以前的文献没有见到过，不知道是否也像孟子一样，依据语境的需要，对故事做了新的编排。

《说难》：

伊尹为宰，百里奚为虏，皆所以干其上也，此二人者，皆圣人也，然犹不能无役身以进，如此其污也。

伊尹、百里奚以善于进言闻名，但即便如此，要想接近君王，最先仍不免自贱，慢慢接受之后才能畅所欲言。这是为了证明“游说之难”的主题。和《难言》有些类似。

《奸劫弑臣》：

治国之有法术赏罚，犹若陆行之有犀车良马也，水行之有轻舟便楫也，乘之者遂得其成。伊尹得之汤以王，管仲得之齐以霸，商君得之秦以强。此三人者，皆明于霸王之术，察于治强之数，而不以牵于世俗之言；适当世明主之意，则有直任布衣之士，立为卿相之处；处位治国，则有尊主广地之实；此之谓足贵之臣。汤得伊尹，以百里之地立为天子；桓公得管仲，立为五霸主，九合诸侯，一匡天下；孝公得商君，地以广，兵以强。

这一段非常有趣，其他文献虽然强调伊尹是能臣，但没有一处像《韩非子》这样明确说他掌握的是“法术赏罚”的霸王之术。可见随着时代的变迁，伊尹身上的特征和精神也在不断地改变。

《南面》：

> 不知治者，必曰：“无变古，毋易常。”变与不变，圣人不听，正治而已。然则古之无变，常之毋易，在常古之可与不可。伊尹毋变殷，太公毋变周，则汤、武不王矣。管仲毋易齐，郭偃毋更晋，则桓、文不霸矣。

《韩非子》在强调变法的重要性时，说伊尹和管仲、郭偃都是与时俱进、不墨守成规的人。这可能也是依据语境的需要，对故事做了新的编排。

《饰邪》：

> 凡败法之人，必设诈托物以来亲，又好言天下之所希有，此暴君乱主之所以惑也，人臣贤佐之所以侵也。故人臣称伊尹、管仲之功，则背法饰智有资；称比干、子胥之忠而见杀，则疾强谏有辞。

韩非子认为，“伊尹、管仲之功”“比干、子胥之忠”作为社会上津津乐道的谈资，很容易被不同的人置于不同的用途。可见韩非子也意识到在那个时代，伊尹就是一个广为消费的对象。

《难一》：

> 夫仁义者，忧天下之害，趋一国之患，不避卑辱谓之仁义。故伊尹以中国为乱，道为宰于汤；百里奚以秦为乱，道为虏于穆公；皆忧天下之害，趋一国之患，不辞卑辱，故谓之仁义。

这是借助伊尹、百里奚谈什么是仁义。他们都不因自己身份的卑微而忘却“忧天下之害，趋一国之患”。“为宰”就是为厨。在把伊尹与仁义关联起来这一点上，类似《论语》《孟子》，但实质意义显然不同。

《难一》：

或曰：昔者齐桓公两用管仲、鲍叔，成汤两用伊尹、仲虺。夫两用臣者国之忧，则是桓公不霸，成汤不王也。湣王一用淖齿而身死乎东庙，主父一用李兑，减食而死。主有术，两用不为患；无术，两用则争事而外市，一则专制而劫弑。今留无术以规上，使其主去两用一，是不有西河、鄗、郢之忧，则必有身死减食之患。是樛留未有善以知言也。

这是说明主如果有御臣之术，那么即便朝中有两位权臣，也不会构成危险。这里韩非子反驳的对象提出，成汤两用伊尹、仲虺，结果不王，这是增添了伊尹故事的新版本。

《难二》：

伊尹自以为宰干汤，百里奚自以为虏干穆公，虏所辱也，宰所羞也，蒙羞辱而接君上，贤者之忧世急也。

这说的是贤人并不难寻求，他们甚至会降低身份、自甘低贱来寻求任用。

《说疑》：

若夫后稷、皋陶、伊尹、周公旦、太公望、管仲、隰朋、百里奚、蹇叔、舅犯、赵衰、范蠡、大夫种、逢同、华登，此十五人者为其臣也，皆夙兴夜寐，卑身贱体，竦心白意，明刑辟、治官职以事其君，进善言、通道法而不敢矜其善，有成功立事而不敢伐其劳，不难破家以便国，杀身以安主，以其主为高天泰山之尊，而以其身为壑谷釜洧之卑，主有明名广誉于国，而身不难受壑谷釜洧之卑。如此臣者，虽当昏乱之主尚可致功，况于显明之主乎？此谓霸王之佐也。

这里包括伊尹在内，一下子列了十五位忠心耿耿、不惜牺牲自己以成就君主的名臣，说即便昏主获得他们辅佐，也会成为霸主，可见能臣贤臣的重要。

《显学》：

> 今不知治者必曰：“得民之心。”欲得民之心而可以为治，则是伊尹、管仲无所用也，将听民而已矣。民智之不可用，犹婴儿之心也。

这段话在于批判儒家提出的政治之要在于得人心。如果仅靠得人之心，那么伊尹、管仲就没有用武之地了。

《韩非子》中，提到伊尹之处总共有十段，可以说是论及伊尹非常多的文献。而且显然韩非子根据自己的需要，对伊尹故事进行了适当的改编，甚至有可能是新编，这有点类似孟子。总体上韩非子把伊尹当作治国之能臣看待，而且是懂得“法术”的能臣，是具有变革精神的人，也是需要防范的权臣。这种解释唯《韩非子》独有，具有非常典型的法家色彩。

十七、《吕氏春秋》所见伊尹资料

《当染》：

> 非独染丝然也，国亦有染。舜染于许由、伯阳，禹染于皋陶、伯益，汤染于伊尹、仲虺，武王染于太公望、周公旦，此四王者所染当，故王天下，立为天子，功名蔽天地，举天下之仁义显人必称此四王者。

这一段显然来自《墨子·当染》。强调贤臣对于王者的重要。

《尊师》：

> 神农师悉诸，黄帝师大挠，帝颛顼师伯夷父，帝喾师伯招，帝尧师子州支父，帝舜师许由，禹师大成贽，汤师小臣，文王、武王师吕望、周公旦，齐桓公师管夷吾，晋文公师咎犯、随会，秦穆公师百里奚、公孙枝，楚庄王师孙叔敖、沈尹巫，吴王阖闾师伍子胥、文之仪，越王句践师范蠡、大夫种。此十圣人六贤者，未有不尊师者也。

类似《当染》，论述古代成功的帝王君主，一定有其相应的师傅。

《先己》：

汤问于伊尹曰："欲取天下若何?"伊尹对曰："欲取天下，天下不可取。可取，身将先取。"凡事之本，必先治身，啬其大宝。用其新，弃其陈，腠理遂通。精气日新，邪气尽去，及其天年。此之谓真人。

这段话为《吕氏春秋》所独有，借助伊尹之言阐述了黄老道家从养生到治国的原理。整体风格和马王堆帛书医简、《论六家要旨》《黄帝内经》接近。《艺文志》把《伊尹》列为道家之首，但从传世文献看，可资证明的材料不多，这一篇比较典型。

《古乐》：

汤乃命伊尹作为大护，歌晨露，修九招、六列，以见其善。

伊尹曾为商汤作乐的事，其他文献未见。

《本味》：

有侁氏女子采桑，得婴儿于空桑之中，献之其君。其君令烰人养之。察其所以然，曰："其母居伊水之上，孕，梦有神告之曰：'臼出水而东走，毋顾。'明日，视臼出水，告其邻，东走十里，而顾其邑尽为水，身因化为空桑"，故命之曰伊尹。此伊尹生空桑之故也。长而贤。汤闻伊尹，使人请之有侁氏。有侁氏不可。伊尹亦欲归汤。汤于是请取妇为婚。有侁氏喜，以伊尹为媵送女。故贤主之求有道之士，无不以也；有道之士求贤主，无不行也。相得然后乐。不谋而亲，不约而信，相为殚智竭力，犯危行苦，志欢乐之，此功名所以大成也。固不独。士有孤而自恃，人主有奋而好独者，则名号必废熄，社稷必危殆。故黄帝立四面，尧、舜得伯阳、续耳然后成，凡贤人之德有以知之也。汤得伊尹，祓之于庙，爝以爟火，衅以牺猳。明日，设朝而见之，说汤以至味，汤曰："可对而为乎?"……

此文很长，这是节选，几乎是一部伊尹的传记，说伊尹生于“空桑”，这是第一次看到。前半部分论述贤人与有道之士的相知相得。后半部分侧重于调味与政治的关系，最后得出“道者止彼在己，己成而天子成，天子成则至味具。故审近所以知远也，成己所以成人也”的道理，有助于理解《中庸》的成己成人。其中关于山川物产的描述有些类似《逸周书·王会解》。

《慎大》：

> 桀为无道，暴戾顽贪，天下颤恐而患之，言者不同，纷纷分分，其情难得。干辛任威，凌轹诸侯，以及兆民，贤良郁怨。杀彼龙逢，以服群凶。众庶泯泯，皆有远志，莫敢直言，其生若惊。大臣同患，弗周而畔。桀愈自贤，矜过善非，主道重塞，国人大崩。汤乃惕惧，忧天下之不宁，欲令伊尹往视旷夏，恐其不信，汤由亲自射伊尹。伊尹奔夏三年，反报于亳，曰：“桀迷惑于末嬉，好彼琬、琰，不恤其众，众志不堪，上下相疾，民心积怨，皆曰‘上天弗恤，夏命其卒’。”汤谓伊尹曰：“若告我旷夏尽如诗。”汤与伊尹盟，以示必灭夏。伊尹又复往视旷夏，听于末嬉。末嬉言曰：“今昔天子梦西方有日，东方有日，两日相与斗，西方日胜，东方日不胜。”伊尹以告汤。商涸旱，汤犹发师，以信伊尹之盟，故令师从东方出于国，西以进。未接刃而桀走，逐之至大沙，身体离散，为天下戮，不可正谏，虽后悔之，将可奈何？汤立为天子，夏民大说，如得慈亲，朝不易位，农不去畴，商不变肆，亲郼如夏。此之谓至公，此之谓至安，此之谓至信。尽行伊尹之盟，不避旱殃，祖伊尹世世享商。

这一段主要描述商汤和伊尹如何谋划夺取夏政，并付诸行动之事，其中“恐其不信，汤由亲自射伊尹”是难得的苦肉计的描述，而与末嬉的对话，可印证《国语·晋语一》，但要详细得多，有小说的味道。清华简《尹至》和《赤鹄集于汤之屋》均与此有关。

《知度》：

绝江者托于船，致远者托于骥，霸王者托于贤。伊尹、吕尚、管夷吾、百里奚，此霸王者之船骥也。……故小臣、吕尚听，而天下知殷、周之王也；管夷吾、百里奚听，而天下知齐、秦之霸也。

强调成功者需要伊尹、吕尚、管夷吾、百里奚这样的贤人。

《具备》：

汤尝约于郼薄矣，武王尝穷于毕裎矣，伊尹尝居于庖厨矣，太公尝隐于钓鱼矣，贤非衰也，智非愚也，皆无其具也。故凡立功名，虽贤，必有其具，然后可成。

以“汤”“周武王”“伊尹”“太公”为例，论述穷达以时、大器晚成的道理。

《离俗》：

汤将伐桀，因卞随而谋。卞随辞曰：“非吾事也。”汤曰：“孰可?”卞随曰：“吾不知也。”汤又因务光而谋。务光曰：“非吾事也。”汤曰：“孰可?”务光曰：“吾不知也。”汤曰：“伊尹何如?”务光曰：“强力忍诟，吾不知其他也。”汤遂与伊尹谋夏伐桀，克之。

这一段同于《庄子·让王》。说伊尹是“强力忍诟”，即能屈能伸又能做大事的人。

《求人》：

尧传天下于舜，礼之诸侯，妻以二女，臣以十子，身请北面朝之，至卑也。伊尹，庖厨之臣也；傅说，殷之胥靡也。皆上相天子，至贱也。

以“舜”“伊尹”“傅说”为例，论述明君求贤若渴、礼贤下士的重要性。

《赞能》：

> 贤者善人以人，中人以事，不肖者以财。得十良马，不若得一伯乐；得十良剑，不若得一欧冶；得地千里，不若得一圣人。舜得皋陶而舜受之，汤得伊尹而有夏民，文王得吕望而服殷商。夫得圣人，岂有里数哉？

以“皋陶”“伊尹”“吕望”为例，论述明君获得贤士的无比重要。

我们发现，除了《孟子》《韩非子》之外，谈及伊尹最多、内容最丰富的就是《吕氏春秋》了，《吕氏春秋》涉及伊尹形象的各个侧面，而且更为丰满。尤其是传记色彩的东西较多。《本味》与《先己》两篇，还具有比较浓厚的黄老道家特征。

十八、《楚辞》所见伊尹资料

《天问》：

> 帝乃降观，下逢伊挚。

《天问》问的都是宇宙与人间最为重大的事情，伊尹也多处出场。这一段说的是商汤来到民间考察民情时，遇到了伊挚。

> 成汤东巡，有莘爰极。
> 何乞彼小臣，而吉妃是得？
> 水滨之木，得彼小子。
> 夫何恶之，媵有莘之妇？

这一段交代了伊尹的所属的族属、伊尹的出身以及作为有莘女的媵臣来到商汤身边的故事。“水滨之木”可能就是“空桑”的意思。前引《吕氏春秋·本味》和后引《列子·天瑞》也谈到“空桑”。

初汤臣挚，后兹承辅。

何卒官汤，尊食宗绪？

屈原继续发问，伊尹死后为什么能得到配享成汤的崇高地位，牌位进入商王的宗庙，和成汤一起受到配天的祭祀？显然屈原看到了《诗经·长发》，但是进入战国时期，伊尹广为流行的是出身卑微的贤臣形象，贤臣再高明，贡献再大，也无法进入基于血缘世袭的宗庙之中，所以伊尹是没有资格的。因此，如前文所示，有当代学者认为伊尹其实是和商汤势力同等的部族首领①。

总之，伊尹在《天问》中出现的次数非常多，这也证明了伊尹在时人心目中地位极高。

《九章·昔往日》：

闻百里之为虏兮，伊尹烹于庖厨。

吕望屠于朝歌兮，甯戚歌而饭牛。

不逢汤武与桓缪兮，世孰云而知之。

此处感叹了人才如果一生中不能遇到贤主，会埋没一辈子。

十九、《竹书纪年》所见伊尹资料

殷仲壬即位，居亳，其卿士伊尹。

仲壬崩，伊尹放大甲于桐，乃自立也。伊尹即位，放大甲七年，大甲潜出自桐，杀伊尹，乃立其子伊陟、伊奋，命复其父之田宅而中分之。

这是一段完全不见于其他古籍的记载，把伊尹和太甲完全描述成两股对立的政治势力，和《尚书》的《太甲》上中下三篇的记述完全不同。所以有学者

① 参见江林昌《〈商颂〉所见伊尹、商汤并祭与“禅让制”遗风及先商社会性质》，《民族艺术》2000年第2期。

认为这段话正好反映了由原来的氏族联盟禅让制向君主独权制转变的历程①。

第二部分　两汉传世文献所见伊尹资料

两汉之际，先秦文献伊尹话题仍大量流行，因此可见不少与伊尹相关的资料。基于传播学的放大原理，有些资料在细节上还会更加丰满。受篇幅限制，这里不再大段引出原文，仅列书名篇名及主要内容。

一、《新语》

见于《道基》（如果明君能够掌握道德仁义，就能出现“圣人王世，贤者建功，汤举伊尹，周任吕望，行合天地，德配阴阳，承天诛恶，克暴除殃”等一切美好的政治现象）；《慎微》（论述大事要从小事做起，“是以伊尹负鼎，屈于有莘之野，修达德于草庐之下，躬执农夫之作，意怀帝王之道，身在衡门之里，志图八极之表，故释负鼎之志，为天子之佐，克夏立商，诛逆征暴，除天下之患，辟残贼之类，然后海内治、百姓宁。”贤明若汤、武之君，伊、吕之臣，可以“因天时而行罚，顺阴阳而运动，上瞻天文，下察人心，以寡服众，以弱制强”）。

二、《史记》

见于《魏世家》（秦国统一之势不可阻挡，“魏虽得阿衡之佐，曷益乎?”）；《燕召公世家》（周公作《君奭》，提到伊尹）；《绛侯周勃世家》（说周勃的功劳，“虽伊尹、周公，何以加哉!”）；《老子韩非列传》（通过“伊尹为庖，百里奚为虏”论及被君主注意和发现多么不容易）；《孟子荀卿列传》（在描述邹衍时，说他类似“伊尹负鼎而勉汤以王，百里奚饭牛车下而缪公用霸”“其言虽不轨，傥亦有牛鼎之意乎”）；《春申君列传》（说春申君像伊尹那样有“代立当国”的地位，文同《战国策·楚策》）；《游侠列传》（通过“昔者虞舜窘于井廪，伊尹负于鼎俎，傅说匿于傅险，吕尚困于棘津，夷吾桎梏，百里饭牛，仲尼畏匡，菜

① 参见江林昌《〈商颂〉所见伊尹、商汤并祭与“禅让制”遗风及先商社会性质》，《民族艺术》2000年第2期。

色陈、蔡”论述即便“有道仁人”也有命运上的缓急)；《货殖列传》(在描述白圭的商战技巧，说他“治生产”时，有“伊尹、吕尚之谋，孙吴用兵，商鞅行法”。)《太史公自序》则说：“维契作商，爰及成汤；太甲居桐，德盛阿衡；武丁得说，乃称高宗；帝辛湛湎，诸侯不享。”夸赞伊尹为有德之人。

三、《淮南子》

见于《原道》(在论述“故体道者逸而不穷，任数者劳而无功”时提到如果采用有为的、强制的手段，“虽伊尹、造父弗能化”，伊尹在这里是聪明的象征)；《主术》(在论述“智不足以治天下”时提及即便是贤相的伊尹也未必能和胡人比御马之术)；《齐俗》(在论述各有所能、各尽其才时，提及“伊尹之兴土功也，修胫者使之跖镢，强脊者使之负土，眇者使之准，伛者使之涂，各有所宜，而人性齐矣”。伊尹成为因人善任的象征)；《汎论》(论述“小恶不足妨大美”。虽然有“百里奚之饭牛，伊尹之负鼎，太公之鼓刀，甯戚之商歌”，但他们都“其美有存焉者”)；《修务》(借助“伊尹负鼎而干汤，吕望鼓刀而入周，百里奚转鬻，管仲束缚，孔子无黔突，墨子无暖席”，歌颂忧劳百姓的圣人)；《泰族》(借助“舜、许由异行而皆圣，伊尹、伯夷异道而皆仁，箕子、比干异趋而皆贤”阐述“天地不包一物，阴阳不生一类”，圣人需要兼容并包的道理)；《泰族》(把伊尹和周公、管仲、孔子并列，讲述他们的崇高情怀。“伊尹忧天下之不治，调和五味，负鼎俎而行。五就桀，五就汤，将欲以浊为清，以危为宁也。”)；《泰族》(“游不论国，仕不择官，行不辟污，曰伊尹之道也；分别争财，亲戚兄弟构怨，骨肉相贼，曰周公之义也；行无廉耻，辱而不死，曰管子之趋也；行货赂，趣势门，立私废公，比周而取容，曰孔子之术也。”这说的是人看上去都有污点，但实际上要从他们最终取向去加以判断)。

四、《韩诗外传》

见于卷二(关于伊尹之志，与《孟子》同，可能来自《孟子》。还有一段故事讲伊尹劝诫夏桀不听，遂去夏入殷，投靠商汤)；卷三(描述伊尹辨析谷物，而治天下兴亡，将伊尹描述成先知先觉的人)；卷四(提到伊尹去夏入殷之事)；卷五(说殷用伊尹、周用太公，乃是大用，齐用管仲、楚用孙叔敖乃是小用)；卷六(通过伊尹等人故事，论述时运的重要)。

五、《说苑》

见于《君道》（通过伊尹与商汤的问对，阐述求贤选贤的方法）；《臣术》（通过伊尹与商汤的问对，阐述“三公九卿大夫列士”的区别以及“何谓臣”“何谓不臣”，有点类似马王堆帛书《九主》，但这里论述的是臣下）；《尊贤》（举例伊尹论述尊贤的重要）；《权谋》（描述伊尹与汤商议如何通过调整对夏贡赋来激怒夏桀，故事性强）；《杂言》（两个部分，一部分说伊尹“五就桀，五就汤”之事。另一部分论述贤人能否得到选拔任用，很大程度被命运掌控）；《至公》（说伊尹吕尚都是大公无私的人。“彼人臣之公，治官事则不营私家，在公门则不言货利，当公法则不阿亲戚，奉公举贤则不避仇雠，忠于事君，仁于利下，推之以恕道，行之以不党，伊吕是也”）。

六、《新序》

见于《杂事二》（通过伊尹等人论述“无贤臣，虽五帝三王，不能以兴”）；《杂事四》（论述王者能够“劳于求人，佚于得贤”，如“汤文用伊、吕”）；《杂事五》（论述神圣君王均有其师，伊尹就在其列。“神农学悉老，黄帝学大真，颛顼学伯夷父，帝喾学伯招，帝尧学州文父，帝舜学许由，禹学大成执，汤学小臣，文王武王学太公望周公旦，齐桓公学管夷吾隰朋，晋文公学咎犯随会，秦穆公学百里奚公孙支，楚庄王学孙叔敖沈尹竺，吴王阖闾学伍子胥文之仪，越王勾践学范蠡大夫种，此皆圣王之所学也”）；《刺奢》（类似《韩诗外传》卷二，讲伊尹劝诫夏桀不听，遂去夏入殷，投靠商汤）。

七、《扬子法言》

见于《孝至》（说安汉公王莽“勤劳则过于阿衡”）。

八、《孔子家语》

见于《正论解》（通过伊尹故事论述“古者天子崩，则世子委政于冢宰三年”）。

九、《盐铁论》

见于《力耕》（御史大夫一派论述物资需要交换，人类需要分工，“使治家养生必于农，则舜不甄陶而伊尹不为庖”。而贤良文学一派也以伊尹为例，“昔桀女乐充宫室，文绣衣裳，故伊尹高逝游薄，而女乐终废其国”。论述物质会败坏人欲）；《非鞅》（御史大夫一派认为不能简单否定商鞅，“今以赵高之亡秦而非商鞅，犹以崇虎乱殷而非伊尹也”。贤良文学一派则认为“伊尹以尧、舜之道为殷国基，子孙绍位，百代不绝。商鞅以重刑峭法为秦国基，故二世而夺”。贤良文学这种说法，显然来自孟子）；《论儒》（御史大夫一派认为“伊尹以割烹事汤，百里以饭牛要穆公，始为苟合，信然与之霸王”，即一开始双方只是苟合。贤良文学一派则认为，“伊尹之干汤，知圣主也。百里之归秦，知明君也”，即伊尹一开始就有美好的情怀，远大的理想）；《轻重》（贤良文学一派认为“伊尹、太公以百里兴其君，管仲专于桓公，以千乘之齐，而不能至于王，其所务非也。故功名隳坏而道不济”。这就不同于先秦，把伊尹和管仲完全对立起来）；《相刺》（“夫以伊尹之智，太公之贤，而不能开辞于桀、纣”，论述神圣如伊尹，遇到昏主依旧没有办法。公卿是“四海之表仪，神化之丹青”，伊尹、周、召就是三公之才，太颠、闳夭就是九卿之人）；《论诽》（为了论证孔子所言“德不孤，必有邻”。而云：“故汤兴而伊尹至，不仁者远矣。”与《论语·颜渊》吻合）；《水旱》（御史大夫一派认为，即便“禹、汤圣主，后稷、伊尹贤相”，也会有水旱之灾，无法避免）；《论勇》（贤良文学一派提出“汤得伊尹，以区区之亳兼臣海内，文王得太公，廓酆、鄗以为天下”，都是“义服不义”的体现）。

十、《白虎通》

见于《辟雍》（论圣人之师，“传曰：黄帝师力牧。帝颛顼师绿图，帝喾师赤松子，帝尧师务成子，帝舜师尹寿，禹师国先生，汤师伊尹，文王师吕望，武王师尚父，周公师虢叔，孔子师老聃”）。

十一、《中论》

见于《贵验》（论述之所以“伊尹放太甲，展季覆寒女，商、鲁之民不称淫篡焉”，在于事情的效果得到验证）；《爵禄》（通过伊尹、孔子等人讲“求之有道，得之有命”）；《亡国》（和《孟子》一样，说伊尹“乐尧舜之道”）。

十二、《论衡》

见于《逢遇》（通过伊尹、箕子讲贤才和时遇的问题）；《吉验》（提到伊尹出生之时其母之梦）；《偶会》（同为贤才，命运完全有别）；《感类》（提及“周公曰：‘伊尹格于皇天。’”“伊尹死，大雾三日。”等类似谶纬的话语）；《死伪》

（对《晏子春秋》所载齐景公梦伊尹一事做出合理解释）；《知实》（讨论了《孟子》所见两段对于伊尹的评价）。

十三、《潜夫论》

见于《赞学》（论圣人之师，“黄帝师风后，颛顼师老彭，帝喾师祝融，尧师务成，舜师纪后，禹师墨如，汤师伊尹，文、武师姜尚，周公师庶秀，孔子师老聃”。类似《白虎通·辟雍》）；《实边》（论伊尹善于通物产之有无，“伊尹之佐汤也，设轻重而通有无，损积余以补不足，故殷治而君尊。”）；《交际》（提到“伊、吕之才”）。

十四、《风俗通义》

见于《孙况》（用“伊尹去夏入殷”比照荀况之离开楚国）；《六国》（“虽阿衡宰政，贲、育驭戎，何益于事。”来称赞伊尹的执政能力）。

十五、《孔丛子》

见于《论书》（提及伊尹放太甲于桐）；《执节》（讨论为何伊尹流放太甲，而太甲不怨。提到“昔伊挚在夏，吕望在商，而二国不理。岂伊、吕之不欲哉？势不可也。”即伊尹、吕尚都有曾在敌对国做事，当命运无法转变时，即便有伊尹、吕尚这样的贤人也无济于事）。

十六、《列女传》

见于《汤妃有㜪》（“颂曰：汤妃有㜪，质行聪明。媵从伊尹，自夏适殷。勤壸治中，九嫔有行。化训内外，亦无愆殃。”说商汤的妃子好，媵从伊尹也好）；《齐管妾婧》（卑贱者不可小视，“夫伊尹，有㮚氏之媵臣也。汤立以为三公，天下之治太平。由是观之，贱可贱邪？”）。

十七、《汉书》

见于《百官公卿表上》（伊尹位列三公，“舜之于尧，伊尹于汤，周公、召公于周”）；《律历志下》（记载伊尹作《伊训》之事）；《艺文志》（《道家》中有《伊尹》五十一篇；小说家中有《伊尹》二十七篇）；《礼乐志》（说殷周之雅颂，对于包括“阿衡”在内的“君臣男女有功德者，靡不褒扬”）；《刑法志》（将伊尹、吕尚视为用兵之人）；《董仲舒传》（说董仲舒的地位作用，超出伊尹、吕尚之上）；《霍光金日磾传》（说霍光的作用、影响“虽周公、阿衡，何以加此”，与之相应的《叙传》也说霍光“立帝废王，权定社稷，配忠阿衡”）；《楚元王传》（以“伊尹、周公之位”比拟最高权位）；《楚元王传》（用伊尹故事论证“在上则引其类，在下则推其类，故汤用伊尹，不仁者远，而众贤至，类相致也”）；《公孙刘田王杨蔡陈郑传》（提到“伊吕之列”，比喻地位极高）；《杨胡朱梅云传》（提到“周召之师，伊吕之佐”等非同寻常的辅臣）；《严朱吾丘主父徐严终王贾传下》（“伊尹勤于鼎俎，太公困于鼓刀，百里自鬻，甯子饭牛”是因为不得明主）；《东方朔传》（东方朔排列历代贤臣，假设他们组成一个管理团队，“譬若以周邵为丞相，孔丘为御史大夫，太公为将军，毕公高拾遗于后，弁严子为卫尉，皋陶为大理，后稷为司农，伊尹为少府，子赣使外国，颜闵为博士，子夏为太常，益为右扶风，季路为执金吾，契为鸿胪，龙逢为宗正，伯夷为京兆，管仲为冯翊，鲁般为将作，仲山甫为光禄，申伯为太仆，延陵季子为水衡，百里奚为典属国，柳下惠为大长秋，史鱼为司直，蘧伯玉为太傅，孔父为詹事，孙叔敖为诸侯相，子产为郡守，王庆忌为期门，夏育为鼎官，羿为旄头，宋万为式道候。”反映出伊尹在当时人心中善于管理财物）；《东方朔传》（“故伊尹蒙耻辱负鼎俎和五味以干汤，太公钓于渭之阳以见文王。心合意同，谋无不成，计无不从，诚得其君也。……太公、伊尹以如此，龙逢、比干独如彼，岂不哀哉！”论述贤人得遇明君的重要）；《扬雄传》（说当时天下之士“家家自以为稷契，人人自以为咎繇，戴縰垂缨而谈者皆拟于阿衡，五尺童子羞比晏婴与夷吾”）；《王贡两龚鲍传》（说霍光的功劳“虽周公、伊尹亡以加也”）；《王贡两龚鲍传》（强调教化的重要，“舜、汤不用三公九卿之世而举皋陶、伊尹，不仁者远”）；《赵尹韩张两王传》（提及伊尹“五就桀，五就汤”）；《谷永杜邺传》（说位高权重的人“宜夙夜孳孳，执伊尹之强德，以守职匡上”）；《循吏传》（说即便有才，也需伊尹、吕望这样的人推荐才可登进）；《货殖传》（白圭故事，类同《史记》，提到“伊尹、吕尚之谋，孙吴用兵，商鞅行法”）；《王莽传上》（王莽篡位前，下面的人将其比作伊尹、周公，因为“伊尹为阿衡，周公为太宰”，故上书劝其“采伊尹、周公称号，加公为宰衡”，并劝王莽模仿伊尹行“居摄之义”）；《王莽传中》（王莽登基后，遍封圣人后代，其中有伊尹之后。“伊玄为褒衡子，奉伊尹后”）；《礼乐志》（说古之雅颂，从君王到臣下，

“有功德者，靡不褒扬”，其中提到“下及辅佐阿衡、周、召、太公、申伯、召虎、仲山甫之属”）。

十八、《说文解字》

《说文解字》：“伊：殷圣人阿衡，尹治天下者。从人从尹。”“栌：柱上柎也。从木卢声。伊尹曰：‘果之美者，箕山之东，青凫之所，有栌橘焉。夏孰也。’”“秏：稻属。从禾毛声。伊尹曰：‘饭之美者，玄山之禾，南海之秏。’”“倴：送也。从人灷声。吕不韦曰：‘有侁氏以伊尹倴女。’古文以为训字。”“爝：苣火，祓也。从火爵声。吕不韦曰：‘汤得伊尹，爝以爟火，衅以牺豭。’”

十九、《焦氏易林》

此书多次重复“望尚阿衡，太宰周公”，当指能获得高位。两次重复“阿衡服箱，太乙载行”（一作“太一”），当指有地位非常高的提供服务。“服箱”意为负载车箱，驾车之意。三次重复“伊吕股肱，国富民安”；两次重复“仁圣相遇，伊吕集聚”；一次提及“伊吕百里，应聘辅国”。

二十、《文子》

《文子》成书时代有争议，当有大量先秦资料，也有两汉加入的内容，姑列于此。

见于《自然》（在阐述“一人之明，不能遍照海内，故立三公九卿以辅翼之”时提到“神农形悴，尧瘦臞，舜黧黑，禹胼胝，伊尹负鼎而干汤，吕望鼓刀而入周，百里奚传卖，管仲束缚，孔子无黔突，墨子无暖席”，即便能力最强的人依然有其弱点和短处）。

二十一、《列子》

《列子》成书时代有争议，当有大量先秦资料，也有两汉魏晋加入的内容，姑列于此。

见于《天瑞》（“后稷生乎巨迹，伊尹生乎空桑。”伊尹被神化）。

汉人关于伊尹的资料，大部分和战国时代没有什么两样。但有两本书值得注意，一本是《论衡》，一本是《盐铁论》。王充因为“疾虚妄”而多次提到当时流行的谶纬之说，使得有机会保留了一些关于伊尹的神秘传说，如伊尹出生时其母之梦以及“伊尹死，大雾三日”等。《盐铁论》则向我们展示了御史大夫与贤良文学这两派对立的人物心目中的伊尹，可见伊尹到了后来完全可以被不同立场的人拿来佐证自己的观点。从而使伊尹形象的复杂程度达到极致。

第三部分　出土文献所见伊尹资料

为方便阅读，本文所引出土文献均已改写为通行文字，并交代释文出处。甲骨文中已有一些伊尹的记载，显示其地位崇高，但本文因为以思想史史料为主，故这里从略①。

一、叔夷镈

赫赫成汤，有严在帝所，溥受天命，翦伐夏司，败氒灵师，伊小臣惟榑（辅），咸有九州，处禹之堵。

叔夷镈是春秋晚期齐国青铜器。齐灵公时（公元前581—前554年在位）叔夷所作。北宋宣和五年（1123年）在临淄齐国故城出土。镈上铭文有四百九十二字。同时有编钟十三件，铭文与镈略同。铭文记叔夷伐莱有功，里面提到小臣即伊尹帮助商汤打败夏国之事。李守奎指出：“伊尹是历史存在的真实人物，在甲骨文中地位十分显赫。伊尹官为小臣，辅佐汤灭夏有功，在商代世世血食，这应当是历史的事实。”②

---

① 具体可参陈梦家：《殷墟卜辞综述》，北京：中华书局1988年，第363页。于省吾：《甲骨文字释林》，北京：中华书局1979年，第193—195页、第206页。夏毅榕：《伊尹及其学术源流初探》，收入魏启鹏：《马王堆汉墓帛书〈黄帝书〉笺证》，北京：中华书局2004年。蔡哲茂：《伊尹（黄尹）的后代——武丁卜辞中的黄多子是谁》，《甲骨文与殷商史》（新五辑），上海：上海古籍出版社2015年。

② 李守奎：《汉代伊尹文献的分类与清华简中伊尹诸篇的性质》，《深圳大学学报》2015年第3期。叔夷镈释文也引自此文。

二、马王堆帛书《九主》（节录）

伊尹受令于汤，乃论海内四邦□□□□□□□□□□□图，□知存亡若会符者，得八主。八主適恶，专授之君一，劳〔君一，半〕君一，寄〔主〕一，破邦之主二，灭社之主二，凡与法君为九主。从古以来，存者亡者，□此九已。九主成图，请效之汤。汤乃延三公伊尹布图陈策，以明法君法臣。

伊尹既明八啇之所道生。请命八啇□〔法〕君明分，法臣分定，以绳八啇，八啇毕名。过在主者四，罪在臣者三，臣主同罪者二。

灭〔社之主，专授之能悟者，能〕用威法其臣，其臣为一，以听其君，恐惧而不敢尽〔其忠〕。是□□□昔扐□□施□伐仇雠，民知之无所告愬。是故同形，共谋为一，民自□。此王君所明号令，□无道，处安其民。故兵不用而邦□举。两主异过同罪。灭社之主也，过在上矣。

后曰："哀哉！寄主！臣主同罪何也？"伊尹对曰："破邦之主，专授之不悟者也。臣主同术为一，以策于民。百姓绝望于上，分倚父兄大臣，此王君之所因以破邦也。两〔主〕异过同罪。破邦之理也。故曰臣主同罪。"①

马王堆帛书《九主》篇与《五行》《明君》《德圣》同抄于《老子》甲本之后，系《老子》甲本卷后第二种古佚书。该篇共五十二行，约一千五六百字。原无篇名，整理小组据其内容定名为《九主》。也有学者称之为《伊尹·九主》（如李学勤、魏启鹏等）。该篇是伊尹与汤王论述九主之事。《九主》将天下君主分为九类，只有"法君"是理想的君主，而其他八种有过错的君主（"八啇"）正是需要避免的。

《史记·殷本纪》中提到伊尹对汤言"九主之事"，而自刘宋裴骃《集解》引刘向《别录》解释"九主"已有错乱，作："九主者，有法君、专君、授君、

① 本文所引《九主》释文依据的是裘锡圭主编：《长沙马王堆汉墓简帛集成》第一册，北京：中华书局2014年。

劳君、等君、寄君、破君、国君、三岁社君，凡九品，图画其形。”唐司马贞《索隐》则更是望文生义，说“九主者，三皇五帝及夏禹也；或曰：九主谓九皇也”，称刘向所称之九主“名称甚奇，不知所凭据”。说明唐人对“九主”的本义，已茫然不知。而今证之帛书《九主》，“九主”指“剸（专）授之君一，劳〔君一，半君〕一，寄〔主〕一，破邦之主二，威（灭）社之主二，凡与法君为九主”。可以校正《别录》所载之误和后人之穿凿。

此文甚长，无法全文引用，这里仅做概括。《九主》的内容基本上可以分为两大主题，其一，最高明的君主能够以天地为法则；其二，最高明的君主能够掌握形名之道。前者的思想来源可能比较早，后者只有到了战国中晚期才大行其道。因此《九主》很可能是战国时期伪托伊尹之作。

《九主》说“法君”是“法天地之则者”。“法君者，法天地之则者。《志》曰天、曰〔地〕、曰四时，復（覆）生万物。神圣是则，以肥（配）天地。”《九主》提到有一部名为《志》的书，其中讲到了天、地、四时的作用，以及万物的发生，“法君”必须以此为法则，使其言行能够与天地相配。这种说法很容易使人联想到司马迁用“法天则地”来形容黄帝，也容易联想到清华简《汤在啻门》中小臣（伊尹）向商汤陈述的“何以成天、何以成地、何以成人、何以成邦”的道理。

《九主》还提出“主法天、佐法地、辅臣法四时、民法万物”①，这显然是一种递进的关系，那就是“民—辅臣—佐—主”或者“万物—四时—地—天”，也就是说人间的等级可以与自然的等级相配比，不同的等级要效法不同的对象。《吕氏春秋·圜道》说：“天道圜、地道方，圣人法之，所以立天下。……主执圜、臣处方，方圜不易，其国乃昌。”《吕氏春秋·行论》有“得天之道者为帝，得地之道者为三公。”这同样说的是法天则地才能获得统治地位并治理天下，也同样把“天地”的上下关系和“君臣”的等级秩序做了对比。因此这是一种比较典型的从天道到人道，人道必须符合天道的思路，在黄老道家中最为常见。

《老子》二十五章“人法地，地法天，天法道，道法自然”也呈现出类似的

① 在《九主》中，臣下依据地位的不同，又分“佐”和“辅臣”两级。

结构，即老子不仅效法天地，还在此之上进一步延伸出了“道”和“自然”，是老子哲学的进一步发明。

《九主》还借助形名之学，来阐明作者的为君之道，此文指出君臣关系应该君操其名，臣效其实，在君主专权的前提下，形成君臣各行其职、最终无为之治的政治格局，其学说总体类似重视道法形名的战国晚期黄老思想。

三、上博简《容成氏》

《容成氏》讲述的是上古帝王传说。从容成氏一直到周武王。其中商代的部分有伊尹的记载。以下所引释文采用的是季旭升主编的《上海博物馆藏战国楚竹书（二）·容成氏》①，其中第五节可能涉及商汤让伊尹做间谍，以乱夏政，遂灭夏桀的内容。

> 汤乃谋戒求贤，乃立伊尹以为佐。伊尹即已受命，乃执兵禁暴。佯得于民，遂迷。

四、清华简《尹至》

> 惟尹自夏徂亳，逯至在汤。汤曰：“格！汝其有吉志。”尹曰：“后！我来越今旬日。余瞰其有夏众〔不〕吉好，其有后厥志其丧、宠二玉、弗虞其有众。民率曰：‘余及汝偕亡。’惟滋虐德、暴动、亡典。夏有祥，在西在东，见彰于天。其有民率曰：‘惟我速祸。’咸曰：‘何今东祥不彰？’今其如台？”汤曰：“汝告我夏隐率若兹？”尹曰：“若兹。”汤盟誓及尹，兹乃柔大倾。汤往征弗附。挚度，执德不僭，自西翦西邑，戡其有夏。夏料民，入于水曰战。帝曰：“一勿遗。”②

---

① 季旭升主编：《上海博物馆藏战国楚竹书（二）》，台北：万卷楼图书股份有限公司 2003 年。

② 本文释文参考了季旭升主编：《清华大学藏战国竹简（壹）读本》，台北：艺文印书馆 2013 年。

《尹至》全篇叙述夏因失去民心而灭亡的过程。主要内容讲伊尹从夏回到商，告诉商汤在夏的所见所闻，由于夏桀施行暴政，百姓甚至说“余及汝偕亡”。而且夏已经出现种种灾异，于是商汤决定实施征夏计划。这则故事显然发生于商汤取代夏桀之前。从“惟尹自夏徂亳”来看，印证了伊尹有过深入夏国的经历。《尹至》和《尹诰》一样，都扣紧了民心所向这一主题。李守奎认为：“《尹至》《尹诰》是两篇性质相同、战国中期已经普遍流传的《商书》类文献。”① 内容可与《尚书·汤誓》《吕氏春秋·慎大》《史记·殷本纪》对读。②

五、清华简《尹诰》

> 惟尹既及汤咸有一德，尹念天之败西邑夏，曰：“夏自绝其有民，亦惟厥众，非民亡与守邑，厥辟作怨于民，民复之用离心，我捷灭夏。今后胡不监?”挚告汤曰：“我克协我友。今惟民远邦归志。”汤曰：“呜呼，吾何祚于民，俾我众勿违朕言?”挚曰：“后其赉之，其有夏之〔金〕玉实邑，舍之吉言。”乃致众于亳中邑。③

《尹诰》就是《尚书》中的《咸有一德》，不过这和伪古文《尚书》中的《咸有一德》完全不是一回事，而是真正的古文《尚书》④。有关论证可参前文所引《尚书·尹诰》的部分。杜勇指出：“商汤在篇中只有提问，并无实质性的谈话内容。而伊尹一言夏朝背弃民众招致亡国的历史教训，二言商朝新立民心不附的政治危机，三言赉民致众的治国方略，正体现出本篇为伊尹之诰。”⑤

---

① 李守奎：《汉代伊尹文献的分类与清华简中伊尹诸篇的性质》，《深圳大学学报》2015 年第 3 期。

② 李学勤认为“《慎大》的作者曾见到这篇《尹至》或类似文献”。参见李学勤主编《清华大学藏战国竹简（壹）》，上海：中西书局 2010 年，第 127 页。

③ 释文参见李学勤主编《清华大学藏战国竹简（壹）》，上海：中西书局 2010 年。

④ 详参李守奎《汉代伊尹文献的分类与清华简中伊尹诸篇的性质》，《深圳大学学报》2015 年第 3 期。

⑤ 杜勇：《清华简〈尹诰〉与晚书〈咸有一德〉辨伪》，《天津师范大学学报》（社会科学版）2012 年第 3 期。

六、清华简《赤鹄之集汤之屋》

曰古有赤鹄，集于汤之屋，汤射之获之，乃命小臣曰："旨羹之，我其享之。"汤往□。小臣既羹之，汤后妻纴巟谓小臣曰："尝我于尔羹。"小臣弗敢尝，曰："后其〔杀〕我。"纴巟谓小臣曰："尔不我尝，吾不亦杀尔？"小臣自堂下授纴巟羹。纴巟受小臣而尝之，乃昭然，四荒之外，无不见也；小臣受其余而尝之，亦昭然，四海之外，无不见也。汤返廷，小臣馈。汤怒曰："孰调吾羹？"小臣惧，乃逃于夏。汤乃□之，小臣乃昧而寝于路，视而不能言。众乌将食之，巫乌曰："是小臣也，不可食也。夏后有疾，将抚楚，于食其祭。"众乌乃讯巫乌曰："夏后之疾如何？"巫乌乃言曰："帝命二黄蛇与二白兔居后之寝室之栋，其下舍后疾，是使后疾疾而不知人。帝命后土为二陵屯，共居后之床下，其上刺后之体，是使后之身疴蠚，不可及于席。"众乌乃往。巫乌乃敎小臣之喉胃，小臣乃起而行，至于夏后。夏后曰："尔惟谁？"小臣曰："我天巫。"夏后乃讯小臣曰："如尔天巫，而知朕疾？"小臣曰："我知之。"夏后曰："朕疾如何？"小臣曰："帝命二黄蛇与二白兔，居后之寝室之栋，其下舍后疾，是使后棼棼眩眩而不知人。帝命后土为二陵屯，共居后之床下，其上刺后之身，是使后混乱甘心。后如撤屋，杀黄蛇与白兔，发地斩陵，后之疾其瘳。"夏后乃从小臣之言，撤屋，杀二黄蛇与一白兔；乃发地，有二陵廌，乃斩之。其一白兔不得，是始为陴丁诸屋，以御白兔。①

此文讲述了一个非常离奇的故事，巫术色彩非常浓厚。汤射获一只赤鹄（也有学者读为"鸠"），令小臣（伊尹）做成羹汤，汤的妻子强迫伊尹把羹给她吃，还让伊尹自己也吃，结果两人都具备了神奇的能力，伊尹因为害怕汤的惩罚而逃往夏国，结果商汤诅咒伊尹，伊尹倒在路边不能动弹，一群乌鸦要吃了伊尹，被为首的神鸟制止。伊尹能够听懂乌鸦们的话，知道上帝派了黄蛇、

① 释文参见李学勤主编《清华大学藏战国竹简（叁）》，上海：中西书局 2012 年。

白兔作祟，要让夏桀生病。神鸟帮助伊尹恢复了健康，之后伊尹去了夏桀之处，帮助他斩杀了作祟的动物，得到了夏桀的信任，但一只白兔逃跑了。

因此此文印证了商汤曾用苦肉计让伊尹进入夏国刺探情报的传说，这一点传世文献有所体现，例如《吕氏春秋·慎大》，但不如此文之描述详细丰满。另外此文也印证了《汉书·艺文志》著录《伊尹》二十七篇的可靠性。但我们不能因为此文具有小说风格，就将其与《尹至》《尹诰》区别对待，因此文和《尹至》《尹诰》乃至《汤处于汤丘》的内容是可以对应的。《赤鹄之集汤之屋》未完的部分，应该是伊尹探明夏的国情民情，最终潜回商国，这就和《尹至》可以接应起来。

七、清华简《良臣》

> 唐有伊尹。

《良臣》记载黄帝以来到春秋时期的良臣，伊尹也在其中。“唐”即商汤。

八、清华简《汤处于汤丘》（节录）

> 汤处于汤丘，娶妻于有莘，有莘媵以小臣。小臣善为食烹之和，有莘之女食之，绝芳旨以粹，身体痊平，九窍发明，以道心嗌，舒快以恒。汤亦食之，曰：“允！此可以和民乎？”小臣答曰：“可。”乃与小臣惎谋夏邦。
>
> 古之先圣人何以自爱？不事问，不居疑；食时不嗜饕，五味皆哉，不有所重；不服过文，器不雕镂；不虐杀；与民分利。此以自爱也。①

此篇由十九支竹简组成，约六百字，内容完整无缺。从编痕位置看，《汤在啻门》《汤处于汤丘》两篇当时很可能编连在一册，《汤在啻门》排在《汤处于汤丘》之前。此文借助“食烹之和”来阐述“和民”思想，认为只有“和利万民”才能强大商邦、顺从天意、征伐夏桀。其“和”的观念和表达方式与《国

① 释文参见李学勤主编《清华大学藏战国竹简（伍）》，上海：中西书局2015年。

语》《左传》《吕氏春秋》等文献所载烹调之道及其治国理念属于同一系列。

《汤处于汤丘》的时间设计是很清楚的，那就是在伊尹成功地“以滋味悦汤”之后，被作为间谍派往夏国之前。此文先讲伊尹如何善于“食烹之和”，因为受到商汤赏识，话题转到“和民”之道以及灭夏大计。但这时伊尹病了，于是商汤不顾自己身份的尊贵，三顾茅庐前往伊尹住地请教，甚至引起侍从的不满。伊尹向商汤阐述了夏桀为什么离心离德，征伐夏桀之前该如何自重、爱民，以及如何让臣下用命。

《汤处于汤丘》开头部分在讲述“乃与小臣惎谋夏邦”后，接下来没有讨论具体的计策，而是开始讲伊尹患病，“三月不出”，成汤“反复见小臣，归必夜”，以至引发身边近臣不满的事。这和《史记·殷本纪》所见“伊尹处士，汤使人聘迎之，五反然后肯往从汤，言素王及九主之事。”可以形成对照，只不过所言之事有所不同。

伊尹对话的内容可以分为这样几个部分：第一，夏桀之德非常败坏，已经不可能再拥有天下；第二，因为成汤敬天爱民，举伐夏国一定会成功；第三，小臣告诉成汤，古之圣人如何自爱，那就是做事不走极端，懂得与百姓分利；第四，小臣告诉成汤，该如何为君为臣，那就是为君要爱民，为臣要恭命。

此文最为引人注目的是伊尹关于“和”的论述，这是以往的伊尹文献中所少见的（《吕氏春秋·本味》有一些），有助于我们了解伊尹“以滋味悦汤”的具体内涵，也可以为战国时期“和”思想提供新的资料，因此具有较高的思想价值。

上博简《天子建州》有一段话，也涉及“和”，可能与《汤处于汤丘》有关，“洛尹行身和二，一喜一怒。”结合这段话前面关于文武、阴阳的记载，我们理解这里可能说的是洛尹“立身行事”不走极端，善于调和阴阳喜怒之气，实行中和之道。林文华推测“洛尹”就是“伊尹”，因伊、洛地理相近，“伊尹”又称为“洛尹”。[①] 这虽然属于推测，但从伊尹的思想特征看，确实可以关联起来。

① 林文华：《〈天子建州〉零释》，简帛网 2007 年 10 月 10 日。

九、清华简《汤在啻门》(全文)

正月己亥，汤在啻门，问于小臣："古之先帝亦有良言情至于今乎?"小臣答曰："有哉。如无有良言情至于今，则何以成人？何以成邦？何以成地？何以成天?"

汤又问于小臣曰："几言成人？几言成邦？几言成地？几言成天?"小臣答曰："五以成人，德以光之；四以成邦，五以相之；九以成地，五以将[之]。九以成天，六以行之。"

汤又问于小臣曰："人何得以生？何多以长？孰少而老？胡犹是人，而一恶一好?"小臣答曰："唯彼五味之气，是哉以为人。其末气，是谓玉种。一月始扬，二月乃裹，三月乃形，四月乃固，五月或收，六月生肉，七月乃肌，八月乃正，九月显章，十月乃成，民乃时生。其气潜歇发治，是其为长且好哉。其气奋昌，是其为当壮。气融交以备，是其为力。气促乃老，气徐乃猷，气逆乱以方（痨)，是其为疾殃。气屈乃终，百志皆穷。"

汤又问于小臣曰："夫四以成邦，五以相之，何也?"小臣答曰："唯彼四神，是谓四正，五以相之，德、事、役、政、刑。"

汤又问于小臣："美德奚若？恶德奚若？美事奚若？恶事奚若？美役奚若？恶役奚若？美政奚若？恶政奚若？美刑奚若？恶德奚若?"小臣答[曰]："德濬明执信以义成，此谓美德，可以保成；德变亟执讹以亡成，此谓恶德，虽成又渎。起事有获，民长赖之，此谓美事；起事无获，痨（病)民无故，此谓恶事。起役时顺，民备不用，此谓美役；起役不时，大费于邦，此谓恶役。政简以成，此谓美政；政祸乱以无常，民咸解体自恤，此谓恶政。刑轻以不方，此谓美刑；刑重以无常，此谓恶刑。"

汤又问于小臣："九以成地，五以将之，何也?"小臣答曰："唯彼九神，是谓地真，五以将之，水、火、金、木、土，以成五曲，以植五谷。"

汤又问于小臣："夫九以成天，六以行之，何也?"小臣答曰："唯彼九神，是谓九宏，六以行之，昼、夜、春、夏、秋、冬，各司不懈，此惟事首，亦惟天道。"

汤曰："天尹，唯古之先帝之良言，则可以改之。"①

这是一篇思想性很强的文章，内容是汤向小臣请教留存于今的"古之先帝之良言"，也就是说古之先帝是如何认识把握人世间最为根本问题的。这个根本问题可以总结为"何以成人？何以成邦？何以成地？何以成天？"四大问题。即构成"人""邦""地""天"各自最为重要的因素究竟是什么。伊尹的回答简明而神秘，那就是"五以成人，德以光之；四以成邦，五以相之；九以成地，五以将［之］。九以成天，六以行之。"作者有好用数字传递宇宙间重要信息的倾向，这些数字中"五"出现最多，显然，此文具有"五行"的意识，出现了"五以成人""五以相之""五以将之""五味之气""五曲""五谷"等说法，而且明确出现了"水、火、金、木、土"的排列②。文中还有关于十月怀胎、以气养生等重要论述。而无论是用气养生，还是对"天""地"运行规律的遵循，都最终为了治国。因此，在传世文献中《吕氏春秋·先己》以下这段话可以说最具参考价值：

汤问于伊尹曰："欲取天下若何？"伊尹对曰："欲取天下，天下不可取。可取，身将先取。"凡事之本，必先治身，啬其大宝。用其新，弃其陈，腠理遂通。精气日新，邪气尽去，终其天年。此之谓真人。"

如果说"地真"是地之神，"九宏"是天之神，"四正"是国之神，那么，关于人的描述，虽然没有提到人之神，可以说也已经呼之欲出了，那就是既能够用"气"养生，又能把握天地之道、懂得治国之道的《吕氏春秋·先己》中的"真人"。所以，在《汤在啻门》中，伊尹就是天道代言人。

总之，清华简这五篇伊尹文献，把传世文献以及其他出土文献所见伊尹的

① 本释文是笔者参照整理者李守奎的释文、注释以及学界已有研究成果，加以裁断调整的结果。整理者释文参见李学勤主编《清华大学藏战国竹简（伍）》，上海：中西书局2015年。

② 关于《汤在啻门》所见"五"的观念，笔者有详细研究，参见曹峰《清华简〈汤在啻门〉所见"五"的研究》，中国台湾《哲学与文化》2017年第10期。

主要特征全部都涵盖进去了。如出身卑贱、以滋味悦汤；以间谍身份进入夏地；作为天道代言者开启商汤；作为政治引领者辅佐商汤。因此，远远超过传世文献，成为目前所见最集中、最系统的伊尹资料，在战国中期的楚国，会有如此多的伊尹资料集中出现，可以想见伊尹对于当时中国思想界的影响。从而也说明战国时代为什么会有那么多的伊尹资料可供他们从多面向加以运用。

小　结

从以上搜集和整理的传世文献与出土文献来看，无论是前诸子时代还是诸子时代①，伊尹都占据着思想舞台的中心，在很长一段时间里，都是人们津津乐道、反复消费的话语对象。因此，对于伊尹的研究，可以影响到先秦秦汉思想史始终。如果按照后世经史子集的文献分类，伊尹在里面全部可以找到。

伊尹具有这样一些特征，是我们在从事思想史研究时必须加以重视的。

第一，伊尹故事具有完整性，例如他出身卑微，以庖人身份接近商汤，以滋味悦汤，以用间的方式深入夏国，与商汤共谋灭夏，太甲期间又代立当国，先流放太甲，后归政太甲（但《竹书纪年》有另外的说法）。是一名具有神奇经历、非凡智慧的辅臣、能人、贤人。在三代人物中，这样的完整性是比较少见的，这使他既形成了一个正统政治家的形象，也有可能被小说做夸张的刻画，甚至被涂上神秘的色彩，当然，时代越晚，其形象越丰满，这符合层累形成的规律，但伊尹形象为何能够层累形成，不同历史阶段具有哪些不同时代要求，诸子从他身上吸收了哪些资源，又创造了哪些资源，是非常值得研究的。

第二，伊尹的地位极为重要，作为商汤辅臣，五朝元老，他在历史上留下了重要的痕迹，在各种叙事中往往和周公、太公、管仲放在一起，甚至高于管仲，被视为周公、太公一类的帝师。

---

① 笔者认为，前诸子时代还要分为两类，那就是孔老这一类“非典型诸子”之前的前诸子时代和孟庄这一类战国诸子之前的前诸子时代。对于孟庄等战国诸子而言，孔老等春秋诸子就是“前诸子”。两种不同的诸子其面临的时代、思想、知识背景大为不同，因此考虑的问题、形成的文风也大为不同。关于这个问题，笔者将另文撰述。

第三，历史上留下了很多以伊尹为主角的文献，传至今天的《尚书》中有《伊训》《太甲》上中下三篇和《咸有一德》，共计五篇，都是古文，真伪存疑，但即便是依托，也说明历史上曾经存在过。《史记》的记载则有《女鸠》《女方》《伊训》《肆名》《徂后》《咸有一德》《太甲》上中下①，甚至还可能包括《汤誓》。里面有一些是代表最高政治意志的诰体文献（如清华简《尹诰》），有一些是用于教导训诫的训体文献（如《伊训》）。某种意义上讲，伊尹留下的文献比周公都多，在三代文献中属于代表商人政治思想的最重要作品。如清华简所示，后世还产生了不少以伊尹为主角的“帝师类文献”，用于阐述天道、养生、和民等重大问题。因此伊尹文献作为一种重要的思想资源曾经在思想史上产生重大影响。

第四，伊尹形象极为复杂。他的一生充满起伏，具有戏剧性，早年身份卑贱，以善于烹调闻名，后来用烹调原理阐明为政之道，获得商汤欣赏，共谋灭夏，成为开国元勋。再后来成为摄政大臣，但并没有代而自立。他极为能干，也极为博学，这一点在前引资料中多次提及，连《说文解字》都多次引用伊尹的话作为举证，如“栌：柱上柎也。从木卢声。”这一条就引了“伊尹曰：‘果之美者，箕山之东，青凫之所，有栌橘焉。夏孰也。’”“秏：稻属。从禾毛声。”这一条引了“伊尹曰：‘饭之美者，玄山之禾，南海之秏。’”可见很长一段时间里，以伊尹的名义传承的知识、技术系统不在少数，这一点和黄帝类似。正因为这样，伊尹可以被社会各个层次全方位地接受、利用和诠释。例如战国时代贤能政治大为流行之际，有为的君主必须不拘一格、降尊纡贵发掘人才，而底层的士人则需要利用一切手段吸引君主。因此，像伊尹这样的富有戏剧性和多元色彩的人物比较容易成为战国流行的“说体文”中的重要角色。

第五，《伊尹》为何能够列于《汉书·艺文志》道家类之首，且有五十一篇，仅仅通过先秦两汉传世文献资料来看，确实很难理解。因为除了《吕氏春秋》的《先己》《本味》等几篇有若干关联外，并无太多好的例证。然而，出土

① 从《史记》引用的顺序来看，司马迁所看到的《咸有一德》早于《伊训》及《太甲》上中下，所以不可能是伊尹诰大甲的。

文献的大量出现，却大大改变了这种局面。例如马王堆帛书《九主》，如前文所示，和重视法天则地的黄帝知识思想系统显然相关，也和重视形名的黄老之学有关，这两者的结合，在马王堆帛书《黄帝四经》中结合最为紧密，而《九主》与《黄帝四经》同时出土，应该不是偶然的事。姚振宗说："道家之言，托始黄帝。史言伊尹从汤，言素王之事，盖亦述黄虞之言为多。此其所以为道家之祖，而老子犹其后起者也。"① 姚振宗并没有见到《黄帝四经》，但显然他的感受是敏锐的，即这是不同于老子的另外一个道家系统。在这个道家系统中，《伊尹》可能占有重要的一席之地。这个道家系统，强调天道的绝对性、养生的重要性，把天地人看作互动的和谐的系统，注重把握事物背后的根本原理、规律、法则，注重利用数术、鬼神等自然规则、禁忌的力量，注重对于事物关系与走向的把握（这也就是谋略），注重现实政治效果的长久与完美，这些特征在清华简《汤处于汤丘》与《汤在啻门》中可以看到。例如《汤在啻门》站在"何以成人？何以成邦？何以成地？何以成天？"的宇宙观高度考虑问题。另外，笔者在考察《汤在啻门》之际曾经指出："《汤在啻门》体现出养生以治国的思想特色，黄老道家尤其重视这个问题。伊尹是道家的重要人物，'地真'是特有的道教用语，'四神''九神''天尹'也很有可能和道家、道教中的'神人''真人''天人'等神仙有关，因此后世道家、道教可能从《汤在啻门》这类文献中吸收过资源。就鬼神观而言，《汤在啻门》既重视鬼神，又不惟鬼神，既重视人的理性思考，又借重鬼神作为禁忌所能产生神秘力量，因此和将鬼神视为绝对力量的墨家无关，思想倾向更接近黄老道家。"②《汤处于汤丘》的话题和生命之源、生命之和有关，郭梨华将《汤处于汤丘》与《汤在啻门》两者并论，从"味"与"气"的关系角度出发，提出："可以发现清华简这两篇简文，确实在殷商之'和羹'思维的流传中，开展出属于'味—气'论述之特质，展现出既有道家思想的传承，又与战国时期《管子》思想有所关联，这正展现其归属黄老思维的特质。"③

郭梨华把出土文献所见伊尹资料分为三类：一类是与《尚书》、伪古文《尚

① 参见姚振宗《汉书艺文志条理》，收入《二十五史补编》第二册，上海：开明书店 1936 年。

② 曹峰：《清华简〈汤在啻门〉所见"五"的研究》，中国台湾《哲学与文化》2017 年第 10 期。

③ 郭梨华：《出土资料中的伊尹与黄老思想》，中国台湾《哲学与文化》2017 年第 10 期。

书》有关之清华简（一）之《尹至》《尹诰》；一类是夹杂史事的野史或小说类记载，如《赤鸠之集汤之屋》与部分之《汤处于汤丘》；还有一类是与思想论述有关，可探究其中之哲学义理，如部分之《汤处于汤丘》《汤在啻门》《九主》。第三类的大量出现尤其重要，为我们解决伊尹和道家尤其是黄老道家的关系，提供了重要线索。关于伊尹成为黄老学代言人的原因，袁青也做过重要研究，他提出了以下几条重要的论据：1. 伊尹与儒墨的关系不如尧舜那样密切，客观上为伊尹成为黄老学象征提供了有利条件；2. 伊尹的帝师身份与黄老学文献多为帝师类文献相合；3. 伊尹事迹和传说与黄老学思想具有一致性。①

至于《韩非子》认为伊尹的政治主张就是“法术赏罚”，《盐铁论》中御史大夫认为伊尹和商鞅不冲突，很可能也是受到伊尹身上黄老道家特色的影响。

第六，再来看伊尹与儒家的关系。李守奎曾经指出：

> “小臣”一职，在商代与西周初年地位显赫，学者多有论述。西周中晚期以降，渐渐沦为台臣奴仆。《礼记·礼运》：“故政不正，则君位危；君位危，则大臣倍，小臣窃。”其中的小臣与大臣相对，指的是地位低下而大权在握的人。伊尹曾为小臣这个历史的事实流传下来，但战国人已经不知道商代“小臣”的真实身份，按照当时的理解，将其曲解为媵臣，进而理解为庖人，演绎出以“滋味干汤的故事”，当时的孟子就不相信这是事实。②

李守奎从“小臣”一职演变的角度，指证伊尹曾为媵臣、庖人，是后世演绎出来的，因此孟子看到的是本来的伊尹面貌，史学界也确实有人论证伊尹就

① 具体可参袁青《伊尹与早期黄老之学》，《中州学刊》2019年第8期。

② 李守奎：《汉代伊尹文献的分类与清华简中伊尹诸篇的性质》，清华大学出土文献研究与保护中心网站，2015年4月8日。又见《深圳大学学报》2015年第3期。

是与商汤结盟灭夏的部族首领，他们两者的关系类似周文王与太公望的关系①，这确实有一定的道理。但是通过前面文献梳理可知，这一传说在《墨子·尚贤上》中已经出现，“汤举伊尹于庖厨之中，授之政”，因此并不是无本之木，孟子也知道当时社会上流行这一话题，他选择不信的理由，很可能来自于《尚书》等经典中的伊尹形象。经过孔子等儒家的整理，尧舜以及三代文献具有了一脉相承的可能性，通过《孟子·万章上》可以看出，孟子对于《尚书》所见的伊尹从政经历及其政治学说是比较熟悉的，因此说伊尹“乐尧舜之道”，并将其精神实质向“仁义之道”靠拢。

但我们认为这只是孟子个人的有意解读而已，从前面整理的文献来看，伊尹具有非常复杂的面相，其他各家如道家、小说家也可以借助伊尹多元的思想、特殊的经历阐述学说、撰写小说，不然很难理解《汉志》为何要把伊尹列入道家及小说家类，而非儒家类。孟子对“伊尹之志”精神实质的总结主要从他牺牲小我、服务大众的角度出发，与杨朱正好形成对照，至于伊尹“和”的观念、伊尹的天道观、伊尹的养生观等，或者孟子没有看到，或者就是被孟子有意识排除了，因为这样一位与周公地位等同的人物不纳入儒家谱系是可惜的，因此孟子做了相当的努力。

然而其他各家也同样在消费伊尹，其中道家、小说家可能最为成功，这一点以文献的形式，在《艺文志》中得到了充分的反映。在战国时期求贤若渴、个人命运会发生巨大变化的时代，伊尹被挖掘出来，作为挑战命运、能屈能伸的象征，绝非偶然，一定在其身上有类似的特征，才有可能被进一步放大和演绎。同时，战国时代是一个渴望从无序走向有序的时代，伊尹作为政治经济能臣的形象、作为谋略之士的形象、作为熟悉天道物产的智者形象、作为积极有为又不墨守成规的改革者形象被不断地开发出来，这就是伊尹会在战国时代诸

① 参见徐喜辰《论伊尹的出身及其在汤伐桀中的作用》，《人文杂志》1990 年第 3 期。张碧波：《伊尹论——兼论中国古代第一代文化人诸问题》，《学习与探索》2004 年第 2 期。蔡哲茂：《伊尹（黄尹）的后代——武丁卜辞中的黄多子是谁》，《甲骨文与殷商史》（新五辑），上海：上海古籍出版社 2015 年。蔡哲茂认为：“伊尹之于商汤，犹如姜尚之于周武王，二者都是以舅氏的身份辅佐商周的君王建立新王朝，并且都存在着联姻关系。”

子之间大放光彩的原因。到了汉代，虽然还在延续战国时代的伊尹话题，但是重点开始转移，伊尹维护中央集权，可以有天下但不有天下的事迹受到更高的颂扬，而孟子对于伊尹的评价，借助儒学的流行，借助贤良文学的努力，开始占据上风，这也是《艺文志》著录了那么多作为道家、小说家文献的《伊尹》，后世却没有一本传世的原因。

总之，伊尹作为前诸子时代最重要的人物之一，是不可能不被诸子们消费的。这种消费本身，应该成为先秦秦汉思想史研究的重要一环。

孔荀之间

——以清华简《命训》及《逸周书》三《训》为中心

梁　涛*

（中国人民大学　国学院，北京　100872）

摘要： 清华简《命训》的发现与《逸周书》三《训》重获关注，为了解子夏西河学派提供了重要材料，填补了孔子到荀子之间的空白，使我们在思孟学派的研究之后，得以探讨和研究儒家主外派思想的发展，对于早期儒学有了更全面的认识和了解。学界往往只关注到曾子—子思—孟子一系，而忽略了在当时影响更大的子夏—子弓—荀子一系，这不能不说是一个遗憾。只有对两派都做了深入研究，才可以对先秦儒学有一个整全的了解和把握，进而“合外内之道”，建构起完整的儒学思想谱系。

关键词： 荀子；子夏；清华简；《逸周书》

二十多年前，庞朴先生在其影响广泛的《孔孟之间》一文中写道：

> 大思想家之所以为大，不仅在于他提出的问题异常深刻，思人之所不敢思，发人之所未曾发，而且往往也由于他涉及的问题异常广泛，触及人

* 梁涛，中国人民大学国学院副院长，教授，博士生导师，《国学学刊》执行主编，教育部长江学者特聘教授。主要研究中国思想史、儒学思想史、经学思想史、出土简帛等。

> 类知识的许许多多、方方面面。他所达到的思想上的深度与广度，标志着那个时代所可能到达的深度与广度，非一般人之力所能及。所以，一位大思想家一旦故去，他的弟子们，纵以恪守师说为务，其实所能做到的，往往是各守一说，各执一端，举一隅而不以三隅反，像粉碎了的玉璧一样，分崩离析以去。历史越是靠前，情况越是如此。①

如果说当年郭店竹简的出土，因为涉及子思遗籍，因而较多反映了孔孟之间儒学发展的话，那么清华简《命训》的发现，则使《逸周书》尤其是其前三篇《度训》《命训》《常训》引起人们的关注，为了解孔荀之间儒学的变动提供了重要材料，这同样是先秦儒学研究中的一个重大课题。

一、孔门后学的分化及子夏西河学派

诚如庞朴先生所言，学派的分化往往与其创始人思想的复杂性尤其是思想内部的矛盾有关。孔子创立儒学，提出两个核心概念：仁与礼。他一方面以仁释礼，认为“人而不仁如礼何？人而不仁如乐何?”（《论语・八佾》）希望通过仁为礼注入新的精神内涵；另一方面又以礼成仁，希望复兴礼乐秩序以实现“仁者，爱人”的理想，故说“克己复礼为仁”（《论语・颜渊》）。这样仁、礼关系便成为儒学的基本问题，而不论是孔子的仁还是礼，都是内涵丰富的概念。孔子论仁，既要求成己安人，视仁为自觉向上的道德精神，将此精神向上提，往外推，承担起对他人的责任、义务，也以忠恕释仁，主张“己欲立而立人，己欲达而达人”（《论语・雍也》），“己所不欲，勿施于人”（《论语・颜渊》）。同时，还以礼成仁，主张“克己复礼为仁”（同上），希望通过建构合理的政治秩序而成就仁——由于好的政治秩序保障了民众的生命财产，免除了人与人之间的纷争、混乱，同样实现了爱人。而孔子所说的礼也具有等级名分、伦理法则、礼节仪式等多重内涵，这样如何理解仁、礼的关系就成为一个复杂的问题。

① 庞朴：《孔孟之间——郭店楚简的思想史地位》，《中国社会科学》1998年第5期。

到底是突出仁，还是强调礼，不同的人可能会有不同的选择。另外，孔子继承并发展了周人的天命观念，他一方面称“天生德于予”（《论语·述而》），这里的“德”虽然没有具体说明，但从《论语》来看，应主要包括仁与礼。故“天生德于予”既可以理解为天赋予我复兴礼乐、传播文化的职责与使命，也可以理解为天赋予我内在的仁德，肯定天与仁具有内在的关联。所以另一方面孔子又提出“下学上达，知我者天也”（《论语·宪问》），认为通过“下学”即可上达于天，打破了自“重黎绝地天通”以来少数贵族对天命的垄断，使天与个人发生关系，为个人的安身立命、修身成德打开了通道。对于“下学上达”，牟宗三先生释为“践仁知天”①，注意到仁而忽略了礼，似不够全面。因为孔子学的对象不仅包括仁，还针对礼，称为“践仁行礼而知天”可能更合适。故孔子思想实际包括内在超越与外在超越的不同面向，其中内在超越是说，天道高高在上，超越、外在于人，但同时又内在于人之中，赋予人德或性，故人实践内在的仁德，即可“下学上达”，践仁知天。与之相应，外在超越是说，天超越而外在，但不是内在于人的性，而以外在于人的姿态为人垂则、立范，要求人敬天、畏天、法天，并根据人们的表现降下福祸，进行惩罚。人可以通过实践天的法则和命令，行礼而知天，由外而内，以实现自我的超越，但往往需要以圣人、先王为中介②。由于孔子思想的复杂性，随着他的去世，由于弟子对老师思想的不同取舍和理解，这样便出现了“主内派”与“主外派”的分化。前者重视内在修养，突出仁，以曾子为代表；后者重视外在践履，关注礼，以子夏为核心人物。

关于曾子、子夏分别代表孔门内部的主内派与主外派，学者已多有论述③。而他们不同的去向和选择，同样对其思想的发展产生深远影响。其中曾子在孔子去世后留在了鲁国，讲学于洙泗之间，他以忠恕理解孔子的“一以贯之”之

---

① 牟宗三：《心体与性体》第1册，上海：上海古籍出版社1999年，第19—20页。

② 关于内在超越与外在超越的分疏，参见拙文《郭店简〈成之闻之〉新探》，《孔子研究》2021年第4期。

③ 参见拙文《孔子思想中的矛盾与孔门后学的分化》，《西北大学学报》1999年第2期。李学功：《孔门后学两极——洙泗之学与西河之学产生原因述略》，《青海社会科学》1995年第2期。

道，主张“吾日三省乎吾身”（《论语·学而》），强调“士不可以不弘毅”（《论语·泰伯》），又特别重视孝悌的作用，较多继承了孔子的思想，尤其对儒家仁学有所发展。他创立的洙泗之学被视为儒学正统，在后世有较高评价。与之不同，子夏离开鲁国回到了魏国①，讲学于西河之间，为魏文侯师。为满足诸侯争霸的需要，他不是一味固守师说，而是在“礼后乎”（《论语·八佾》）、“虽小道必有可观”（《论语·子张》）、重视“洒扫应对进退”的基础上，又吸收法的内容，将礼与法相融合。他所创立的西河学派表现出重视政治功业、重视现实功利的特点，虽对儒学有所丰富、发展，但又因为杂驳，被认为偏离了儒家正统，在儒学史上向来评价不高。但是若就当时来说，子夏西河之学的影响不仅远在洙泗之学之上，而且因为适应了魏文侯变法图强的需要，对整个战国思想学术都产生深远影响。《史记·儒林列传》云：

> 自孔子卒后，七十子之徒散游诸侯，大者为师傅卿相，小者友教士大夫，或隐而不见……子夏居西河，子贡终于齐。如田子方、段干木、吴起、禽滑釐之属，皆受业于子夏之伦，为王者师。是时独魏文侯好学。

众所周知，魏文侯是战国时期首先实行变法的君主，他在位五十年，改革政治，奖励耕战，兴修水利，发展经济，使魏国一跃成为战国七雄中最先强盛而称雄者。为配合变法的需要，他招贤纳士，师卜子夏，友段干木，客田子方，用李悝为相，先后重用翟璜、吴起、西门豹、乐羊等，开战国时期礼贤下士的先河。虽然战国时期各国都有过招贤纳士的举措，齐国稷下学宫更是成为战国时期学术的中心，但“是时独魏文侯好学”，这一风气最早是由魏文侯开创的，而子夏的西河之学正是在这一背景下出现的一个重要儒家学派。不过子夏虽然

---

① 子夏为温人（今河南温县），由于对三家分晋之后，温属卫还是魏存在不同看法，故又有卫人说与魏人说。陈玉澍说：“温为晋地，子夏在春秋时为晋人，三家分晋，温属魏，故子夏又为魏人。”［清］陈玉澍：《卜子年谱》，载《北京图书馆藏珍本年谱丛刊》第3册，北京：北京图书馆出版社1999年，第699页。

是孔门弟子，但并不墨守成说，而是表现出兼容并蓄的特点①，对待弟子也持宽容、开明的态度。子夏的弟子众多，除上文提及者外，还有李悝、公羊高、穀梁赤等②，其中李悝著《法经》，被视为法家的创始人；吴起著《吴子兵法》，属于兵家，但也辅佐楚悼王变法，故亦兵亦法；禽滑釐虽学于子夏，后又成为墨家门徒；田子方、段干木虽可归为儒家，但又拒绝出仕；公羊高、穀梁赤则主要从事经学传授。这些弟子虽跟从子夏学习儒家思想③，但又与子夏一样，并不墨守师说，而是各有取舍和发展。故子夏的西河之学实际是以儒家为主，但又包含、容纳不同思想的宽松的学术派别。这样孔子之后，在儒学的传播两个中心——鲁国和魏国，分别形成了洙泗之学与西河之学两个学派，并呈现出不同的思想特点。曾子由于居于儒学的发源地鲁国，故以孔子的传人自居，他恪守孔子的君子之教，视成己安人、“为政以德”（《论语·为政》）为儒学的基本精神，特别重视个人道德修养，而道德修养首先要从践行孝悌做起。子夏由于居于战国最早实行变法的魏国，其讲学要服务于魏文侯变法图强的需要，更多强调的是儒学“克己复礼”（《论语·颜渊》）、“为国以礼”（《论语·先进》）的方面，比较重视礼的作用，同时融入法的内容，表现出政治化、功利化的特点。这样孔子之后儒学两大派，由于立场不同，各执孔子思想之一面，产生分歧和对立便是难免的了。据《礼记·檀弓上》记载：

> 子夏丧其子而丧其明。曾子吊之曰：“吾闻之也，朋友丧明则哭之。”曾子哭，子夏亦哭，曰：“天乎！予之无罪也。”曾子怒曰：“商，女何无罪

---

① 《说苑·杂言》：“孔子曰：丘死之后，商也日益，赐也日损。商也好与贤己者处，赐也好说不如己者。”（此说亦见《孔子家语·六本》，文字略有异。）可见孔子生前已经注意到子夏的这一特点，并认为是他优于其他弟子的地方。

② 东汉班固《汉书·艺文志·诸子略》儒家：“《李克》七篇。子夏弟子，为魏文侯相。”“克”“悝”古音一声之转，故李克即李悝。东汉应劭《风俗通义·佚文》：“穀梁氏，穀梁赤，子夏门人。”东汉何休《春秋公羊传解诂》疏引戴宏《公羊传序》：“子夏传与公羊高。”

③ 郭沫若说：“李悝具有儒家的气息……魏文侯时本身人才集中的时代，师有子夏、段干木、田子方，臣有翟璜、乐羊、西门豹、吴起，大抵都是儒者。”见氏著《十批判书·前期法家的批判》，北京：东方出版社1996年，第332页。

也？吾与女事夫子于洙泗之间，退而老于西河之上，使西河之民，疑（注：通“拟”）女（注：汝）于夫子，尔罪一也；丧尔亲，使民未有闻焉，尔罪二也；丧尔子，丧尔明，尔罪三也。而曰女何无罪与！”子夏投其杖而拜曰：“吾过矣！吾过矣！吾离群而索居，亦已久矣。”

子夏老而丧子、失明，曾子前去慰问时斥责其犯下三条罪状：一是背叛师教，挑战孔子的权威，使民众将其等同于夫子。背后的潜台词是，儒学的正统在洙泗而不在西河。二是父亲去世后（“丧尔亲”）①，没有守三年之丧，违背了夫子的教诲。其实子夏也曾经守三年之丧，《礼记·檀弓上》云：“子夏既除丧而见，予之琴，和之而不和，弹之而不成声。作而曰：‘哀未忘也，先王制礼而弗敢过也。’”此事亦见于《孔子世家·六本》，明确做“三年之丧毕”，故应是子夏在鲁国从教于孔子时为母亲守丧的情景。但为魏文侯师后②，因政事繁忙，父死便不再行三年之丧。另外，魏国可能也没有这种习俗，这本是入乡随俗的做法，却遭到恪守儒门之教的曾子的严厉斥责。三是罪恶严重，触怒了天威，故老年丧子、失明，受到上天的惩罚。从子夏称“天乎！予之无罪也”来看，他是相信有意志的人格神的，认为天能赏善罚恶，根据人的行为降下福祸，与孔子“予所否者，天厌之，天厌之”（《论语·雍也》）是一致的，这可能是孔门弟子中很多人都有的观念，属于外在超越而不是内在超越。

从曾子与子夏的冲突来看，孔子之后儒门两大派——洙泗之学与西河之学，虽对孔子思想均有所继承，但由于所处环境不同，面对的问题不同，走上不同的发展道路，形成不同的学术风格和思想主张，进而对以后儒学的发展产生影

---

① 有学者指出，“《礼记》所谓‘亲之丧’、‘丧亲’之‘亲’，是专指父亲，而不包括母亲……丧母称作‘母死’、‘母卒’或‘母丧’”。见高培华：《卜子夏考论》，北京：社会科学文献出版社 2012 年，第 136 页。

② 魏文侯于周定王二十三年（公元前 445 年）即位，在位 43 年后，于周威烈王二十三年（公元前 403 年）“三家分晋”后正式列为诸侯。子夏少孔子 44 岁，魏文侯即位时，子夏 63 岁。“魏文侯”是后人的追述之辞，子夏为魏文侯师不一定要待其封侯之后，即位之初、封侯之前亦未尝不可。有学者认为子夏为魏文侯师是在其封侯后，时已年过百岁，非是。

响。其中曾子属主内派，其思想影响到以后的孟子，唐宋以后，学者提出孔子—曾子—子思—孟子的道统谱系，虽有简单化的嫌疑，但大致反映了由孔子到孟子的思想线索。郭店竹简子思遗籍的发现，为了解孔孟之间儒学的发展提供了重要材料，填补了儒学史上的一段空白。但不应忽视的是，属于主外派的子夏，同样对以后的荀子有所影响，“荀卿之学，实出于子夏”亦为多数学者所认可①虽然荀子在《非十二子》篇中曾称“子夏氏之贱儒”，这主要是因为子夏信奉有意志的神学天，经常进行一些宗教性的活动，所谓“正其衣冠，齐其颜色，嗛然而终日不言”，而荀子明确反对天有意志，故对其有所不满，但就二人都重视礼法而言，其思想倾向则是一致的②。另外，荀子除孔子之外，亦推崇子弓，常常将二人并举。“上则法舜、禹之制，下则法仲尼、子弓之义。”（《荀子·非十二子》）“非大儒莫之能立，仲尼、子弓是也。”（《荀子·儒效》）故同时还存在孔子—子夏—子弓—荀子的思想发展线索，探寻孔荀之间儒学的发展，同样是早期儒学研究中的重要课题。但令人遗憾的是，反映从孔子到荀子儒学发展的文献，只有两头的《论语》《荀子》，中间一段则付诸阙如。《礼记》中虽有论述礼乐的文字，但由于年代、学派无法确定，无法贸然拿来使用。这样孔子思想如何过渡到荀子，期间经过了哪些发展、变化，便湮没在历史的尘埃之中，不为人所知。然而值得庆幸的是，清华简《命训》的发现和公布，使人们认识到《逸周书》前三篇《度训》《命训》《常训》是可靠的先秦典籍，在儒学史上占有重要地位。《逸周书》虽然来源较为复杂，其主体部分则是由子夏及其弟子为配合魏文侯变法而编订的，反映了西河学派的思想主张。《度训》《命训》《常训》“三《训》”作为全书的总纲，为我们了解孔荀之间儒学思想的

① ［清］汪中：《荀子通论》，见［清］王先谦：《荀子集解》上册，北京：中华书局 2013 年，第 27 页。有学者称：“曾子设教武城，其学三传而至孟子；子夏教授西河，其学三传而至荀卿。曾子、孟子一系与子夏、荀子一系分属孔学‘内圣’与‘外王’两大派别，其学术渊源虽不同，但都本于孔子。”见孔祥骅：《子夏氏“西河学派”再探》，《学术月刊》1987 年第 7 期。

② 有学者认为，“荀子所批评的，并不涉及子张、子夏、子游氏之儒的学术思想，而是他所见到并且看不惯的这些学派中人的一些具体行为举止。这显然并非对其学派祖师子张、子夏、子游的批评，而只是对其学派之末流的批评和不满。当今学界有引之为对子张、子夏、子游的批评，是欠妥的”。见高培华：《卜子夏考论》，第 191 页。

变动和发展，提供了重要的材料①。地不爱宝，幸莫大焉！

二、《逸周书》“三《训》”思想试探

《度训》《命训》《常训》三篇均从天展开论述，其首句分别为“天生民而制其度”（《逸周书·度训》）、“天生民而成大命”（《命训》）、“天有常性，人有常顺”（《常训》），天在三《训》中占有重要地位。从三《训》的内容看，其所谓天主要是一种神学天，有意志、有目的，不仅颁布法则，还降下祸福以示惩罚。民众在明王的教化下，遵从天所颁布的法度，就可以做到“鸟兽仁德”“百物行治”（《度训》），反映的是一种外在超越，其突出的是外在的法则规范。其中《度训》主要讨论礼义法度，属于礼法论；《命训》讨论天命祸福，属于天命论；《常训》讨论人性教化，属于人性论。但三《训》的内容又有交叉、重合之处，《度训》也讨论到人性，《命训》亦有涉及教化的内容，只是立论角度不同。下面将根据《度训》《常训》《命训》，分别讨论三《训》的礼法论、人性论和天命论。

（一）《度训》的礼法论

孔子创立儒学，将礼吸收到自己思想中，并做了理论说明，使礼成为儒学的核心概念之一。孔子之前，人们往往认为礼来源于天，是天对人间颁布的法则。《诗经·大雅·烝民》云：“天生烝民，有物有则。民之秉彝，好是懿德。”天降生众民，不仅赐予其物，还颁布法则。民众秉持常法，喜好这美好的德。这里的“则”“彝”即来自天，是天的赐予。只不过西周时期人们较少使用礼而更多使用德，上文中的“则”就是针对“德”而言。春秋时期乃是以礼为中心的时代，人们在追溯礼的来源时，也往往将其归于天。如鲁大夫季文子曰：“礼以顺天，天之道也。”（《左传·文公十五年》）郑子产曰：“夫礼，天之经也，地之义也，民之行也。”（《左传·昭公二十五年》）郑大夫子大叔曰：“以礼承

① 参见拙文《清华简〈命训〉“大命”“小命”释疑——兼论〈逸周书〉“三训”的成书及学派归属》，《哲学动态》2021年第4期。

天之休。”（《左传·僖公二十八年》）不过春秋时期人们更关注的是礼的规范作用，将其看作贵族行为、交往的伦理规范。关于礼的产生，孔子一方面溯源于超越的天，认为是先王效法天的产物。“子曰：大哉尧之为君也，巍巍乎，唯天为大，唯尧则之。”（《论语·泰伯》）“尧曰：咨！尔舜！天之历数在尔躬，允执其中！四海困穷，天禄永终。”（《尚书·尧曰》）尧之伟大，在于他以天为法，效法天的公正、无私以确立人间的法度，将公平执政（“允执厥中”）与天命靡常（“四海困穷，天禄永终”）作为执政的基本原则，为后来三代礼义的发展奠定了基础。“子曰：殷因于夏礼，所损益可知也；周因于殷礼，所损益可知也。”（《论语·为政》）周礼来自殷礼，殷礼来自夏礼，只是经过了扬弃、损益，而夏礼又是来自尧舜，是对其执政原则的损益和继承。另一方面，孔子又提出“人而不仁如礼何”（《论语·八佾》），试图从主体的仁对礼做出解释和说明。在与宰我论三年之丧时，孔子从“子生三年，然后免于父母之怀”的报恩之情论证三年之丧的合理性，用内心的“安”与“不安”点醒宰我（见《论语·阳货》）。这样在礼的来源上，孔子似存在内与外两种不同的解释进路，尚没有对二者的关系做出明确的说明。

孔子之后，孔门后学分别从内、外的进路继续探讨。郭店简《成之闻之》曰：“天降大常，以理人伦。”这里的“大常”指天所颁布的法则、常道，竹简又称“天常”“天德”，它不是落实或内在于人的心与性，而是指导处理人伦关系的原则和法则，是外在而不是内在的，是一种外在超越。与之不同，郭店简《性自命出》则提出“性自命出，命自天降。道始于情，情生于性”，天赋予人性，性表现为情，情的发用就有了礼。这里的“道”主要是指礼而言，故又说“礼作于情，或兴之也，当事因方而制之”，礼的制作是因为情，是根据具体的事宜以及不同的人伦关系而制定的。孟子则明确提出“恭敬之心，礼也”，认为“仁义礼智，非由外铄我也，我固有之也”（《孟子·告子上》）。天赋予我恭敬之心，而所谓礼不过是我内在恭敬之心的表现而已，在此基础上进一步“尽其心”“知其性”“则知天矣”（《孟子·尽心上》），就可以达到与天合一，是一种内在超越的思想。从思想倾向来看，《度训》显然属于孔门中的主外派，是从外在超越的天对人间的礼义法度做出论证。《度训》开篇云：

> 天生民而制其度：度（注：音 duó）小大以正 A，权轻重以极 B，明本末以立中 C。立中以补损，补损以知（注：通“至”）足 C。序爵以明等极，极以正民 B。正中外以成命，正上下以顺政 A。

天降生民众并为其制定法度，包括“度小大以正”“权轻重以极”和“明本末以立中”。由于上文是采取 A—B—C—C—B—A 的叙述形式，故最后一句“正中外以成命，正上下以顺政”才是对第一句“度小大以正”的解释，由此可知所谓“小大”实际包括了“中外”和“上下”两个方面，其中“中外”指朝野关系①，“上下”指君臣关系，其实质则是权力关系，指权力的分配和统属。故天为民众制定的第一条法度是，揣度权力的大小以确立政治的根本，包括确立朝廷与邦国的关系，使命令能够得以畅达通行；明确君臣的关系，使政治得以顺利运转。同样，“序爵以明等极，极以正民”是对第二句“权轻重以极”的解释，等极，差等之极。故“轻重”主要指地位的高低，反映的是尊卑关系，主要是针对君民而言。故天为民众制定的第二条法度是，权衡身份的尊卑以确立统治的标准，具体讲，就是排列官爵的等级作为身份、地位的标准，以此标准来治理民众。“立中以补损，补损以知足”是对“明本末以立中”的说明，晋孔晁说：“本末，指万民之职而言。农为本，余皆为末也。中者，无过不及之谓。”清人陈逢衡则说：“本末，犹两端。”② 具体指贫富之两端。故“本末”是指财富关系，天为民众制定的第三条法度是，了解贫富的差别而确立适中的标准，损有余而补不足，进行适当调整，使不足者至于足。以上三条法度中，第一条属于政治原则，涉及权力的分配；第二条属于统治原则，主要针对民众的治理；第三条属于经济原则，涉及对财富的分配。前两条突出等级、等差，后一条一定程度上关注到了平等，故是政治上强调差等，经济上主张均等。

在《度训》中，天是最高的权威，是人间价值的根据和来源，但天只负责

① 清人潘振说：“中外，朝野也。正朝野以成王命。”见黄怀信、张懋镕、田旭东：《逸周书汇校集注》上册，上海：上海古籍出版社 1995 年，第 4 页。

② 同上。

颁布法度、原则，法度、原则的实现还有赖于明王。“明王是以敬微而顺分”，“敬微”应是针对“正”“极”“中”而言，对待权力、尊卑、贫富细微的标准要敬慎；“顺分”指教导人们各安其位，各顺其分，这样就可以“分次（注：序）以知和，知和以知乐”，尊卑有序，社会和谐，心情快乐。可以看到，《度训》实际存在着一个天、君、民的结构，天是立法者，君是执法者，民是被治理者，这其实也是三《训》共有的思想结构。虽然天、君在这个结构中占有更重要的地位，但他们的立法和执法又是建立在对民性的判断和认识之上的。《度训》云：

> 凡民生而有好有恶，小得其所好则喜，大得其所好则乐；小遭其所恶则忧，大遭其所恶则哀。凡民之所好恶，生物是好，死物是恶。民至有好而不让，不从其所好，必犯法，无以事上。民至有恶不让，不去其所恶，必犯法，无以事上。遍行于此，尚有顽民，而况曰以可（注：当为“不可以”之误）去其所恶而得其所好，民能居乎？若不竞力，何以求之。力争则力政（注：征），力政则无让，无让则无礼，无礼，虽得所好，民乐乎？若不乐乃所恶也。

“民生”指民生下来，民生下来所具有者实际也就是民性。那么什么是民性呢？《度训》认为民性最大的特点是有好、有恶，遇其所好则乐，遇其所恶则忧。民最大的好是生，最大的恶是死，故凡使其得生者皆是其所好，使其得死者皆是其所恶。唐大沛说：“生，好物，凡养生之物皆是；死，恶物，凡致死之物皆是。”陈逢衡说：“生物，如饮食、衣服之类；死物，如铁钺刀锯之类。”①故《度训》所说的民性是一种自然人性，指人的情感、欲望，它不同于以后的子思、孟子的道德人性论，而更接近以后荀子的观点。其对人性的评价也持负面态度，否定民众有道德自主，而是认为民众很容易被其好、恶所左右，一旦

① 黄怀信、张懋镕、田旭东：《逸周书汇校集注》上册，上海：上海古籍出版社 1995 年，第 4 页。

对其所好痴迷到不相让的地步，如果不从其所好，必定会犯法而抗上。同样，一旦被其所恶控制，如果不去其所恶，也必然会违法而抗上。下面四句中，“而况曰以可”可能有文字错讹，当作“而况不可以”。潘振说：“遍行，兼为也。言治民兼好恶而为之，尚有不让之民，况不去其恶，不从其好，敢望民之能安乎？居，安也。”① 即使在从其好、去其恶的情况下，尚且有为非作歹的顽劣之民，况且大多数情况下还无法做到从其好而去其恶，这样民众自然不会安于现状，而只能是以力相争了，力争则导致武力征讨，征讨则不会相互谦让，没有谦让则形不成礼义秩序，没有礼义秩序即使得其所好，满足了其欲望，依然不能得到快乐，这样就陷入悖论之中。从《度训》的论述来看，民性不仅有对感性欲望、物质利益的好，还有对礼义秩序的好；不仅有对欲望无法满足、物质匮乏的恶，也有对无序混乱的恶。民众虽然可以凭借武力相互征伐而暂时得其好，但一味争夺、不知相让只能导致混乱而不能建立秩序，终归还是不能得其好，反而是得其恶；不能感到乐，反而感到哀。可见，礼义秩序对于民众同样十分重要，也是民性之所好。但礼义秩序靠民众自身是无法建立的，这就需要明王了。

> 凡民不忍好恶，不能分次，不次则夺，夺则战，战则何以养老幼，何以救痛疾死丧，何以胥役（注：相救助）也。明王是以极等以断好恶，教民次分力竞，任壮养老，长幼有报，民是以胥役也。

民众的弱点是不能控制自己的好恶，虽然也喜欢秩序，憎恶混乱，但往往陷入对欲望、财物的追逐之中而不计后果，无法为自己确立职分、等级，而没有职分、等级必然会陷入争夺，争夺导致战争，人与人处于敌对状态中，连老人、孩子的生命都无法保障，又如何能救助死丧病痛，相互扶助？没有得其好，反而得其恶。“明王是以极等”，学者或谓当为“明王是以明等极”之误②，根据

---

① 同上书，第 10 页。潘振说“言治民”不准确，“遍行于此”是说从好、去恶得以实现的客观情况。

② 丁宗洛、刘师培说，见上书，第 13 页。

是上文曾说“序爵以明等极”；或认为“极”用作动词，“极等，即制定等级标准”①。“教民次分力竞”，学者多主张将“力竞”属下读，盖不理解“次分”与“力竞”的关系。其实“次分”是确立职分、等级，将民众凝聚为一有机的群体，如此方可以对外竞争，故下文接着谈到“力竞”，可见“次分”与“力竞”是联系在一起的，这正是战国社会形势的反映。故上文是说，明王于是确立等级标准以规定人们好恶的范围，使彼此不至于产生对立、冲突，教导民众各安其职分、等级，团结一致以对外竞争，让壮者从事劳作以供养老者，使长者、幼者互有回报，这样民众才会相互扶助。可见，社会秩序的核心是分，也就是职分、等级，只有确立了职分、等级才有可能建构起秩序，但《度训》所说的分还包括处于不同等级、地位人之间的相互责任与义务，这与孔子尤其是荀子对名分的理解实际是一致的。在《度训》看来，正是由于明王制定的名分、礼义，才使民众得以避免争夺、混乱，走向和谐、有序，从而显示出强大的力量，与荀子主张礼义是“群居和一之道”（《荀子·荣辱》）实际是同一个意思。

> 夫力竞非众不克，众非和不众，和非中不立，中非礼不慎（注：顺），礼非乐不履。明王是以无乐非人，无哀非人，人是以众。人众，赏多罚少，政之美也；罚多赏少，政之恶也。罚多则困，赏多（注：当为“少”之误）则乏，乏困无丑（注：当为“耻”），教乃不至。是故民主明丑以长子孙，子孙习服，鸟兽仁德，土宜天时，百物行治。治之初麇初哉，治化则顺，是故无顺非厉，长（注：培养）幼成而生［义］②，曰顺极。

前文说过，明王确立职分、等级以消除争夺、混乱，但并不反对对外竞争。在“当今争于气力”（《韩非子·五蠹》）的战国时代，以力相争始终是头等大事，只不过在《度训》看来，竞争只有在建构起内部秩序的情况下才有可能。虽然以力相争，人数众多非常重要，但人数众多却不能和谐相处，亦不能算是

---

① 牛洪恩：《新译逸周书》，台北：三民书局 2015 年，第 6 页。

② 王念孙云：“今本盖脱‘义’字。”见黄怀信、张懋镕、田旭东：《逸周书汇校集注》上册，第 20 页。亦有学者补为：［义］生。

真正的众多；虽然能和谐相处却没有恰当的原则以明确相互的关系，和谐就不能稳固；有了恰当的原则却没有礼义法度，人们就不会顺从；有了礼义法度却没有乐的配合，人们就不会践履。这样明王就显得非常重要了，他不仅确立等极、分次，用礼义法度将民众团结、凝聚成为一个整体，还乐民之乐，忧民之忧，赢得民众的归附。由此可知，《度训》关于为政的一段论述："政以内□，□□自迩，弥兴自远，远迩备（注：都）极（注：至）。"其中的三个阙文当补为"民，既兴"[①]，指为政的根本在于招纳民众，使远近的民众都来归附。表面上看，这与孟子"乐民之乐者，民亦乐其乐，忧民之忧者，民亦忧其忧"，"与百姓同乐，则王矣"（《孟子·梁惠王下》）的主张相一致，"无乐非人，无哀非人"的表述可能对孟子也产生过影响，但孟子赢得民众的归附是靠仁政，而仁政又来自先王的不忍人之心，其立论的根据在于性善。但《度训》凝聚民众从根本上讲在于礼义法度，与荀子"凝士以礼，凝民以政；礼修而士服，政平而民安；士服民安，夫是之谓大凝"（《荀子·议兵》）关系更为密切。

民众归附，人口众多之后，如何对其进行管理便成为问题，《度训》主张赏罚并用，以赏为主，以罚为辅，赏多罚少为善政，赏少罚多为恶政。有学者注意到《度训》"'赏多罚少'与《商君书》《管子》《韩非子》重赏严罚的主张有不同"[②]，甚是。所以《度训》既没有像孔子那样将"道之以德，齐之以礼"与"道之以政，齐之以刑"（《论语·为政》）对立起来，只讲德、礼不讲政、刑，也不像法家那样，只重赏罚而轻视教化，而毋宁是由赏罚达致教化，将赏罚与教化统一起来，这一思路更接近以后的荀子。《度训》反对赏少罚多的理由是，罚多则使民穷困，失去了希望；赏少则使民疲乏，失去了动力，而无论是穷困还是疲乏最终都使民变得无耻，使教化的推行没有了可能。而《度训》强调明王或民主治民，不仅在于赏罚，更在于教化，而教化的根本在于培养羞耻，这只有在使民众摆脱了贫困、疲乏后才有可能。三《训》中频繁出现"丑"字，如"无丑""明丑"等，实际为耻之讹误，清华简《命训》就是作耻。三《训》

---

① 关于此处阙文，以往学者给出多种方案，但均为得其旨。

② 牛洪恩：《新译逸周书》，第 8 页。

包括《度训》如此突出耻不是偶然的，而是其重视教化的反映。不过三《训》的耻不是先天的道德情感，不是来自羞恶之心，而是后天的培养，是通过实践礼义法度形成的道德意识，是明王或民主教化民众的结果。“子孙习服”一句，潘振云：“子孙习服其典要。”陈逢衡云：“子孙习其制度。”① 甚是。所以羞耻的培养需要以礼义制度为前提，而子孙一旦习惯、适应了礼义法度，不仅自己有了羞耻，连鸟兽都具有了仁德，土得其宜，天得其时，百物得其条理，真可谓“天地位，万物育”。不过从《度训》使用“子孙”一词看，羞耻与礼义法度一样，是一个漫长的累积过程，绝非一蹴而就。故《度训》一方面主张天降法度，此法度不是内在于人的心或性，而是外在的政治、经济原则，需要经过明王才能得以落实。另一方面又认为人通过践行礼义法度，可以实现自我的超越，与天合一。这是一种外在超越，即一方面超越而外在，指超越的天颁布外在的法度；另一方面外在而超越，指人践行外在的法度而实现自我超越。前后两个超越的含义略有不同，前一个超越指天高高在上，超出人之外，后一个超越指人的自我提升、完善，而要实现自我提升、完善就需要践行礼义法度。“治之初麼初哉”一句比较费解，“麼”字后世不见使用，学者或认为是“厉”之讹，指勉励或磨砺；或认为当作“靡”，即荀子所说的“积靡”，因下文提到“无顺非厉”，故暂作厉解，指磨砺、磨炼。后一个“初”可能是衍文。故此句是说，治理之初就要对民众进行教化、磨砺。而治理感化、影响了民众，他们就会顺从（“治化则顺”），所以民众的顺从没有不是由于教化、磨砺的结果（“无顺非厉”）。而教化要从幼年做起，等其长大就会有义的观念（“长幼成而生［义］”），就会顺从伦理、政治的各种标准（“曰顺极”）。这样《度训》从天降法度开始，以明王以礼义法度教化民众为主要内容，最后以民众接受教化，天下大治而结束。天降法度是因为民性有好恶——好生恶死、好利恶害，这样必然导致争夺、混乱，故需要明王根据天所颁布的法则确立职分、等级，建构政治秩序。不过《度训》虽然对人性的评价多是负面的，甚至可以说是持性恶论，但并不否认民众有接受教化进而从善的可能，这与以后荀子的思想是一致

① 黄怀信、张懋镕、田旭东：《逸周书汇校集注》上册，第18页。

的。天所颁布的法度一方面为人间建构起政治秩序，另一方面又为民众接受教化、自我完善提供了可能，这就涉及三《训》对人性的特殊理解。

(二)《常训》的人性论

《度训》虽然也讨论到人性，但主要是围绕礼义法度展开的，三《训》中的《常训》则是一篇专门讨论人性的文字，其不仅对人性展开更为全面的讨论，而且对人性与教化、修习的关系做了探讨和说明。《常训》开篇云：

> 天有常性，人有常顺（注：训）。顺在可变，性在不改。不改可因，因在好恶。好恶生变，变习（注：习惯）生常。常则生丑（注：耻），丑命（注：明）生德。明王于是生（注：设）政以正之。

潘振云："常，民所秉之常性也。天所赋为命，人所受为性。"① 故"天有常性"是说，天赋予人恒常的本性。那么什么是天所赋予的常性呢？朱右曾说："常性，五常之性。"② 认为天赋予人仁义礼智信的善性，非是。其实《常训》所说的常性，就是《度训》提及的好恶之性，也就是下文的"因在好恶"。以好恶言性乃先秦时期较为流行的观点，郭店简《性自命出》："好恶，性也；所好所恶，物也。"有好、有恶，这是人性；所好、所恶的对象，则是外在的事物。这当然是一种自然人性论，而不是性善论。故《常训》的"天有常性"与《度训》的"天生民而制其度"有所不同，它不是强调天为民制定外在的法度，而是说天赋予人内在的常性。不过天虽然赋予人性，但并不认为性就是善的，而是持一种自然人性论。所以三《训》的天可能有不同的含义，或至少存在不同的侧重，《度训》及《命训》主要讨论的是一种神学天，有意志、有目的，而《常训》的天则似乎是一种自然天，或者至少有向这方面发展的倾向。"人有常训"，俞樾说："'顺'当读为'训'，古字通也。……下文又曰：'因民以顺民'，亦言因民以训民也。若如本字读之，则顺即因也，因民以顺民，文意复也。"③ 甚是。

---

① 同上书，第 43 页。

② 同上书，第 44 页。

③ 同上。

郭店简《性自命出》:“凡性,或动之,或逆之,或交之,或厉之,或出之,或养之,或长之。”这里的“动”“逆”“养”“长”等,就是对性的训,也就是修习、培养。故一方面天赋予人好恶之性,另一方面对于天所赋予的常性,人又需要经常、不断地修习、培养。“顺在可变,性在不改”,对性的修习、培养是可以改变的,但天性本身则是不变的。这里既说“可变”又说“不改”,看似矛盾,实乃不然。人性有好、有恶,这是不可改变的,但好什么、恶什么,以及如何去好、如何去恶,则是可以改变的。实际也就是孔子所讲的“性相近,习相远”(《论语·阳货》),不改的是性,可变的习。本性不可以改变,只可以因循(“不改可因”),因循什么呢?当然是好恶了(“因在好恶”)。性有好、有恶虽然无法改变,但好恶的对象及程度则是可以改变的(“好恶生变”),这种变化一旦稳定、习惯就会成为常态(“变习生常”)。《大戴礼记·保傅》:“少成若天性,习惯之为常。”王聘珍引卢辩注:“人性本或有所不能,少教成之,若天性自然也。”[①] 故《常训》所说的“常”乃是一种行为习惯,是后天的,而不是先天的。虽然是后天的,但一旦形成就习惯成自然,成为人的有机组成部分,人的羞耻、道德意识以及政治教化等就是建立在这种行为习惯之上的。这种对人性以及伦理、政治的理解,当然与以后的荀子更为接近,而与孟学有较大距离。

> 民生而有习有常,以习为常,以常为慎(注:通“顺”),民若生于中(注:内),习常为常。夫习之为常,自血气始[②]。明王自血气耳目之习,以明之丑。丑明乃乐义,乐义乃至(注:志)上,上(注:尚)贤而不穷。哀乐不淫,民知其至,而至于子孙,民乃有古。古者,因民以顺(注:训)民。

这里的“民生”与前文一样,也是指民生下来,但“有”却不是生而具有,

① [清]王聘珍:《大戴礼记解诂》引,北京:中华书局1983年,第51页。

② 原文作“夫习民乃常,为自血气始”,《大戴礼记·保傅》卢辩注引《周书》曰“夫习之为常,自血气始”,今据卢注改。参见上书。

而是有某种行为、习惯，是可以有。民既然“有习有常”，那就应“以习为常”，也就是习以为常。“习”指习惯，“常”指常行。习惯、常行虽然是外在的，但“以常为慎”，“慎”训为顺，不断地顺应这种常行，久而久之，就可以由外而内，转化为内在的习性了，这就是“习常为常”。“习”是动词，指践习。前一个“常”主要针对常行而言，后一个“常”则针对的是常性。这种性当然是一种习性，是后天形成的，而不是先天具有的。所以根据《度训》，民既有生而所具的天性，即好恶之性，也有后天形成的习性，即“习常为常”之性。这种习性的形成非常之早，“自血气始”，自有生命便开始了，民众的道德意识和伦理规范主要是来自习性，而不是天性。只不过《常训》尚不能对两种性的关系做出清晰的分疏，尤其是没有认识到习性也有内在的动因和来源，而简单将习性归为明王的教导。“明王自血气耳目之习，以明之丑”，在古人的观念中，血气指生命的基础和动力，人有血气就有了生命的各种活动，如耳之能闻、目之能视等，于是明王教导民众正确的行为，形成羞耻的观念，有了羞耻就乐于遵从义（“丑明乃乐义”），这里的义当然是明王确立的，是外在而不是内在的。乐于遵从义则耻于居下而志于向上（“乐义乃至上”），意为立志要成为贤者，崇尚贤者就不会陷入穷困（“上贤而不穷”）。其哀乐就不会过度（“哀乐不淫”），民众知道其所当至（“民知其至”），也就是明王所确立的“极”或者“义”。这种做法在子孙中代代相传（“而至于子孙”），就会在民众中形成“古”（“民乃有古”），“古”通“故”，指风俗、习惯，实际也就是礼。《庄子·达生》：“吾生于陵而安于陵，故也。”这里的“故”即风俗、习惯。所以古或者礼乃是在明王的指导下，在民众的生活中逐渐形成的，是以习俗、习惯的形式出现的。古或者礼一方面因循民，另一方面又训导民（“古者，因民以顺民”）。因循民之好恶之性，满足民众饮食男女的欲望，同时又限制其过度的欲望，将其行为纳入古也就是礼义法度的规范之中。所以政治乃是建立在古的基础上，古也就是礼义法度具有类似宪法的地位，是治国理政的根本大法。

夫民群居而无选，为政以始（注：当为“治”之误）之，始之以古，终之以古（注：当为“今”之误）。行古志今，政之至也。政维今，法维古。

“无选”的“选”，学者的解释颇为分歧，有简择、德行、等差、首领等不同说法，涉及对文意的不同理解。从文意来看，“选”当作简择、选择讲，上文是说，民众群居在一起虽然有了古也就是礼义法度，但民众往往无法做出正确的选择，意为民众不遵从古，故需要立政对民众加以治理。但以政治民又不能背离古，相反要以古为原则，需要建立在古的基础上，同时又要兼顾当下的形势，面对当下的问题。需要“始之以古，终之以今”，为政治民要从古的原则开始，最终又要回到现实中，面对当下的问题。原文“终之以古”的“古”，当为“今”之误。“行古志今，政之至也”，既遵循古的原则，又关注于现实当下，运用古的原则处理现实问题，这就是最好的政治。“政维今，法维古”，政治关注的是现实当下，法度则要考虑到固有的原则，如唐大沛云：“政则因时制宜，法则鉴于成宪。”[①]“维”，通“惟”，考虑、思量之意。所以在《常训》看来，一方面仅仅依靠古也就是礼义法度已难以维持社会秩序，古虽在而民无择，故还需要政来加强统治；但是另一方面，政又不能脱离古，需要遵循固有的礼义法度。这典型地反映了战国初期人们的思想观念，即面对礼崩乐坏的现实，不得不寻求统治方式的变化，既不能像孔子那样只固守德、礼，而排斥政、刑，也没有像以后的法家只强调政、刑，而反对德、礼，而是试图将德、礼与政、刑统一起来，只是对二者的关系尚没有做出清晰的论述。以后荀子提出知通统类，以统类打通古今，确立起古代礼义法度与现实政治举措的内在联系，既法先王又法后王，显然是对《常训》“政维今，法维古”的继承和发展。

综上所论，《常训》与《度训》一样，在人性问题上都持一种天性、习性说，认为民既有先天的常性，也有后天的习性，但二者立论的角度与侧重又有所不同。《度训》主要讨论的是天性，认为由于民生而具有好恶之性，必然导致彼此相互争夺，陷入混乱，故需要天降法度，明王据其确立等极、分次，以建构礼义秩序，其人性论是服务于其礼法论的，其对人性的看法亦接近性恶论。

---

① 黄怀信、张懋镕、田旭东：《逸周书汇校集注》上册，第50页。

《常训》更多关注的是习性，认为好恶之性虽然不可消除，但可以通过教化加以改变，天性之上还有习性，故人又有羞耻以及对善的追求，进而形成作为政治根基的古也就是礼义法度，更多强调的是人性中可以向善的一面。以后荀子提出性恶善伪说①，实际是综合了《度训》与《常训》的思想，《常训》虽然认为民众不会自觉向善，还需要明王为政以治之，但只要明王敬慎法度，民众就不会困惑，同样可以达到治理的效果。而"困在坌，诱在王，民乃苟"，只有政令繁多，王做出错误的诱导，民众才会变得苟且。"坌"本意为尘土飞扬，此指政令繁多。而民众苟且就会"四征不显，六极不服（注：行），八政不顺，九德有奸"。反过来讲，只要明王"敬微而顺分"，民众就会有耻而不苟且，四征、六极、八政、九德得以实行，这就是"明王奉法以明幽，幽王奉幽以废法，奉则一人也，而绩功不同"。四征指"喜乐忧哀"四种自然情感，实际也就是好恶；六极指"命、耻、福、赏、祸、罚"，指天之命令与人之政教；八政指"夫妻、父子、兄弟、君臣"的人伦关系，九德指"忠、信、敬、刚、柔、和、固、贞、顺"九种德性。四征、六极、八政、九德之中，六极是核心和根本，"六极不嬴（注：过度），八政和平"，"八政不逆，九德纯恪"。而六极实际也是下面要讨论的《命训》的主要内容。

(三)《命训》的天命论

在《逸周书》中，《命训》处在《度训》之后，《常训》之前，其内容亦与后者存在一定联系。在《命训》看来，不论是《度训》的礼义法度，还是《常训》的人性教化，都需要有超越的精神信仰才可以实现完成，需要神道来设教，此即《命训》的核心内容。所以天—君—民虽然构成三《训》的基本义理结构，但天在各篇中的地位和作用还是有所不同，《度训》的天主要是为礼法论提供形上的根据，《常训》的天则是人性论的逻辑起点，而《命训》的天主要是论证、说明神道设教，《命训》在三《训》中居于承上启下的地位。关于《命训》，我们曾对其"大命""小命"等问题做过辨析②，这里主要讨论其神道设教的天命

① 参见拙文《荀子人性论辨正——论荀子的性恶、心善说》，《哲学研究》2015 年第 5 期。

② 参见拙文《清华简〈命训〉"大命""小命"释疑——兼论〈逸周书〉"三训"的成书及学派归属》，《哲学动态》2021 年第 4 期。

论思想。与其他两篇不同的是，《命训》除《逸周书》外，又有清华简的发现，这使得我们有可能对二者进行校勘，订正其中的错误。下面为了行文方便，直接引用书、简校勘后的内容，仅在个别有争议的地方用注释加以说明。《命训》开篇云：

> 天生民而成大命，命司德，正之以祸福。立明王以训之，曰大命有常，小命日成。日成则敬，有常则广；广以敬命，则度至于极。夫司德司义，而赐之福，福禄在人，能无惩（注：当为“劝”）乎？若惩而悔过（注：当为“劝而重义”）①，则度至于极。夫或司不义，而降之祸，祸过在人，能无惩乎？若惩而悔过，则度至于极。

天不仅降生民众，还为其颁布大命，命令其要遵从德，同时用祸、福对其行为加以纠正，若遵从德则降福，若悖德则降祸。以往学者将“司德”解释为天神，是不正确的②。司德意为主德，也就是守德，而德即《度训》所说的度，这从下文反复提到“度至于极”就可以得到证明。天不仅颁布命令，降下祸、福，还设立明王，对民众加以训导，天的命令需要通过明王来落实，这是典型的神道设教思想。明王不仅是民主，同时也是教主，明王利用天的名义训导民众，告诫其大命是恒常不变的，小命则是由其每日的行为所造成。什么是大命？大命即天命，指天“命司德，正之以祸福”，故也可称为“德命”。什么是小命？小命即民众个人的命，可称为“运命”，由于天规定民众要遵守德，并根据其行为赐予祸与福，故个人的运命实际是由其每日的行为所造成。民众认识到运命是由自己所造成，必然会敬畏天命；认识到天命恒常而不变，遵从天命的人就会很普遍。普遍地敬畏天命，那么天所制定的法度就会达到恰当、公正的效果。盖天之法度是抽象的，其要发挥作用，还要靠民众对天命的信仰，如此才可

① 清华简《命训》此句作：“福禄在人，人能居，如不居而重义，则度至于极。”见李学勤主编《清华大学藏战国竹简（伍）》，上海：中西书局2015年，第125页。

② 参见拙文《清华简〈命训〉“大命”“小命”释疑——兼论〈逸周书〉“三训”的成书及学派归属》。

“度至于极”。“极”，中也，指恰当、公正。民众遵从德与义，则天赐之福，福禄是由人自己造成的，这样民众能不受到鼓励吗？若受到鼓励又进一步重视义，那么法度就达到恰当、公正的效果。同样地，民众若不遵从义，则天降下灾祸，灾祸是由人自己造成的，这样民众能不受到惩戒吗？若受到惩戒而悔过自新，这样法度就会达到恰当、公正的效果。可见，“天生民而制其度”（《度训》）与“天生民而成大命”（《命训》）是联系在一起的，天所制定的法度需要天命信仰的配合，才能达到好的结果，这也是《命训》接续《度训》的内在逻辑。天命不仅与法度联系在一起，与习性的培养也存在密切关系，只不过与《常训》一样，这一过程同样需要有明王才能够完成。

> 夫民生而耻不明，上以明之，能无耻乎？若有耻而恒行，则度至于极。民生而乐生谷（注：养），上以谷之，能无劝乎？若劝以忠信，则度至于极。夫民生而恶死丧，上以畏之，能无恐乎？若恐而承教，则度至于极。

民众生下来并不懂得羞耻，羞耻是明王教化的结果。但民众一旦有了羞耻并付诸行动，法度就会达到恰当、公允的效果。民众生下来喜好被养育，“谷”指养育。《广雅·释诂一》：“谷，养也。”君上利用他们好生的心理养育他们，满足他们的喜好，他们能不受到激励吗？如果进一步用忠信激励他们，法度就会达到恰当、公正的效果。民众生下来厌恶死亡，君上利用他们怕死的心理威吓他们，他们能不恐惧吗？如果恐惧而接受教化，法度就会达到恰当、公正的效果。可见，《命训》与《常训》一样，也是从好、恶来理解民性的，认为民性最大的特点是好生、恶死，君上可以利用民性的这一特点，“因民以顺民”，对其进行教化，培养其善的习性。而民众受到教化，有了善的品质，礼义法度的作用自然就达到好的效果，《命训》的天命论与《度训》的礼法论、《常训》的人性论实际是联系在一起的，三《训》的内容存在内在的联系。《命训》论述的六种“度至于极”，由于分别是由命、祸、福与耻、赏、罚促成的，故后者亦可以称为六极。六极之中，命、祸、福来自于天，属天道或神道；耻、赏、罚来自人，属人道，是明王的教化与训导，人道的根据是天道，明王应根据神道推行教，故是一种神道设教。

> 夫天道三，人道三。天有命、有祸、有福，人有耻、有绋冕、有斧钺。以人之耻当天之命，以绋冕当天之福，以斧钺当天之祸。六方三述，其极一也，不知则不行。

“天道”也就是神道，因为《命训》的天是一种神学天，有意志、有目的，不仅颁布命令，还赐予祸、福。“人道”主要指明王的教，但需要以神道来设教。天道包括命、祸、福，人道包括耻、绋冕、斧钺。其中绋冕代表赏，斧钺代表罚，故也可以说是耻、赏、罚。命、福、祸与耻、赏、罚两两相对，耻对应命，赏对应福，罚对应祸，《常训》称六极为“命、耻，福、赏，祸、罚”，就是取这种对应结构。具体而言，天命令民遵从德，明王亦用天命教导民众，这样民众便有了耻；民遵从德，天会降下福，明王亦给予奖赏；民不遵从德，天会降下祸，明王亦给予惩罚。六极之中，实际包括三个方面，其目的则是一致的，都是教导民众要遵从德。民众如果知道了六极，自然会遵从德；如果不知道，当然就不会践行。

不过六极虽然是神道设教的基本内容，但在实际运作中亦不可过度。过度降命，民众就会懈怠，懈怠就会废弃天命，废弃天命就会想着取代君上，甚至犯上作乱（“极命则民堕乏，民堕则旷命，旷命以代其上，则殆于乱”）。过度降福，民众就会贪婪，贪婪就会不做善事，不做善事则善就无法实现（“极福则民禄，民禄则干［注：犯］善，干善则不行”）。过度降祸，民众就会畏惧，畏惧就会频繁祭祀，频繁祭祀就会损害家业（“极祸则民畏，民畏则淫祭，淫祭则罢家”）。同样地，过度地羞耻，对民众会造成伤害，遭到伤害就会去伤害别人，而伤害别人是不符合义的（“极耻则民疻［注：伤害］，民疻则伤人，伤人则不义”）。过度赏赐，民众就会与君上讨价还价，讨价还价就不会礼让，没有礼让就不会顺从（“极赏则民贾其上，贾其上则民无让，无让则不顺”）。过度惩罚，民众就会变得非常狡诈，非常狡诈就不会有忠诚，没有忠诚就不会回报君上（“极罚则民多诈，多诈则不忠，不忠则无报”）。“凡此六者，政之殆也。”

为了避免六极过度的危害，就要删繁就简，突出六极的核心内容。

> 天故昭命以命之，曰：大命世罚，小命命身①。福莫大于行义，祸莫大于淫祭，耻莫大于伤人，赏莫大于让②，罚莫大于多诈。是故明王奉此六者，以牧万民，民用而不失。

“天故昭命以命之”，《逸周书·命训》作“明王是故昭命以命之”，因下文谈到“是故明王奉此六者”，故当以“天”为是。是天降命，明王据天命教化、治理民众。“大命世罚，小命命身”是说，大命世代发挥作用，小命仅作用其身，意为“命司德，正之以祸福”的天命永远有效，而个人的运命只限于其一生。另外，天降福主要针对的是行义，降祸主要针对的是淫祭，也就是过度或不合礼义的祭祀，耻主要是做到不伤人，赏主要针对礼让，罚主要针对多诈。明王根据此原则教化、治理民众，就可以突出重点，抓住根本，避免以上六种弊端。需要注意的是，作为人道的耻、赏、罚虽然是由明王来执行，但其基本规定仍然是来自天，人道来自天道，实际也就是神道设教。

三、孔荀之间儒学的发展

清华简《命训》的发现以及《逸周书》三《训》受到关注，为了解子夏西河学派提供了重要材料，在学界关于孔孟之间的讨论之后，又使得利用新材料探讨孔荀之间儒学的发展成为可能。这对于纠正以往对于早期儒学简单、片面化的理解，无疑具有重要意义。从三《训》的内容看，天人关系仍是其思想的核心，不论是礼法论、人性论，还是天命论，都是以天作为立论的根据，表明其仍是延续孔子“天生德于予”的思想继续探讨，不过与思孟不同的是，三《训》不是将天内在于人的性，不是主张“天命之谓性”，而是以天为立法者，

① 《逸周书·命训》作“小命罚身”。

② 《逸周书·命训》作“赏莫大于信义”。

天不仅颁布法度，而且根据人的行为降下福祸，不是为儒家仁学而是为儒家礼学奠定形上根据，天与人是一种外在超越而不是内在超越的关系，且表现出神道设教的色彩。出现这种情况不是偶然的，我们知道，人类古代文明都是建立在超验信仰的基础之上，其文化价值是通过外在超越者确立的。“一些主要文明的兴存都有一种深刻的超验感，不管人们是否相信神灵、命运或某种哲学体系，总有一些神秘的、超越一般经验的存在，它提供了日常生活的背景，也提供了道德价值观和决策的基础。”① 在中国文化中，这种超验的信仰就是天。虽然从殷人到周人经历了从自然宗教到伦理宗教的发展，但以帝、天为外在超越者，认为其不仅令风、令雨，主宰天时，还颁布旨意，并根据人们的表现降下福祸则是一致的。只不过周人突出了德的重要性，提出以德配天，认为受命的关键在于德。这里的德是外在的，指遵从“天佑下民”“天矜下民”之意志的德行、行为。春秋以降，随着理性的觉醒，人本主义开始崛起，出现了“民，神之主”（《左传・桓公六年》）的主张。但天或者神的地位并没有被否定，“礼以顺天”（《左传・文公十五年》）依然是人们的普遍共识，而“诸侯用币于社，伐鼓于朝，以昭事神，训民事君，示有等威，古之道也”（《左传・文公十五年》），依然是各国神道设教的基本形态。只不过在天人关系中，开始偏向人的一面，试图通过人来理解天，天不仅没有被否定，反而成为人们关注和思考的焦点，“思知人，不可以不知天”（《礼记・中庸》）依然是天人关系的基本原则。之所以如此，主要是因为天作为外在超越者，汇聚了好生乐施、诚信爱民、公正无私、秩序森严等诸多价值，这既可以说是天德、神性的显现，也可以说是人借助天以表达自己的理性思考和价值诉求。如刘家和先生所言，“人本思想不等于无神论（Atheism），它并不要求人们在思想上排除对于神的信仰，而只要求人们在处理人神或天人关系时以人为本。在古代中国、希腊以及近代西方文艺复兴时期，人本思想都很盛行，而那时的人本思想都未曾排斥对于神的信仰”②。所以孔子虽然关注人，但并不否定天，他称“获罪于天，无所祷也”（《论语・八

---

① ［美］阿尔伯特・甘霖著，赵中辉译：《基督教与西方文化》，北京：北京大学出版社 2005 年，第 6 页。

② 刘家和：《〈左传〉中的人本思想与民本思想》，《历史研究》1995 年第 6 期。

佾》），又说“予所否者，天厌之！天厌之！”（《论语·雍也》）甚至主张君子要“畏天命”（《论语·季氏》），就是因为孔子信奉的天有意志、有目的，可以垂则立范，降福降祸。所以从古代天人关系的发展来看，外在超越比内在超越更为根本，更为古老，孔子之后虽然出现了内在超越的思想，如“性自命出，命自天降”（《性自命出》）“天命之谓性”（《礼记·中庸》）等，但外在超越依然在发挥作用，并与神道设教联系在一起，只是由于种种原因，我们以前对其有所忽略，未有重视而已。据上博简《鲁邦大旱》：

> 鲁邦大旱，哀公谓孔子：“子不为我图之？”孔子答曰：“邦大旱，毋乃失诸刑与德乎？唯正刑与德。”1 哀公曰：“庶民以我不以说之事鬼也，若之何哉？”孔子曰：“庶民知说（注：祭祀名）之事鬼也，不知刑与德。如毋爱圭璧币帛于山川，正刑与德以事天，□□□□□□□□□□□□□（注：此处缺数字，大意是说，如此则大旱可止）。”孔子 2 出，遇子贡，曰：“赐，尔闻巷路之言，毋乃谓丘之答非欤？”子贡曰：“否。抑吾子如重命其欤！若夫正刑与德，以事上天，此是哉！若夫毋爱圭璧 3 币帛于山川，毋乃不可？……4……（略）”孔子曰：“乌乎！□□□□□□□□□□□□□□□□□□□□（注：此处缺数字，大意是说，如果爱惜圭璧币帛，不说事鬼神），王 5 公岂不饱粱食肉哉？抑无如庶民何？”6①

鲁国发生大旱，哀公向孔子请教。孔子认为鲁国发生旱灾，根本原因在于政教有失，并提出以币帛祭祀山川鬼神、正刑与德以事天的措施。子贡则认为

① 马承源：《上海博物馆藏战国楚竹书（二）》，上海：上海古籍出版社 2002 年，第 204—210 页。《鲁邦大旱》第一、二、五简残缺半只，比照三、四简，每简约缺 20 字左右。现根据文意并参考廖名春先生的意见，对缺文做出补充，以便于理解和讨论。参见廖名春《上博藏楚简〈鲁邦大旱〉校补》，《古籍整理研究学刊》2004 年第 1 期。

正刑与德是必要的，而祭祀山川鬼神则大可不必。第五简有残缺，但从文意看，孔子应是说如果君主、王公如果不祭祀鬼神，岂不是素位尸餐，对民众的疾苦无动于衷？盖民众相信祭祀鬼神可以降雨消灾，故王公当尽此职责与义务，以满足民众的需要。值得注意的是，孔子、子贡虽然在是否祭祀山川鬼神上存在分歧，但都认为天降灾害与失诸刑、德有关，实际是承认天有意志，给人间颁布政令、法度，并根据其行为降福、降祸。这里的“刑”相当于《命训》的“斧钺”，“德”略近于《命训》的“绋冕”，在肯定神道设教上，二者的观点是一致的。虽然《鲁邦大旱》中的“孔子曰”是否代表孔子的思想，学界还存在不同看法①，但若说此篇的发现，表明神道设教仍在孔门后学中有较大影响，《鲁邦大旱》与《逸周书》三《训》均是这一派思想的反映，无疑是可以成立的。

不过从三《训》的内容来看，其虽然重视天，以天为礼法的形上根据，但同时也关注人，对人性做了深入探讨，故明王制定礼法，不仅要遵从天的规则、法度，也包含了对民性的认识和考察，因而表现出一定的理性自觉。以后随着理性的进一步觉醒和人文主义的发展，儒家在天人关系上越来越偏向于人，神学天也逐步发展为道德天或义理天，如荀子所说的天政、天德等，但以天为超越的价值源头则是始终存在的，儒家推崇的礼法也具有天与人两个来源，是既来自天，也来自人。从这一点看，在礼的形上根源上，从三《训》到荀子虽经历了明显的变化，但依然存在着联系，都承认天是礼的形上根据。以往学术界认为，在荀子那里，礼义只是圣人的制作，与天无关，是不正确的。荀子的天不仅是自然天，也是本体天，是有价值内涵的。荀子固然说过，“天行有常，不为尧存，不为桀亡”（《荀子·天论》），天的运行是客观、无意志的，不会直接影响到人间的治乱。但在提出自然天之后，荀子又接着追问，天地为什么呈现

① 廖名春、杨朝明认为《鲁邦大旱》反映了孔子的思想，并考证了孔子与鲁哀公对话的具体或大致时间（参见廖名春《试论楚简〈鲁邦大旱〉的内容与思想》，《孔子研究》2004 年第 1 期。杨朝明：《上博竹书〈鲁邦大旱〉管见》，《东岳论丛》2002 年 5 期）。李桂民则认为《鲁邦大旱》反映的是荀子后学的思想（参见李桂民《上博简〈鲁邦大旱〉的史实背景和思想特点新论》，《聊城大学学报》2007 年第 2 期）。

出和谐、有序的运行呢？荀子认为这仍是天的作用。“皆知其所以成，莫知其无形，夫是之谓天。唯圣人为不求知天。”（同上）这个使万物得以生成，而自己却无形的天，显然不是经验性的自然天，而是形上的本体天。自然之天是有形、可以认知的，如“列星随旋，日月递照，四时代御，阴阳大化”之类，而本体天则是无形的，超出了人的认知能力，故说“不求知天”。本体天虽然不是认知的对象，但却是人间价值的根据和来源，它不仅赋予了人天君与天官，还颁布天政，天政乃人间政治的形上根据，是礼法的价值原则。在荀子这里，礼义法度依然有超越的价值源头，这就是天。只不过荀子的天已不是有意志、有目的的神学天，而是转化为形上的道德天或义理天①。三《训》认为，民众接受明王的教化，践行天所颁布的法度，就可以做到“鸟兽仁德”“百物行治”（《度训》）。而在荀子这里，由于礼义“与天地同理”，是圣人体察到天地之理而制作，所以践行礼义就可以“通于神明，参于天地矣”（《儒效》），实现外在的超越。

如果说在礼法的天道来源上，从三《训》到荀子主要是一种发展的话，那么在礼法的人性根据上，则更多是一种继承关系。虽然《度训》强调，明王制定礼法是遵从天所颁布的法度，但同时也是对民性认识、考察的结果，对后者的关注甚至超过前者。在其看来，民性有好、有恶，好生恶死，好利恶害，为满足好恶而不知相让，最终必然陷入争夺、混乱。所以明王要制定礼法，建构秩序，引导民众走出混乱而相互救助，礼法源于民性又规范民性，是明王为消除由民性导致的混乱、争夺而制作的。不难看出，这一思想直接影响到荀子，荀子的礼论正是对三《训》的继承。“人生而有欲，欲而不得，则不能无求；求而无度量分界，则不能不争；争则乱，乱则穷。先王恶其乱也，故制礼义以分之，以养人之欲，给人之求。”（《荀子·礼论》）礼是为了消除因欲望导致的混乱、争夺而制定的，与《度训》显然是一致的，而荀子强调礼不仅限制欲望，同时还满足欲望，认为“礼者，养也”，与《度训》主张明王的“极等以断好

① 荀子的天政包括：（1）生养原则。（2）差异原则。（3）和顺或和谐原则。礼就是先王认识、发现到以上法则，并根据这些法则制定出来的。参见拙文《“天生人成”与政治形上学——荀子天论发微》，《中国哲学史》2021年第5期。

恶”，使得民众得以“任壮养老，长幼有报”也是相同的。《度训》认为礼是社会和谐、有序的关键，而荀子也反复强调圣王、礼义对于维系社会秩序的作用。“人之生固小人，又以遇乱世，得乱俗，是以小重小也，以乱得乱也。君子非得埶以临之，则无由得开内焉。”（《荀子·荣辱》）“今当试（注：尝试）去君上之埶，无礼义之化，去法正之治，无刑罚之禁，倚而观天下民人之相与也，若是，则夫强者害弱而夺之，众者暴寡而哗之，天下之悖乱而相亡不待顷矣。”（《荀子·性恶》）荀子的礼法论明显受到三《训》的影响，而又有所发展。

与之相应，在人性问题上，荀子延续了三《训》自然人性论，而与思孟的道德人性论有所不同。《度训》以好恶理解民性，认为“生物是好，死物是恶”，突出、强调的是情感欲望。而荀子也多从情欲来理解人性，认为“人之所欲，生甚矣；人之所恶，死甚矣”（《荀子·正名》）。“人之情，食欲有刍豢，衣欲有文绣，行欲有舆马，又欲夫余财蓄积之富也，然而穷年累世不知不足，是人之情也。”（《荀子·荣辱》）“夫人之情，目欲綦色，耳欲綦声，口欲綦味，鼻欲綦臭，心欲綦佚。此五綦者，人情之所必不免也。”（《荀子·王霸》）在以情言性上，荀子显然受到《度训》的影响而又有所深化和发展。不过《度训》虽然以好恶言性，但从“无礼，虽得所好，民乐乎？若不乐乃所恶也”的表述来看，似乎认为民众不仅有对物质利益的好，也有对礼义秩序的好；不仅有对情欲得不到满足的恶，也有对社会失序的恶，这样其好恶就不限于情感欲望，还包含一定的道德意识，是道德上的好①，这在子夏的思想中也有所反映。据《韩非子·喻老》：

> 子夏见曾子。曾子曰：“何肥也?”对曰：“战胜，故肥也。”曾子曰：“何谓也?”子夏曰：“吾入见先王之义则荣之，出见富贵之乐又荣之，两者战于胸中，未知胜负，故臞（注：消瘦）。今先王之义胜，故肥。”是以志之难也，不在胜人，在自胜也。故曰：“自胜之谓强。”（又见《淮南子·精

---

① 《荀子·强国》：“人之所恶何也？曰：污漫、争夺、贪利是也。人之所好者何也？曰：礼义、辞让、忠信是也。”明确肯定好恶具有道德含义。

神训》）

子夏既“荣”先王之义，又“荣”富贵之乐，表明其内心实际有两种好，只是对两种好的关系尚没有做出区分和说明。荀子则提出，“义与利者，人之所两有也。虽尧、舜不能去民之欲利，然而能使其欲利不克其好义也。虽桀、纣不能去民之好义，然而能使其好义不胜其欲利也”（《荀子·大略》）。人既有好义的一面，也有好利的一面，前者属于心的能力，“体恭敬而心忠信”（《荀子·修身》），后者属于性的内容，“今人之性生而有好利焉”（《荀子·性恶》），故荀子所理解的性包括情性和知性，后者实际属于心的能力，可以好善、知善、行善，进而提出性恶心善说①，以心、性分别代表向上提升与向下坠失的两种力量，既解释了恶为何产生，也说明了善何以可能，不仅将《度训》中蕴含的思想明确化了，对儒家人性论也是一个发展。

在对民性的教化、培养上，荀子也受到三《训》的影响。《常训》提出“顺（注：训）在可变，性在不改”，认为性既可变，又不改，但对何者可变、何者不改尚未做出明确说明。荀子则提出“性也者，吾所不能为也，然而可化也”（《荀子·儒效》），并提出“状变而实无别而为异者谓之化”（《荀子·正名》）的定义，认为“化”是“实无别”的非本质的变化。与之相对，“为”应该是“实有别”的本质改变。这样荀子就通过“化”与“为”一对概念说明，性虽然不能从本质上改变它，但可以变化、塑造它，也就是“虽尧、舜不能去民之欲利，然而能使其欲利不克其好义也”，既避免了极端化的禁欲，又为教化提供了根据。只不过三《训》只论及明王、民主对民众的教化，还没有意识到民众也有向善的内在动力，只谈到性而未论及心。荀子由于提出性恶心善说，故从心的角度肯定人有自主、能动性。“心者，形之君也，而神明之主也。出令而无所受令，自禁也，自使也，自夺也，自取也，自行也，自止也。”（《荀子·解蔽》）“心之所可中理，则欲虽多，奚伤于治！欲不及而动过之，心使之也。”（《荀子·正名》）就人性平等，人人皆有心而言，可以说荀子承认人皆有内在

① 参见拙文《荀子人性论辨正——论荀子的性恶、心善说》，《哲学研究》2015 年第 5 期。

向善的动力。但回到政治实践中，荀子还是认为圣人与凡人存在根本的差异，民众只能接受圣人的教化而不可能自己为善。在圣凡差异说上，荀子与三《训》依然存在内在联系。①

由于从神学天转化为本体天、义理天，故荀子的思想与三《训》也存在一定差异。如果说荀子的礼法论、人性论对于三《训》主要是继承的话，那么在天命论上则更多是发展和变化，对于神道设教也存在不同的看法。三《训》由于信奉神学天，故认为天不仅降下法度，还根据人们的行为降下祸福。荀子虽然认为在自然天之上，还存在更为根本的本体天，以天政为礼的形上根据，但否认天有意志，更不相信天会降下祸福，影响人间的治乱，而是提出一种命运天，将人的穷达祸福归之于人力无法控制的外部力量或者是机遇、巧合等，以此说明人之运命的不同。如果将《命训》《鲁邦大旱》与荀子做一比较的话，不难发现二者的差异与不同，《命训》相信天可以赏善罚恶，但又主张“道天莫如无极”，言说天时不必称其赏罚皆恰当、公正，既要求民众敬天、祭天，又主张不必拘泥于赏罚的结果，反映了面对“善者不得赏，恶者不得罚”的矛盾心理。《鲁邦大旱》的“孔子”、子贡虽然承认天有意志，存在天人感应，但前者主张祭祀神灵，后者则认为大可不必，应该也是这种矛盾心理的反映。荀子虽然主张天人之分，否定天有意志，但不完全否定神道设教的合理性，而是主张“君子以为文，而百姓以为神”（《天论》），在“文”的意义上，祭神仍是必要的，将理性自觉与神道设教的矛盾和对立推到了极致。

综上所论，清华简《命训》的发现与《逸周书》三《训》重获关注，填补了孔子到荀子之间的空白，使我们在思孟学派的研究之后，得以探讨和研究儒家主外派思想的发展，对于早期儒学有了更全面的认识和了解。由于《逸周书》编订于子夏学派，故子夏在孔子到荀子的儒学发展中占有重要地位。又因为荀子推崇子弓，故子弓是这一派承上启下的人物。关于子弓，传统上有仲弓与馯臂子弓的不同说法。仲弓名冉雍，曾为季氏宰，孔子称其“可使南面”（《论

---

① 关于荀子“人性平等说”与“圣凡差异说”的矛盾，参见拙文《〈荀子·性恶〉篇“伪”的多重含义及特殊表达——兼论荀子“人性平等说”与“圣凡差异说”的矛盾》，《中国哲学史》2019年第6期。

语·雍也》）。上博简《仲弓》公布后，仲弓的身份、地位引起人们的关注，一些学者重提子弓即仲弓之说。① 但此说最大的问题是，子弓何以又称仲弓？清人俞樾等称“仲弓称子弓，犹季路称子路耳”②，但正如郭沫若所说，“这个例实在不好援用。因为仲尼不见称子尼，伯鱼不见称子鱼，而子思亦不见称季思，则子路仅亦字季路而已”③。一些学者否认子弓为馯臂子弓，主要是因为后者没有特殊的事迹，但这也可能是文献阙遗的缘故。而且据记载，“子弓，子夏门人”④。仲弓与子夏同为孔子第一代弟子，二人不可能有师生关系。据《仲尼弟子列传》：“孔子传《易》于瞿，瞿传楚人馯臂子弘。”《汉书·儒林传》则说：“自鲁商瞿子木受《易》孔子，以授鲁桥庇子庸，子庸授江东馯臂子弓。”商瞿为孔子第一代弟子，则馯臂子弓当为第二或第三代弟子，成为子夏门人的只可能是他。据学者研究，子夏（卜商）可能是太卜之后，其祖先是从事巫卜职业者，故子夏对《易》非常熟悉，并将孔门《易》学传到魏国⑤，而馯臂子弓是传《易》的关键人物，荀子对《易》也十分重视，故荀子推崇馯臂子弓是十分可能的⑥。子夏、子弓一派对祭祀、占卜比较重视，其思想可能受到《周易》经传“神道设教”（《观卦》彖传）“顺天休命”（《大有卦》象传）的影响，视天为最高主宰，不仅颁布法度，还降下祸福，并且从外在超越的角度对儒家的礼法论、人性论以及天命论做出探讨。由于从三《训》到荀子经历了从神学天到义理天的转变，故荀子的天命论较之三《训》有了较大的变化，不再承认天有意志、会影响到人间治乱，但又在神道设教的意义上承认祭祀的合理性。或许是由于这个原因，荀子对信奉神学天的子夏有所不满，批评其“是子夏氏之贱儒也”

---

① 宋立林：《仲弓之儒的思想特征及学术史地位》，《现代哲学》2012 年第 3 期。

② ［清］俞樾：《诸子平议》，上海：上海书店 1988 年，第 233 页。

③ 郭沫若：《十批判书·儒家八派的批判》，《郭沫若全集·历史编》第 2 册，北京：人民出版社 1982 年，第 151 页。

④ ［汉］司马迁：《史记·仲尼弟子列传》，张守节《正义》引应劭云，北京：中华书局 1963 年，第 7 册，第 2211 页。

⑤ 孔祥骅：《子夏与〈周易〉的传授》，《华东师范大学学报》1998 年第 3 期。

⑥ 林桂臻：《子弓非孔子弟子仲弓考——兼谈弓荀派与思孟派的思想分歧》，《孔子学刊》第 1 辑，上海古籍出版社 2010 年，第 153—160 页。

（《荀子·非十二子》）①。所以与思孟学派有所不同，子夏、荀子并不构成严格意义上的学派，学术史上也不存在一个夏荀学派，从子夏到荀子更多是一种批判继承的关系，思想上则表现为从重天道到重人道的变化，虽然荀子的天命论与出自子夏学派的三《训》有较大差别，但其礼法论、人性论均受到三《训》的影响，在关注制度、礼义的建构上，二者也是一致的，代表了儒家的外王学，构成先秦儒学的一个重要内容。只不过由于受韩愈、朱熹道统说的影响，学界往往只关注到曾子—子思—孟子一系，而忽略了在当时影响更大的子夏—子弓—荀子一系，这不能不说是一个遗憾。而只有对两派都做了深入研究，才可以对先秦儒学有一个整全的了解和把握，进而“合外内之道”，建构起完整的儒学思想谱系。

① 《荀子·非十二子》：“正其衣冠，齐其颜色，嗛然而终日不言，是子夏氏之贱儒也。”“正衣冠”“齐颜色”“终日不言”应与祭祀活动有关，是子夏一派的宗教实践，但在具有人文精神，主张“君子以为文”的荀子眼里，则不可接受，故矛头所向，予以抨击。

隋唐佛学思想研究

《涅槃经集解》中的道生“《关中疏》”*

张文良**

（中国人民大学　哲学院，北京　100872）

摘要：《关中疏》是东晋竺道生对于《涅槃经》的注释书，也是中国佛教思想家关于《涅槃经》最早的注释书之一。此书已经亡佚，所幸在《涅槃经集解》中辑录了关于此书的诸多内容。根据《涅槃经集解》的相关内容，可以大体还原《关中疏》的涅槃观、佛性观、顿悟观等，从而把握竺道生佛教思想的纲要，并了解南北朝初期“涅槃学”的基本面貌。

关键词：道生；《关中疏》；《涅槃经集解》

道生（355—434年）是中国佛教思想史上占有重要地位的思想家，特别是在《涅槃经》传播史和《涅槃经》注释史上占有特殊地位。唐道暹《大般涅槃经玄义文句》还曾提到道生曾为《涅槃经》做疏，后世称之为“关中疏”①。此疏可以说是中国僧人对于《涅槃经》最早的注释书之一，是一部开创性著作，

---

* 本论文为教育部人文社科重点研究基地重大课题“南北朝《涅槃经》注释书的综合研究”（19JJD730005）的部分成果。

** 张文良，中国人民大学哲学院教授，博士生导师，佛教与宗教学理论研究所研究员。主要研究领域为中国佛教、日本佛教。

① 道暹《大般涅槃经玄义文句》卷下：“宋主惊叹，发使迎生。旋至都城，披经本，略叙疏义，五十余纸。其义宏深，其文精邃，唯释盘根错节难解之文，于此经大宗，开奥藏。自后讲者，称为《关中疏》。”《续藏经》第36册，第40页中。

但由于此疏已经失传，所以我们无由了解其整体面目。所幸《涅槃经集解》一书中收录了道生对《涅槃经》的260条注释，这些注释，据学界判断出自《关中疏》[①]。所以我们虽然不能把握道生《涅槃经》注释的全貌，但仍然可以透过《涅槃经集解》而一窥道生《涅槃经》注释的理论特色。

在整个南北朝时期，《涅槃经》可以说是最受重视的一部大乘经典，当时的一流佛教思想家几乎都研习过《涅槃经》，而讲说和注释《涅槃经》成为当时的思想家表达自己佛学思想的重要途径。从这个意义上说，《涅槃经》注释书是南北朝佛教思想史建构的最重要途径之一。道生的《关中疏》作为《涅槃经》最早的注释书之一，对我们理解中国涅槃思想家的诠释特色，以及把握整个南北朝佛教思想史的特质和走向都具有重要的文献学和思想史价值。

一、关于《关中疏》的撰述背景

在五世纪上半叶初，中国佛教有三个重要弘法中心，即前期由鸠摩罗什（343—413年）住锡的长安草堂寺、庐山慧远（334—416年）住锡的庐山东林寺，以及后期道生住锡的建康龙光寺和慧观（371—441年）[②] 的道场寺。

鸠摩罗什与弟子在弘始三年（401年）至十一年（409年）年间，译出《大品般若》《法华经》《维摩诘经》《阿弥陀经》等经和《中论》《百论》《十二门论》《大智度论》《成实论》等论，将印度佛教的中观学派系统地介绍到中国，并经由其门下如僧肇（384—414年）等的阐扬而使大乘空宗的般若教义被中国佛教界所熟知，极大地深化了中国人对万物本体的哲学思考。而庐山慧远系一代名僧道安的弟子，在道安座下研习《放光般若》等，除了擅长般若学，还精

---

① 关于《涅槃经集解》中的道生注文，有日本学者布施浩岳和菅野博史的研究。布施浩岳集中讨论了道生的佛性说，而菅野博史则集中讨论了道生对“理”范畴的关注。参见布施浩岳《涅槃宗之研究》后编，国书刊行会1973年，第87—95页。菅野博史：《南北朝隋代中国佛教思想研究》，东京：大藏出版社2012年，第431—442页。

② 关于慧观的生卒年月，《高僧传》仅言其卒于东晋元嘉年间，卒年七十一岁。汤用彤推测生年为371年。参见汤用彤《汉魏两晋南北朝佛教史》上册，北京：昆仑出版社2006年，第277页。

于阿毗昙、戒律、禅法等。慧远为避战乱而南下，公元 381 年之后在庐山龙泉寺、东林寺等地集众讲法，遂使庐山成为另一个中国佛教的中心。庐山慧远和鸠摩罗什之间还通过书信往来探讨大乘教理，这些内容汇编成《大乘大义章》三卷。无论是鸠摩罗什和还是庐山慧远，其佛学思想的核心都是大乘中观学说，即阐发万法皆空之理。

但在鸠摩罗什和庐山慧远先后示寂之后，中国佛教在思想上发生了一次显著的转向，即由宣扬万法皆空的般若学转向宣扬一切众生皆有佛性的涅槃学。发生这次思想转向的一个重要契机是宣扬佛性说的《涅槃经》的传入。东晋义熙十四年（418 年），觉贤和宝云合作，将法显（334—420 年）从印度带回的六卷《泥洹经》翻译成汉文，这标志着《涅槃经》正式进入中国佛教的系统。实际上，法显于公元 413 年从印度回到山东青州之后是准备到长安的，但在听说鸠摩罗什示寂而觉贤在建康之后，携带梵文经本到了建康，委托觉贤翻译《泥洹经》。这是一个标志性的事件，它标志着当时佛教的传播和研习中心从长安和庐山转移到了建康。与其相伴随的，则是《涅槃经》研习风潮的兴起和涅槃学的流行。

在中国佛教思想发展史上影响巨大的这次思想转向中，道生是处于中心地位的人物之一。如上所述，在鸠摩罗什僧团和庐山慧远僧团之间存在着密切的思想交流，与此同时，两个僧团之间也存在着人员交流。道生原本是庐山慧远的弟子，与慧睿等被称为莲社十八贤之一。但在鸠摩罗什到达长安之后（401 年），道生等庐山慧远的弟子陆续前往长安投奔鸠摩罗什。鸠摩罗什虽然以传播般若学为中心，但对涅槃学并不排斥。实际上，我们在《大乘大义章》中可以看到庐山慧远与鸠摩罗什之间关于“法身”问题的讨论，据其弟子慧睿《疑喻》的说法，鸠摩罗什曾把《般若经》《法华经》《涅槃经》视为“大化三门”①。可见，鸠摩罗什对《涅槃经》评价很高。在鸠摩罗什示寂之后，道生等转向涅槃学并不是突如其来，而是有迹可循的。

---

① 慧睿《疑喻》：“此三经者，如什公所言，是大化三门，无极真体，皆有神验。”《出三藏记集》卷下之五，《大正藏》第 55 册，第 42 页上。

在鸠摩罗什故去之后，道生离开长安到建康，得到南方佛教界和刘宋皇室的推崇，在青园寺弘法。据《出三藏记集》卷十“道生法师传”记载，在六卷《泥洹经》传到建康，道生在研究此经的佛性说时，大胆地提出一阐提也能成佛。由于六卷《泥洹经》主张一阐提没有佛性、不能成佛，道生之说直接与经典的说法相矛盾，故遭到建康僧团的攻击，认为他背离经典，宣传邪说，因而被逐出建康。等到四十卷《涅槃经》在宋元嘉七年（430 年）末传到建康，其中果然有阐提成佛的说法，道生一时声誉鹊起。

据道宣《大唐内典录》卷四和卷十的记载，道生曾著《善不受报论》《顿悟成佛论》《佛无净土论》《应有缘论》《佛性当有论》《法身无色论》《二谛论》等。也就是说，在大本《涅槃经》传到建康之前，道生就根据自己对《涅槃经》的独特理解，对佛性、法身、顿悟等问题进行了深入的思考。而且，在方法论上，道生反对拘泥于经典的文字，而主张得意忘言、忘筌取鱼，即从佛教的根本宗旨出发理解经典的内涵。正因为有这样的方法论自觉，道生才能够孤明先发，提出一阐提也能成佛的见解。另外，值得注意的是，得到庐山慧远的许可而离开庐山赴长安跟从鸠摩罗什学习的道生、慧观、慧严、慧睿等四人，在鸠摩罗什去世后都到了建康，而且不约而同地转向涅槃学，成为弘扬《涅槃经》的中心人物。这一方面方面说明涅槃学已经成为当时佛教的主流，代表了时代的风尚，任何关注佛教动向者都不能置身事外；另一方面，也说明这些人在庐山慧远和鸠摩罗什处所学的般若学不仅不是他们接受涅槃学的障碍，相反，这种般若学的研习成为他们创造性地诠释《涅槃经》的重要理论积淀和理论准备。

道生被迫离开建康后，先是到苏州虎丘山聚众说法，据说有五十余硕学名僧跟从道生到虎丘山。宋元嘉七年（430 年），道生回到庐山，在此讲习《涅槃经》①。是年，在北凉由昙无谶翻译的四十卷《涅槃经》传到建康，由于其中有阐提成佛之说，道生得到“平反”。宋文帝派遣使者迎请道生回到建康，并撰写

① 《高僧传》卷 7 “竺道生传”：“生既获斯经，寻即讲说，以宋元嘉十一年冬十一月庚子，于庐山精舍，升于法座，神色开朗，德音俊发，论议数番，穷理尽妙。观听之众，莫不悟悦。”《大正藏》第 50 册，第 367 页上。

《涅槃经义疏》①。这就是后世所说的“《关中疏》”。

这里需要说明的是，在南朝流传的《涅槃经》有北本（四十卷）和南本（三十六卷）之别。北本即由北凉传入的昙无谶译本，此本传入南朝之后，在东安寺慧严、道场寺慧观和谢灵运（385—433 年）的主持下，对其进行了再治，经过重新编排，形成三十六卷本。一般认为南本约完成于元嘉十三年（436 年），而道生则于元嘉十一年（434 年）去世，可见，道生的《涅槃经义疏》应该是针对北本《涅槃经》的注疏。

根据僧佑《出三藏记集》的说法，道生曾撰写《维摩经》《法华经》《泥洹经》《小品般若经》等义疏②。这里的《泥洹经义疏》，仅从书名看，似乎是对六卷《泥洹经》所作的义疏③。由于道生曾针对《泥洹经》而宣扬一阐提亦能成佛，说明道生曾对《泥洹经》做过深入研究。曾在当时引起很大纷争的阐提成佛说或许就出自《泥洹经义疏》。但《涅槃经集解》中所辑录的《涅槃经义疏》是道生关于四十卷《涅槃经》的注疏。因为六卷《泥洹经》的内容只相当于四十卷《涅槃经》“大众所问品第五”之前的内容，而《集解》中出现的道生《义疏》的内容则涉及对四十卷《涅槃经》“师子吼品第十一（南本第二十三）”的注释。所以，它不可能是《泥洹经义疏》的内容。也就是说，即使曾经存在《泥洹经义疏》，也早已散佚，我们无由窥其面目。

《涅槃经集解》中辑录的道生的资料，除了道生《涅槃经义疏》的序言，还包括在“随文解释”部分提到的道生的注释。《涅槃经》各品注释中出现的道生

---

① 道暹《大般涅槃经玄义文句》卷下：“已逢大经从彼北凉流入，咸奏幸得见闻，如贫获宝，遂罄衣钵，缮写此经，赍往江东，志在传化。宋朝道俗，众共被寻，乃云众生悉有佛性，咸叹生公妙释幽旨，善会圆宗。即以表陈，请生通锡。宋主惊叹，发使迎生。旋至都城，披经本，略叙疏义，五十余纸。其义宏深，其文精邃，唯释盘根错节难解之文，于此经大宗，开奥藏。自后讲者，称为《关中疏》。”《续藏经》第 36 册，第 40 页上—中。

② 《出三藏记集》下卷“道生传”：“关中沙门僧肇。始注维摩世咸玩味。及生更发深旨显畅新异。讲学之匠咸共宪章其所述。维摩法华泥洹小品诸经义疏。世皆宝焉。”《大正藏》第 55 册，第 111 页中。

③ 汤用彤在《汉魏两晋南北朝佛教史》中亦云“此当为六卷本疏。考虑到《涅槃经集解》中收录了道生之言，生公别有大本注疏。”

注的分布如下（括号内为出现频次）：1. 寿命品（97）。2. 金刚身品（1）。3. 名字功德品（0）。4. 如来性品（61）。5. 一切大众所问品（0）。6. 现病品（0）。7. 圣行品（23）。8. 梵行品（0）。9. 婴儿行品（0）。10. 光明遍照高贵德王菩萨品（33）。11. 师子吼菩萨品（45）。12. 迦叶菩萨品（0）。13. 桥陈如品（0）。《涅槃经》“寿命品”讲佛陀的法身寿命无量，是不生不灭的存在，而“如来性品”则讲佛性问题。《集解》的编者在这两部分的注释中选用道生的注释最多，显示出编者对道生关于法身和佛性的见解比较重视。

二、关于“涅槃”的诠释

“涅槃”，是梵文 Nirvana 的音译，原意为火的熄灭、止灭或吹灭之意。早在佛陀出世前，印度就已经有了这个词汇，后来逐渐成为佛教用语，表达经过修行而灭除贪、嗔、痴等烦恼之火。在佛教的教义体系中，世间的凡俗众生都被这三毒之火烤灼，无刹那之安息。而修行者则能永断贪、嗔、痴等根本烦恼，超离生死，安住永恒快乐的境界。

由于《涅槃经》本身以“涅槃”为主题，所以《涅槃经》的注释者无例外地要对什么是“涅槃”做出说明。《集解》的编者特别设立了“释名”一节，将当时代表性的观点做了概述。其中，一种观点是从迷—悟关系入手，将涅槃理解为“无累”“解脱”。“累”是烦恼系缚之意，涅槃即修行者摆脱烦恼系缚而进入自在的境界，这种观点以昙纤、僧宗为代表；另一种观点则是从生死—自在的角度，将涅槃理解为“灭度”“无为”，即超脱生死，进入寂静安乐之彼岸。这种见解最早由僧肇提出，慧基、智藏、法云等也持类似的立场。值得注意的是，在“释名”段，《集解》的编者引用了道生的见解：

正名云灭，取其义训，自复多方。今此经明常，使伏其迷。其迷永伏，然后得悟。悟则众迷斯灭，以之归名，其唯常说乎。又菩萨住斯经者，则已伏灭诸累。虽未造极，便能示般泥洹。众示无妙泥洹，复以无不示为大也。更用兹称经，盖是重美尽善矣。①。

可见，道生主要是从迷—悟关系入手诠释涅槃，即伏灭一切烦恼（迷），获得觉悟，就意味着涅槃。从这个意义上说，涅槃可称之为“灭”。道生也把一切烦恼称为“诸累”，这与昙纤、僧宗以“无累”诠释涅槃有相通之处。但道生似乎没有从生死—自在的关系入手诠释涅槃，即不像僧肇那样以“灭度”“无为”来定义涅槃。

但道生没有停留在“灭无”的意义上理解涅槃，而是通过《涅槃经》的“涅槃”与其他经典中的“涅槃”义的比较，彰显大乘佛教“涅槃”的内涵。《涅槃经》中的“涅槃”从否定的意义上说是灭除一切烦恼，而从肯定的意义上说，则是“常住”，即佛法身的常住和佛性的不生不灭。也就是单纯的“灭无”不是“妙泥洹”，只有肯定“常住”的《涅槃经》的“涅槃”才是真正的“妙泥洹”。这也是为什么《涅槃经》中的“涅槃”称为“大涅槃”，而其他经典中的“涅槃”则不称为“大”。这是道生结合《涅槃经》的宗旨而对“涅槃”所做的诠释。

道生将“涅槃”理解为觉悟，那么，觉悟的内涵是什么呢?《集解》所引道生《关中疏》序的开头即云：“夫真理自然，悟亦冥符。真则无差，悟其容易”②。可见，在道生看来，觉悟的内涵是真理，而且，由于真理是自然而非人为的存在，所以，觉悟也是自然的；由于真理是无差别的，所以觉悟也是没有次第的。这种观点与道生所主张的“大顿悟”说是一脉相承的。由于觉悟的对象——真理是圆满无差别的，所以觉悟的过程不是分步骤、分阶段地进行，而是刹那间完成的。这里的“冥符”就表达了这种立场。

“真理”也称为“法性”。在诠释《涅槃经》长寿品之文“涅槃义者，即是诸佛之法性也”时，道生云：“法者，无复非法之义也；性者，真极无变之义也。即真而无变，岂有灭也”③。法性概念在佛教经典中有诸多内涵，在后来的

---

① 《涅槃经集解》卷1，《大正藏》第37册，第377页中。

② 《涅槃经集解》卷1，《大正藏》第37册，第377页中。

③ 《涅槃经集解》卷9，《大正藏》第37册，第419页下。

中国佛教天台宗和华严宗中，法性和佛性是一是二的问题曾是一个重要的理论问题。但在道生这里，“法性”与“真理”一样，是指万法不生不灭的本体，也是觉悟的对象或者就是觉悟本身。关于“理”与涅槃之间的关系，道生云“理无二实，而有二名。如其相有，不应设二”①。即虽然在名相上有“真理”和“涅槃”的区别，但实际上，二者是一体两面的关系。从客体的角度看，万法的本质被称为“真理”；而从主体的角度看，它就是悟得真理的境界。

“理”在中国传统思想中是一个重要概念，原本指木材或石头的纹理，后来引申为事务的规律、道理等。大约在魏晋时期，“理”具有了哲学的内涵，表达事相背后的实体、本质等。道生所讲的“真理”显然就是在这个意义上使用这一概念。只是与中国传统思想将其视为客观之“理”、外在之“理”不同，道生将其与主体的觉悟联系起来，具有了主体体验、主体境界的内涵。这可以说是“理”概念发展史上的一次重要的理论飞跃。

关于涅槃的内涵，后世的《涅槃经》注释家大多从法身、般若、解脱三个方面来说明，此即所谓“涅槃三德”说。其源头在《涅槃经》的“哀叹品”中关于“伊”字三点的譬喻②。关于这段经文，道生解释云：

> 夫照极自然，居宗在上。上不可并，故横必非矣。所除累近（尽）则解脱。于下无不应，兼则色身是俱，非先后故。纵亦非也。三无离理故，别之尤非。是以湛然弗差，犹如伊字。既云常矣，岂有今灭。今灭非实，色身则存也。一言蔽诸，伊字之喻也。③

《涅槃经》原文是表达解脱、法身、般若三者单独都不能称之为“涅槃”，三者相互联系、相互交涉才共同构成“涅槃”的内涵。“伊”字，最早在阿育王

---

① 《涅槃经集解》卷 32，《大正藏》第 37 册，第 487 页上。

② 《涅槃经》卷 2：“解脱之法，亦非涅槃；如来之身，亦非涅槃；摩诃般若，亦非涅槃；三法各异，亦非涅槃。我今安住如是三法，为众生故，名入涅槃，如世伊字。”《大正藏》第 12 册，第 616 页中。

③ 《大般涅槃经集解》卷 6，《大正藏》第 37 册，第 401 页下。

的石碑上作“∴”，《涅槃经》以此表达涅槃三德之间不即不离、相互照应的关系。

值得注意的是，“伊”字总共仅在三十六卷的《涅槃经》中出现了三次，甚至在专门讲述梵文字母的《涅槃经·文字品》中，“短伊”与“长伊”的解释也与三点以及涅槃三德毫无关系。可以说，将“伊”字与《涅槃经》的主题直接联系在一起是中国南北朝时期《涅槃经》注释家们的功劳。《涅槃经集解》中提到的南北朝时期的注释家中，僧亮、法瑶、昙济、僧宗、宝亮、智秀、法智、法安、昙准等皆以“伊字三点”所代表的涅槃三德概括《涅槃经》的主题。

但对于“涅槃三德”的诠释，道生的说法很有特点。虽然他也提到“伊”字三点，但它似乎主要不是指“涅槃三德”之间的关系，而是指“三德”各自的属性。如“不横”是指“般若”是超越的智慧，“居宗在上”，其他世间的智慧不能与之相提并论；“不纵”则是指“法身”与色身不一不二，非先非后。只有三点之间的“不别”才是指般若、解脱、法身皆以“理”为内涵，在本质上没有差别。从道生的独特解释中，我们可以看到中国注释家对“涅槃三德”和“伊字三点”诠释的早期形态。值得注意的是，道生也将“常”视为《涅槃经》的主题，而不是如僧亮等大多数注释家那样将“涅槃三德”视为《涅槃经》的主题，这同样显示出中国思想家对《涅槃经》主题理解的演变轨迹。

三、关于“佛性”的诠释

《涅槃经》是以法身常住为主题的经典，而此法身不仅是佛的法身，也是众生的法身，而众生位的法身就是佛性。所以《涅槃经》的另一个主题就是佛性问题。实际上，从《涅槃经》在中国的诠释史来看，中国佛经注释家几乎都重视从佛性的角度来诠释《涅槃经》。《涅槃经》既是中国佛性思想的重要源头，也是中国佛性思想展开的文本基础。正是通过历代注释家的阐释，《涅槃经》佛性的内涵不断得到丰富，并构成中国佛性思想的重要组成部分。

从《涅槃经集解》的引用看，道生对《涅槃经》佛性思想的诠释，主要从以下几个方面展开。

（一）作为“真我”的佛性

在《涅槃经》中，佛性也被视为“真我”。本来，在原始佛教的基本教义中，“我”作为固定的实体是被否定的存在。所谓“法无我”和“人无我”，是指一切客体和主体皆依因缘而生，相互依存，无实体性。这种理论构成原始佛教一切理论和实践体系的基础。但《涅槃经》译出之后，“涅槃”的根本属性被规定为“常乐我净”，“我”重新得到肯定。由于《涅槃经》的“常乐我净”说，与原始佛教的“无常”“苦”“空”“无我”说看起来相对立，所以在昙无谶译出六卷《泥洹经》之际，“道俗数百人，疑难纵横”。那么，道生是如何看待作为佛性的“真我”呢？

> （经文）迦叶白佛言，世尊！二十五有，有我不耶？
>
> 案。道生曰，前云佛法中我，即是佛性。是则二十五有，应有真我，而交不见，犹似无我。教理未显，故有此问也。①
>
> （经文）有人闻香，即知其地当有是药。
>
> 案。道生曰，菩萨说无我之教。表如来真我。譬闻香也。②
>
> （经文）母乃洗乳唤子与之。
>
> 案。道生曰，今说常我，判二教之分明也。③

按照原始佛教的说法，众生的存在样态可以分为二十五种，之所以有这种区别，是由众生的行为决定的。即众生的存在样态遵循因果律，有如是因就有如是果，因果不亡，故称“有”。在《涅槃经》中，迦叶问佛陀“在二十五种”“有”中，是否有“我”？道生在解释这段经文时，认为迦叶所问的“我”应该是“真我”即佛性。而大多数人不明白“真我”的道理，将“我”理解为佛教所否定的、执着的“我”，所以迦叶才有上述疑问。

显然，道生意识到《涅槃经》的“真我”说与原始佛教的“无我”教义之

---

① 《大般涅槃经集解》《大正藏》第37册，第448页上。

② 《大般涅槃经集解》《大正藏》第37册，第453页中。

③ 《大般涅槃经集解》《大正藏》第37册，第450页中。

间的理论张力，并力图消解这种张力。道生所采取的方法有两个。其一是认为佛陀所说的“无我”教义和“真我”教义并不矛盾，只是佛陀所用的表述方法不同，所以说法不同。一个是“遮诠”的方法，即从否定的角度来说明什么不是“真我”，各种“无我”说，都是为了说明什么不是真正的“我”；另一个是“表诠”的方法，即正面说明什么是“真我”。《涅槃经》的“真我”说就是佛陀用“表诠”法直接说明“真我”就是佛性。这就是“菩萨说无我之教，表如来真我”。

道生调和“无我”说和“真我”说的另一个方法，就是运用判教说对佛陀不同的说法加以区隔，将其置于不同的话语体系之中，从而消除其表面的矛盾。在《法华经疏》中，道生把释迦牟尼一生说法分为“四种法轮”——善净法轮、方便法轮、真实法轮与无余法轮，分别对应《阿含》《般若》《法华》与《涅槃》，把《涅槃》放在最高的位置上。而从是否说“常住”教义的角度看，佛教又可以分“二教”①，即“偏教”和“圆教”，或“权教”和“实教”。当时的《涅槃经》注释家有时也笼统地将《涅槃经》视为“今教”，而将《涅槃经》之前的大小乘经论视为“昔教”。在这种判教框架下，“无我”说是一种方便说，是佛陀为了破除众生的执着获得解脱而说的方便教义；而“真我”说则是佛陀为了劝勉众生修行成佛而说的究竟教义。道生所谓“判二教之分明”，就是指“无我”和“真我”分别属于“昔教”和“今教”，其宗旨不同，所以并不矛盾。

（二）作为“观智”的佛性

《涅槃经》“师子吼菩萨品”中，关于佛性、空、智慧之间的关系，有一段著名的经文：“佛性者名第一义空，第一义空名为智慧。所言空者，不见空与不空。智者见空及与不空、常与无常、苦之与乐、我与无我。”这里，将佛性与第一义空、智慧相等同。关于这一段经文如何解释，后世的佛教思想家之间存在

---

① 《涅槃经集解》卷 7：“僧宗曰，能以二教为征，疑心所以断也。今释二教，则无执昔之迷。权实苟分，疑累断也。明骏案：此下一品之中，第五段会通也。所言会通者，明昔所以不说常，今日所以说耳。非谓以昔无常偏教，会今圆教也。”《大正藏》第 37 册，第 407 页中。

争论①。一般认为，空的思想是《般若经》的核心思想，而佛性思想相对于《般若经》对万法皆“空”的强调，更强调众生佛性的“有”。而《涅槃经》这段经文显然是想调和万法皆“空”与悉“有”佛性之间的矛盾。即从客体的角度看，万法的本质属性是“空”，而这种本质属性的主体化就是智慧，就是佛性。只是这种智慧不是世俗意义上的后得智，而是根本智，即不是建立在主体客体相分离基础上的智慧，而是主客体尚未分离之际的先天本有的智慧。

道生在《关中疏》中，关于“智慧”与佛性的关连，有如下说法：

> 经文：见一切空，不见不空，不名中道；乃至见一切无我，不见我者，不名中道。
>
> 道生注：不偏见者，佛性体也。②

“见一切空……不名中道”一段经文，正是上述“师子吼菩萨品”中“佛性者名第一义空……”一段经文后出现的经文，是从反面说明只有同时见到“空”与“不空”、“我”与“无我”，才能称为“中道”，才是佛性。而道生在注释这段经文时，认为“不偏见”，即同时见到“空”与“不空”、“我”与“无我”的智慧是佛性之体。这里的“见”不是世俗谛意义上的“见”，即不是主体对客体的一种认知或关照；而是圣义谛意义上的“见”，即众生本具的先天的智慧。

此外，关于《涅槃经》中的“十二因缘，名为智慧”，道生注云：

> （经文）善男子！是观十二因缘智慧，即是阿耨多罗三藐三菩提种子。以是义故，十二因缘，名为佛性。
>
> 道生注：向明十二因缘观智，该取因时，名为佛性。③

---

① 如唐初法宝和唐代华严思想家澄观围绕这段经文的解释就有显著差异。参见张文良《东亚佛教视野中的华严学研究》，北京：国际文化出版公司 2018 年。

② 《大般涅槃经集解》卷 54，《大正藏》第 37 册，第 544 页下。

③ 《大般涅槃经集解》卷 54，《大正藏》第 37 册，第 547 页中。

十二因缘或说十二支缘起，是佛教重要基础理论之一，指从“无明”到“老死”这一过程的十二个环节，因果相随，三世相续而无间断，使人流转于生死轮回大海而不得解脱。据说释迦牟尼就是觉悟到这一真理而成佛。后来出现的“缘觉”概念，也是指在无佛住世的时代，有一批人可以通过自修自证十二因缘的道理而获得觉悟。《涅槃经》的经文是说，观十二因缘的智慧就是无上正等正觉的种子，从这个意义上说，十二因缘名为佛性。可见，不是十二因缘这一真理本身是佛性，而是关照十二因缘的智慧作为一切众生觉悟的种子，被称为佛性。

这里的“种子”一词具有重要意义。“种子”意味着潜在的、未成熟、未展开之意。在佛教的语境下，它往往与尚未获得觉悟的因位众生联系在一起。道生的注释显然注意到“种子”一词的意义，所以，他把“十二因缘观智”限定于“因时”，即众生位的智慧。这种众生所具有的潜在的、有待展开的智慧就是佛性。在《涅槃经》中，佛性有时指佛的德性，如佛的十智、十力、三十二种相、八十种好等。但大多数场合是指众生成佛的可能性。作为“观智”的佛性，显然是指众生的成佛潜能。

(三) 作为“佛藏”的佛性

提到佛性就不能不提到与此密切相关的另一个概念——如来藏。佛性和如来藏，从梵文词源上讲有交叉，但一般认为佛性的词源是 budhha-datu，而如来藏的词源是 tathāgatagarbha 或 tathāgatadhātu。《涅槃经》的主题是佛身常住，但作为常住的佛身不是色身而是法身，而法身则不仅存在于佛而且存在于众生，存在于众生的法身则是“在缠如来藏”。可见，相对于“佛性”概念既包含果位的佛性也包括因位的佛性，“如来藏”概念则仅限于众生，即被烦恼所遮蔽、所覆盖的“佛性”。《涅槃经》的“如来性品”之前的内容在涉及“如来藏”概念时，多依据《如来藏经》的说法，而在“如来性品”之后则主要依据《涅槃经》自身的逻辑而展开其“佛性”的思想。《涅槃经》多用“佛性”概念，“如来藏”出现的频率并不高。

关于《涅槃经》中的“如来藏”概念，道生注云：

（经文）善男子！我者即是如来藏义。一切众生悉有佛性，即是我义。如是我义，从本已来，常为无量烦恼所覆，是故众生不能得见。

（道生注）佛性必生于诸佛，向云我即佛藏，今云佛性即我，互其辞耳。①

“如来藏”中的如来有“能藏”和“所藏”的区别，即如来作为“能藏”，可以涵摄、容纳一切众生；如来作为“所藏”，即作为“在缠法身”而被隐藏在众生之中。道生在注释中认为“我即佛藏”与“佛性即我”的说法所表达的内涵是一致的，只是从不同的视角论述同一个主题：如来藏＝佛性＝我。可见，道生也倾向于将“如来藏”与“佛性”概念相等同。这也可以说是南北朝时期中国佛教思想家比较普遍的立场。但这并不意味着道生对“如来藏”概念的独特性没有认知。实际上，道生也注意到“如来藏”或“佛藏”之“藏”的特殊含义：

（经文）善男子！如贫女人，多有真金之藏。

（道生注）本有佛性，即是慈念众生也。藏者，常乐之理，隐伏未发也。②

道生认为，正如《涅槃经》经文中所说，贫女中多有真金而不自知，众生虽然本具“常乐之理”但此理处于隐藏状态，众生自己并未意识到自己所具有的佛性。本来，“如来藏”的“藏”在梵文原文中为garbha，即“胎儿”“容器”之意。但中国佛教思想家在诠释“如来藏”之“藏”时，往往释为“隐藏”“隐伏”等，即把梵文的名词解释为动词。或许“胎儿”的形象作为具象的存在，容易让人们将“如来藏”误解为实体性的存在，所以中国注释者才将其抽象化，表达“所藏”或“能藏”之意。

① 《大般涅槃经集解》卷18，《大正藏》第37册，第448页中。

② 《大般涅槃经集解》卷18，《大正藏》第37册，第448页下。

(四)佛性当有

在道生关于佛性的思想中,“佛性当有”说也是值得注意的一种见解。关于众生皆有佛性的命题,自四十卷《涅槃经》译出之后,被中国佛教界所普遍接受,成为一种共识。但佛性是众生先天本来具有呢?还是需要通过修行而最终获得的呢?换言之,佛性是一种完成态还是一种未完成的潜在状态的问题。前者就是“佛性本有”说,而后者就是“佛性当有”说。后来的地论宗讨论的“现常”“当常”问题实际上也是“本有”“当有”问题的一种延伸说法。

道生曾著有《佛性当有论》,其立场应该主张佛性当有。可惜其文已佚,其理论展开的详情不得而知。但唐代的均正所撰《大乘四论玄义》卷七载:“道生法师执云‘当有为佛性体’。法师意:一切众生即云无有佛性,而当必净悟,悟时离四句百非,非三世摄。而约未悟众生望四句百非为当果也。”① 又云:“白马爱(昙爱)法师执生公义云‘当果为正因’,则简异木石无当果义。”② 从《大乘四论玄义》的转述看,道生所理解的“当有”与“当果”同义,强调一切众生有当来佛果的潜能,只要断坏烦恼,皆得成佛。

道生的这种“当有佛性”说实际上与“本有佛性”说并不矛盾。如道生在解释《法华经》“方便品”中的“开佛知见”时云:“良由众生本有佛知见分,但为垢障不现耳。佛为开除,得成之。”③ 由此可见,道生也承认众生“本有佛知见分”。那么,道生是怎样把“本有”说和“当有”说统一起来的呢?实际上,“当有”之“佛性”和“本有”之“佛性”并不是同一个概念。前者是指当来佛果,是在时间序列中有待实现的存在,而后者则是当下本具的一种成佛的潜能。一个着眼于未来,一个着眼于当下。

如上所述,道生在四十卷《涅槃经》传来之前就“孤明先发”,倡言“一阐提亦有佛性”。按照《宗镜录》的说法:“禀气二仪者,皆是涅槃正因。三界受生,盖唯惑界。阐提是含生之类,何得独无佛性?盖此经度未尽耳。”④ 可见,

---

① 《大乘四论玄义》卷7,《续藏经》第46册,第601页上。

② 《大乘四论玄义》卷7,《续藏经》第46册,第601页中。

③ 《法华经疏》卷上,《续藏经》第27册,第5页上。

④ 《宗镜录》卷18,《大正藏》第48册,第860页上。

道生的阐提有佛性说中的“佛性”是指“涅槃正因”或者“正因佛性”，即一切有意识有烦恼的众生都具有的“佛知见分”。就一般众生而言，佛性属于“当有”，因为需要修行的过程做中介才能获得；而对一阐提众生来说，佛性属于“本有”，即使一阐提也有正因佛性。

四、关于道生的“大顿悟”说

关于觉悟佛教真理的方式是一次性完成还是渐次完成的问题，也就是所谓“顿悟”还是“渐悟”的问题，在中国佛教史上曾有两次影响深远的争论，这就是发生在晋末和刘宋之际的道生与慧观之争，以及唐代禅宗的南宗与北宗之争。当然，这两次理论之争虽然都围绕“顿”“渐”而展开，但其发生的背景和争论的内涵都有很大差别。晋宋之际的顿渐之争，虽然代表人物是道生和慧观，但僧肇、支道林、道安、庐山慧远、法瑶等当时一流的佛教思想家皆直接或间接牵扯其中。争论所涉及的问题也超越了“顿”和“渐”，而关涉修行的次第、觉悟的本质、佛的内涵等佛教理论和实践问题，也关涉如何对待印度佛教的方法论问题，即到底是忠实地遵循印度经典的说法，还是结合中国传统思想对印度佛教进行创造性诠释的问题。在某种意义上说，这是一场影响到中国佛教思想发展走向的大争论。

但遗憾的是，关于这场争论的第一手资料付之阙如，我们只能从后人的转述和引用以及《集解》的少量引用中找到一些不完整的线索，从而部分复原这场争论的面貌。

与这场争论相关的理论问题集中在两点：一是原则性问题，即佛教的觉悟是否有次第的问题。在这个问题上，道生和慧观的立场直接对立。道生主张悟则顿悟，没有次第；慧观则认为觉悟是一个渐进的过程。二是如果有次第，那么，觉悟发生在修行的哪一个阶段或节点的问题。当时大多数中国佛教思想家主张觉悟是有次第的，但具体在哪个阶段获得觉悟则立场各异。这种主张在某个特定节点获得觉悟的思想被称为“小顿悟”①，这一立场与道生所主张的、否认一切修行次第的“大顿悟”有区别。

如《大涅槃经集解》卷一载：“道生曰：‘夫真理自然，悟亦冥符。真则无差，悟岂容易？不易之礼，湛然常照，但从迷乖之事，未在我耳。’”② 又陈慧达《肇论疏》卷上载：“竺道生法师大顿悟云：‘夫称顿者，明理不可分。’悟谓照极，以不二之悟，符不分之理，理智悉称，谓之顿悟。”③ 也就是说，道生的“大顿悟”是建立在所悟之“理”本身不可分基础之上。因为觉悟的对象“理”是一个整体，不可分割，所以，觉悟的过程也必然是一悟则全悟，不可能是分阶段、分步骤的觉悟。

但这顿悟的极慧，又必须到佛地金刚心后成就法身才有，如隋硕法师《三论游意义》载：“竺道生师用大顿悟义也，金刚以还，皆是大梦。金刚以后，皆是大觉也。”④ 又隋吉藏《二谛义》引道生观点说：“果报是变谢之场，生死是大梦之境。从生死至金刚心皆是梦，金刚后心豁然大悟，无复所见也。”⑤ 如果这种记载属实的话，那么道生的“顿悟”说只是一种理论上的逻辑结论，即基于“理”的全一性的结论。而从修行实践看，道生仍然承认渐修渐悟。因为只有到佛地才能获得最高的智慧，成就法身，那么，反过来说，在获得佛地金刚心之前都是渐修渐悟。

五、《关中疏》的理论特色及其影响

道生的《关中疏》在份量上只有“五十余纸”，比不上现存的《注维摩经》和《法华经疏》，但在内容上不乏思想的创建。当时，《涅槃经》刚刚传入中国，

① 慧达在《肇论疏》中，曾提到持“小顿悟”说者有支道林、道安、慧远、僧肇、法瑶等。《续藏经》第 54 册，第 55 页下。

② 《大般涅槃经集解》卷 1，《大正藏》第 37 册，第 377 页中。

③ 《肇论疏》卷上，《续藏经》第 54 册，第 55 页中。

④ 《三论游意义》，《大正藏》第 45 册，第 121 页下。

⑤ 《二谛义》卷下，《大正藏》第 45 册，第 111 页中。

其思想尚未能被充分理解，尽管如此，道生在《关中疏》中所表达的涅槃观、佛性观、顿悟观对后世影响甚巨。《关中疏》作为留存到现在的、《涅槃经》最古老的注释书，可以说开创了中国涅槃学的新范式，是晋宋之际般若学向涅槃学转变的标志性文献。透过这一文献，我们不仅可以窥知《涅槃经》早期注释书的样态，而且可以发现南北朝佛教思想的展开的轨迹和内在逻辑。

宋元明清思想研究

《乾坤大略》书名版本考*

张京华**

（湖南科技学院　国学院，湖南永州　425199）

摘要：王馀祐《乾坤大略》一书，在明末清初北学一派著作中是比较有特色的。《乾坤大略》在篇幅上比较精简，作为古籍，其年代也并不久远，但其版本流传却比较复杂。首先，作为反清复明的战略指导，它的书名一再更换，先是比较隐晦，后则归于通俗。其次是传抄为主，刊刻较晚。再次，《乾坤大略》的刊刻流传伴随着时代变迁而不断转换其政治角色。

关键词：王馀祐；《乾坤大略》；北学；版本

王馀祐，一作馀佑，一名去晦，字申之，一字介祺，号二字居士、十峰山人、五公山人，卒后门人私谥庄誉，世称庄誉先生（一说谥文节。以下统一作王馀祐）。明末清初人，生于明万历四十三年（1615 年），卒于清康熙二十三年（1684 年），享年七十岁。《北学编》《大清畿辅先哲传·师儒传》《清儒学案小识》《清史稿·儒林传》及《清史列传·儒林传》有传。《四库全书总目·集部存目》著录其《五公山人集》。王馀祐早年拜鹿善继、孙奇逢为师，与茅元仪、杜越、刁包等人为师友，颜元、李塨则为其弟子，实为明末清初北学中的先驱

* 基金项目：国家社科基金项目“《四库全书考证》整理与研究”（项目编号 17BTQ039）；湖南省社科基金重大委托项目“道南文献集成整理与研究”（项目编号 17WTA08）。

** 张京华（1962—），湖南科技学院教授，湘南学院、台州学院特聘教授。

人物。所著有《甲申集》《五公山人集》《乾坤大略》《兵策略》《通鉴独观》《太极连环刀法》《万胜车营图说》《兵民经络图说》《皇舆志略》《焚余集》《居诸编》约十一种传世。其余如《认理说》《涌幢草》《前著集》《诸葛八阵图》《天文豹班》等，多不传。其中《乾坤大略》一书据《资治通鉴》《二十一史》撮述历代攻守战略要害，明显具有反清复明的目的。

一、《乾坤大略》书名考

《乾坤大略》凡十卷，补遗一卷。十卷按照起兵次第编排，目录为：卷一、兵起先知所向；卷二、兵进必有奇道；卷三、初起之兵遇敌以决战为上；卷四、决战之道在于出奇设伏；卷五、乘胜略地莫过于招降；卷六、攻取必于要害；卷七、据守必审形胜；卷八、立国在有规模；卷九、兵聚必资屯田；卷十、克敌在勿欲速。

其书清抄本题“二字居士著”。“二字居士”为王馀祐甲申明亡后，居山西祁县时期的别号，此别号目前仅见于另一清抄本《甲申集》中。《甲申集·杂志》云：“自号曰‘二字居士’。语人曰‘耐心’二字，其实是‘大明’二字也。”《集》中《甲申集引》署款“丙戌二字居士题于昭余署内”。由此推知，《乾坤大略》当是王馀祐早年编纂的一部著作，距离甲申明亡相去未久。

《廿一史兵略》《此书》《居诸编》《茅簷款议》《囊书》，大约均是《乾坤大略》的别称。

王馀祐的早年著作，据记载有《居诸编》《皇舆志略》等。《皇舆志略》言山川形势，实即现代所说的军事地理，其书已佚，幸而篇章片段尚保存在李塨《灰画集》中，包括王馀祐己丑年所作的《皇舆志略》自序。《居诸编》，学者著录为十卷。《居诸编》与《乾坤大略》二书，学者称“集古帝王军国经世之要，作《乾坤大略》”“集历代兵略，为《乾坤大略》”“集《廿一史》古帝王军国经世事，分为十卷”，又称“汇古人经济为《居诸编》”“汇古人经世事为《居诸编》十卷”，似乎二书内容本相接近。但王馀祐《甲申集·杂志》云：“甲申后自著书数种，题其上曰《居诸编》。”李塨《灰画集》亦云：“《〔皇舆〕志略》，王五公《居诸编》一种。”则《居诸编》之十卷与《乾坤大略》之十卷，卷帙相同。而中国国家图书馆普通古籍著录有《居诸编》抄本十卷，补遗一卷，题名二字居士撰，核其内容，与《乾坤大略》完全相同。《稀见清代四部辑刊》第一辑收入五公山人《居诸编》一种，核其内容，实即《乾坤大略》的摘抄本。可证《居诸编》即《乾坤大略》一书的含蓄性的别称。

清末王馀祐八世孙王文辉又认为，《乾坤大略》与《廿一史》《茅簷款议》为同一部书。“郁郁不得已之志遂笔之于书，因名之曰《乾坤大略》。彼孙征君所谓《廿一史》，杜征君所谓《茅簷款议》者，此也。”（宝兴堂刊本《〈乾坤大略〉弁言》）马叙伦、邓实也认为《居诸编》《此书》《乾坤大略》是一书而有三名。

《居诸编》的题名，寓意“明朝”，是比较明显的。《甲申集·杂志》指出：“其《居诸编》亦取‘日居月诸’之意，‘日’‘月’皆‘明’也。”《诗经·邶风·柏舟》：“日居月诸，照临下土。”唐韩愈《符读书城南》诗：“岂不旦夕念，为尔惜居诸。”宋魏仲举《五百家注昌黎文集》引孙氏注：“居诸，谓日月。《诗》：‘日居月诸。’”是为以“居诸”代指“日月”之始。

《乾坤大略》是王馀祐《四囊书》之一。王馀祐《甲申集》中提到，他在“甲申后，自著书数种，题其上曰《居诸编》。作二布囊盛之，置怀带间。一囊纯朱，取‘怀朱’之意。一囊上缀一日一月，盖‘日’ ‘月’合而成‘明’也。……又作一白布囊，盛其诗稿，囊上缀一红日，又缀一红天，曰：‘此自是朱天日也。’”王馀祐的诗文中经常提到他惯于以书囊自随，如其自述诗《王申之》说道：“棱棱七尺影，萧萧二字囊。”《菜香斋》说道：“儿读新教句，书成旧贮囊。”李培《灰画集·序》有言，“五公《皇舆志略》与补遗，并天、地、人、文《四囊书》中《焚余集》”。《四囊书》的分类，即天、地、人、文。天之类如《天文豹班》当是，地之类如《皇舆志略》等当是，人之类如《乾坤大略》等当是，文之类如诗文集等当是，即王馀祐所云“又作一白布囊盛其诗稿”也。

军事科学院图书馆、辽宁省图书馆所藏清光绪三十三年宝兴堂刻本《乾坤大略》二卷二册（上下二卷内实为十卷），附《四囊书》一卷一册。因此，《乾坤大略》又有《囊书》的别称。

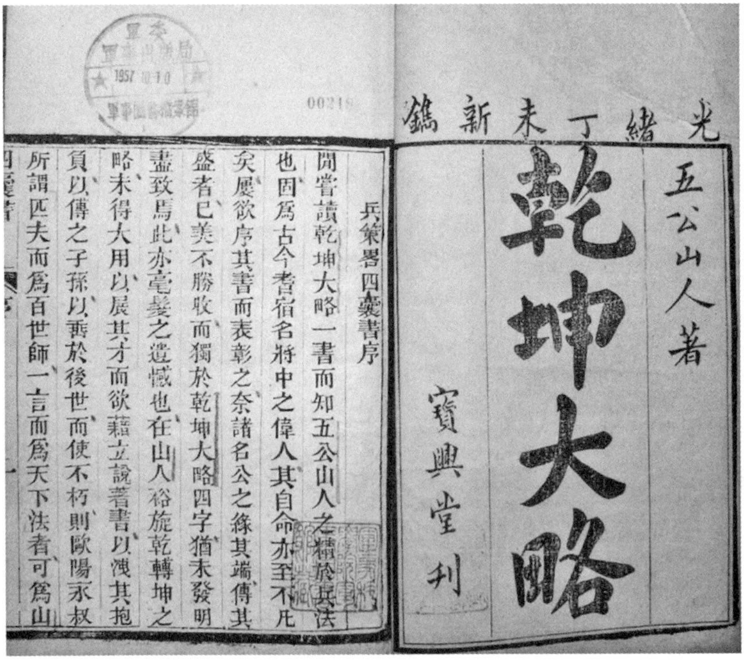
光緒丁未新鐫
五公山人著
乾坤大略
寶興堂刊

兵策畧四囊書序
聞嘗讀乾坤大略一書而知五公山人之精於兵法
也固爲古今耆宿名將中之偉人其自命亦至不凡
矣屢欲序其書而表彰之奈諸名公之條其端傳其
盛者已美不勝收而獨於乾坤大略四字猶未發明
盡致焉此亦毫髮之遺憾也在山人裕旋乾轉坤之
略未得大用以展其才而欲藉立說著書以洩其抱
負以傳之子孫以垂於後世而使不朽則歐陽永叔
所謂匹夫而爲百世師一言而爲天下法者可爲山

李冠卿《四囊书序》

现代兵法家往往节引《四囊书》一书，如军事科学院 1962 年编印《中国古代兵法选辑》引《乾坤大略四囊书》："兵之所以战者，气也。气之所以激者，怒也。方其气勇怒盈，虽童稚亦有死志。及其气衰怒解，虽勇士亦无斗心。善用兵者，养其气，蓄其锐，怒时出而用之。有所不战，战必胜矣。"但其引文不见于今本《乾坤大略》，而所引"兵之所以战者"一节，出自宋代戴溪《将鉴》（又名《将鉴论断》《历代将鉴博议》《将鉴博议论断》）卷四《东汉》"王霸：养三军怒气"一篇。此事俟考。戴溪字少望，温州永嘉人，学者称岷隐先生。淳熙进士，与朱熹、陆九渊、叶适、陈亮为友，来往俱见诸人诗文集。所著有《续吕氏家塾读诗记》《春秋讲义》《石鼓论语问答》《通鉴笔议》《将鉴论断》《复仇对》《岷隐文集》等。《将鉴》一书，《四库总目》有提要称"其来久矣""大抵多为南渡后时事而发"。

《乾坤大略》又名《廿一史兵略》，“兵略”是由内容言之，“大略”则是由性质言之，即如王馀祐自己所说，“独慕陈同甫之好谈霸王大略”“此非谈兵也，谈略也”。《大略》与《兵略》算是本书最浅近的题名了。

但“此书”这一特殊的题名，其缘由为何，作者并没有明说。王馀祐的著作中只有一次提到《此书》，《五公山人集》卷十二《与杨湛子》：“〔管〕公式归，带得《〔通鉴〕独观》《此书》二种，社翁深心大力，可以抵掌共谈。此道非浅人所解，弟三十年心血备注于此。”此外《五公山人集》卷九《紫峰杜夫子寿八袠序》说到王馀祐与杜越的交谈：“往昔祐在山中，著《茅簷款议》十卷，举其目以质先生，先生正色曰：‘草庐中事业正在于此！’”徐世昌《大清畿辅先哲传·师儒传·夏峰弟子王馀祐传》也证实说，王馀祐“又集历代兵略为《乾坤大略》十卷……杜越见之，叹曰：‘此草庐中事业也！’”由此推测，《此书》之得名乃是“在此”之意，而“在此”之“此”之所指，则是诸葛亮隆中对策那样的异军崛起，割据江山，光复天下。王馀祐因为杜越一句评说，而将书名定作了隐语。当然，照一般诠释典故的说法，“此书”最可能是出典于司马迁的《报任安书》：“仆诚已著此书，藏之名山，传之其人，通邑大都。”《此书》的题名大约也有类似的特别含义。至于王馀祐是否此意，这里只有揣测了。

《五公山人集·紫峰先生杜公墓志铭》说道，杜越“尤邃于古今大略，往小子祐赍所著书呈览，公慨然谓：‘草芦中事业正在此！’因题曰《茅簷款议》”。《王氏家谱·王介祺先生实迹册》说：“集古帝王军国经世之要，作《乾坤大略》，又名《茅簷款议》。”参照上引《紫峰杜夫子寿八袠序》，可知《乾坤大略》又名《茅簷款议》，得名来自杜越，是杜越为其书取的雅称，大约与诸葛孔明《草庐对策》为类。

二、《乾坤大略》版本考

（一）秦聚奎校本与王悳家传抄本

《乾坤大略》有抄本，有刻本。流传最广的《畿辅丛书》刻本源于秦聚奎抄本，秦聚奎抄本参校了王悳家传抄本，因此比较重要。

《畿辅丛书》本《乾坤大略》书首载秦聚奎《序》一篇，清抄本秦聚奎《序》在书末，全文又见民国《盖平县志》卷十六《艺文志》，题为“秦聚奎《王五公山人〈乾坤大略〉序》”。

《序》云：

> 《乾坤大略》十卷，《补遗》一卷，五公山人所著，名曰《此书》者也。予宰肃水时，已钞录成帙，读其跋语，谓“十卷挨次而进，各有深意，不可以一丝乱”，又云“一字不可增减，一字不可颠倒”“慎勿妄生揣摩，致启参错，反乱定画”，而细阅卷中，往往事不归类，踳驳颇多，心窃疑之，未甚究也。岁甲寅春暮，山人裔孙王懋亭茂才来饶，携其先人藏书数种，内有《此书》原本。因重校一周，始知篇中错杂重复之处，为后人所窜入，而原书固自融贯也。当是时，筹防吃紧，到处戒严，韬钤攻守之术，尤为救时良剂。予深喜得睹《此书》原本，爰重录之，以复其旧。其所窜入十三条，删其重复，另记于后，以资参览，并以见前辈经纶世宙之作，全体大用，具有深心，后人不得夸多，妄为增益云。咸丰四年岁次甲寅，天中节后十日，辰州后学秦聚奎谨识于饶川官署。

可知《乾坤大略》从清初编定，到康熙二十三年（1684 年）王馀祐之卒，只有抄本流传。到咸丰四年（1854 年），时任饶阳县知县秦聚奎说道，“予宰肃水时，已钞录成帙”，即在他出任肃宁知县时，已经看到《乾坤大略》，并且抄存了一部，其抄录所据的底本应当是此前的另外一种抄本。据道光二十八年（1848 年）冬、道光二十九年夏、道光三十年秋《大清缙绅全书》均载：“东州肃宁县：知县加一级秦聚奎：奉天盖平人，进士，二十四年十月补。”可知秦聚奎任肃宁知县在道光二十四年。王馀祐，明万历四十三年（1616 年）生，清康熙二十三年卒。可知肃宁所见《乾坤大略》抄本的出现，上距王馀祐之卒已有一百六十年。

又据咸丰四年春《大清缙绅全书》所载：“博陵饶阳县：知县加一级秦聚奎：奉天盖平人，辛丑，二年三月调。”秦聚奎任饶阳县知县在咸丰二年，至咸丰四年，他见到了《乾坤大略》的原抄本，“山人裔孙王懋亭茂才来饶，携其先人藏书数种，内有《此书》原本”。

秦聚奎，字星五，号唤文，别号凤山，奉天盖平（金称盖州，辽称辰州，今辽宁省盖州市）人。进士，官至直隶大顺广道，同治元年（1862 年）剿贼阵亡，追谥刚烈。杨同桂《沖故》卷三“汉人得谥”云：“盛京土著自开国以来，半隶汉军，易名之典，不可胜纪。汉人得谥者，惟秦聚奎（盖平人，直隶大顺广道）谥刚烈，陈克让（承德人，江安督粮道）谥忠节，二人而已。”事迹见传世《秦公聚奎神道碑铭》，民国《大名县志》卷十三、民国《盖平县志》卷九有传。《盖平县志》称其“凡前贤遗集，多方搜辑，如容城孙夏峰、博野颜习斋、献县王五公山人、李恕谷诸先正著作，分抄梓行，以广其传”。咸丰十年秦聚奎撰刻《皇清大儒李恕谷墓碑》，迄今存世。

王懋亭，名王悳，字懋亭，一字抱璞，为县学增广生，故别称茂才。他是王馀祐的七世孙，《王氏家谱》记载世系为：王馀祐→王孚→王超宗→王九思→王成己→王将华→王松林→王悳。

《王氏家谱》又载，王悳寿八十有四，卒于光绪十六年（1890 年）。那么他出生应当在嘉庆十一年（1806 年），咸丰四年他与秦聚奎相见时是四十八岁。

据“先人藏书”“《此书》原本”等语，王悳携来的《乾坤大略》应当是王馀祐定稿的保存本，自王馀祐以后经过六世家传，而后携来饶阳。

肃宁《乾坤大略》抄本可称为“传抄本”，饶阳《乾坤大略》抄本可称为“原抄本”。两种抄本最大的不同，是“传抄本”比“原抄本”内容多了十三条。据秦聚奎所见，这多出的十三条，或者“错杂重复”，或者“归类踳驳”，一条是重出的，十二条是不类的，因而判定为“后人所窜入”。王馀祐编纂《乾坤大略》的体例，原是各卷之间不避重复，所谓“一时俱有”，这样的重复全书共有五条，而秦聚奎所校有一条是在同卷中重出的，因此在重新校录时便删去了。但不类的十二条则仍然保持传抄本的原状，而于各条下均予注明“秦校原本无此条”双行小字。秦聚奎还为《乾坤大略》写了序文，备述原委。经过秦聚奎对勘、标注的这个抄本无疑便成为《乾坤大略》更完备的传本。这是该书的首次校录，上距王馀祐之卒已有一百七十年。

秦聚奎女孙秦锡英记述了秦氏校本之所以二十余年未能刊刻的主要缘由，即“干禁”。秦聚奎卒后，其子秦福和，字煦堂，号伯鸾，光绪十九年至三十三年任广东连州、南雄州知州，立志刊刻《乾坤大略》，“以干禁未果”。

秦锡英《王五公山人〔乾坤大略〕序》见民国《盖平县志》卷十六《艺文志》，全文云：

> 《乾坤大略》向无刊本，传录多所增益。先祖刚烈公，性耽典籍，藏书数万卷，皆手自校雠，颇疑其踳驳。官饶阳时，始得真本，深喜其抉义精核，条次井然，胜败得失之机，了如指掌，洵方略之指南，兵家之要旨也。爰重录正，并为《序》以示后人。先大夫伯鸾府君，为先刚烈公冢嗣，家学能传，箕裘克绍，生平言行，刻以继述为怀，先刚烈公之一字一墨，皆珍若拱璧。岁丁亥，游宦粤东，遗书遂留故土。比致仕归，则兵燹之余，琳琅满架，已半为断楮零编，痛惜莫喻，是书幸犹无恙。壬子后，禁例废弛，先大夫忧时伤世，已切沉疴，时发时止，辗转数年，未克奏效。疾笃，命英检是书以进，指曰：“此书为汝祖父所深喜，并有《序》，欲付枣梨，而时以干禁未果。吾本欲叙付手民，以竟先志，奈因斯疾缠绵，医者咸劝养心节劳，是以因循未就，诚恨事也。今恐不起，可速付刊。”呜呼！及是书脱梓，而先大夫已不获见，伤乎哉！英一女子，孤陋寡闻，何敢妄参末议？惟是先大夫宿愿未偿，殁犹赍恨，不敢泯灭人之志，和泪校阅，谨志数言于后，不敢附列，敬粘楮尾。上章涒滩之岁夏正六月望后一日志。

民国《盖平县志》卷九《人物志·列女》载：“秦锡英女士：刚烈公之孙女也。父煦堂教之读书明理，兼通医学。未出阁时，其父病危，女士与庶母某氏同割臂肉煎药以进，虽未能回天，而一片孝诚出之巾帼，亦良非易易，可以风矣。”

秦锡英又拟对校本进行校阅，但似乎最终也未如愿。

秦锡英所说“壬子后禁例废弛”，此壬子为民国元年（1912年）。《序文》写于“上章涒滩之岁”，其为民国八年（庚申，1920年）。这个经过秦氏三代校勘的底本未见刊刻，而年代又晚于《畿辅丛书》诸刻本，其原委究竟，不得而详。

（二）《畿辅丛书》刻本与清抄本

在秦聚奎校本之后二十五年，光绪五年（1879 年），《畿辅丛书》开雕，将《乾坤大略》收入其中，是为该书的第一个刻本。其事由定州王灏主持，《畿辅丛书》扉页题“谦德堂藏版”，《乾坤大略》扉页题“新校传抄本”，作者题“献县王馀佑著”，内文有秦校，所据即秦聚奎之本。但王灏从何处得到了秦聚奎的校本，并无交代。

“传抄本”“原抄本”和秦聚奎的底本现在都看不到了，目前所见的《畿辅丛书》本即成为《乾坤大略》一书的通行本。但除了《畿辅丛书》本以外，迄今传世的还另有一种清抄本，为中国科学院图书馆所藏，收入《四库未收书辑刊》玖辑拾册，近年影印出版。清抄本除正文外，还标有书口和页码，全书以楷笔精抄，纸面齐整，书法端正，字迹风格首尾一致。

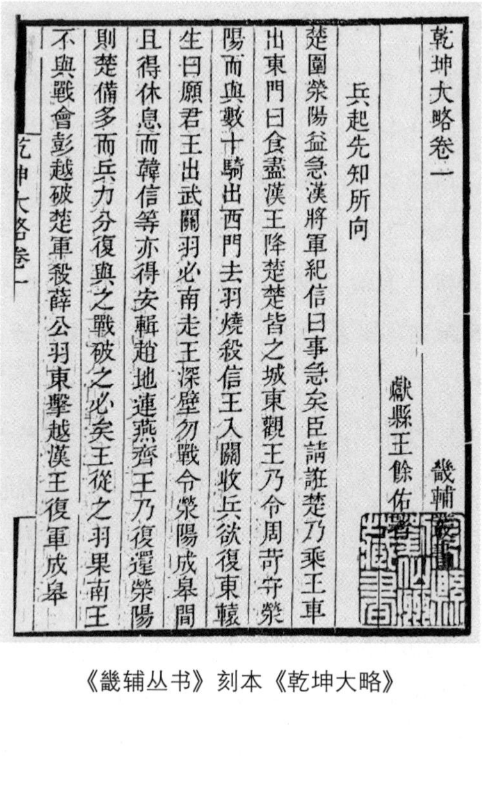

乾坤大略卷一　畿輔

獻縣王餘佑著

兵起先知所向

楚圍滎陽益急漢將軍紀信曰事急矣臣請誑楚乃乘王車出東門曰食盡漢王降楚楚皆之城東觀王乃令周苛守滎陽而與數十騎出西門去羽燒殺信王入關收兵欲復東轅生曰願君王出武關羽必南走王深壁勿戰令滎陽成皋間且得休息而韓信等亦得安輯趙地連燕齊王乃復還滎陽則楚備多而兵力分復與之戰破之必矣王從之羽果南王不與戰會彭越破楚軍殺薛公羽東擊越漢王復軍成皋

乾坤大略卷一

《畿辅丛书》刻本《乾坤大略》

比较《畿辅丛书》本和清抄本，有如下差异：

一，《畿辅丛书》书名题《乾坤大略》，清抄本《总序》题《乾坤大略》，目录及书口均题名《此书》；《畿辅丛书》作者署“献县王馀祐著”，清抄本署“二字居士著”；《畿辅丛书》王馀祐《总序》署款“献县五公山人王馀祐自序”，清抄本署款无“献县”二字。“献县”二字当是王馀祐晚年定居河北献县之后追题，而非当日序文之旧，《乾坤大略》的定名则可能是秦聚奎所确定，从此《此书》的书名就逐渐消失了。

二，《畿辅丛书》本和清抄本的最大差异，是清抄本没有秦聚奎所说重复、不类的十三条内容。凡是秦聚奎所说应当删除而暂予保存但已加注说明的这些条目，清抄本均不见，说明清抄本的来源与秦聚奎所见王悳的家传本是一致的。

三，清抄本还有一些比《畿辅丛书》本多出的内容。一为王馀祐《与人论〈此书〉帖子》，一为王馀祐《题后语》，一为王馀祐《诗》一首。以上三项《畿辅丛书》均无。秦聚奎在校勘该书时，已经看到过这三项，却没有列为附录。秦《序》称：“读其跋语，谓‘十卷挨次而进，各有深意，不可以一丝乱’，又云‘一字不可增减，一字不可颠倒’‘慎勿忘生揣摩，致启参错，反乱定画’”，其中“十卷挨次而进”一语在王馀祐《跋》中，而“又云”云云，乃见于王馀祐《与人论〈此书〉帖子》。但这三项在抄本中，按其内容较似一种正文的附录，或者竟因为光复明室的意图太过明显，因此而为秦聚奎所删削，也是可能的。

四，清抄本在该书末尾，抄录了秦聚奎认为后人所窜入的十三条，文后并有三句说明：“右九条旧列第一卷”“右三条旧列第二卷”“右一条旧列第七卷，并复列第一卷中，去彼存此”。这部分清抄本目录题作“另记十三条”，书口题作“此书另记”。

五，在补抄的十三条之上，有秦聚奎所作序文，署款与《畿辅丛书》本相同，但无标题，仅在书口书题为“此书另记・序”。可知清抄本虽然有与家传本相近的来源，其抄写年代则在秦聚奎校勘本之后。由于吸收了秦聚奎的校勘成果，因而成为含量最富的版本。

六，清抄本正文旁，有圈点及评语，评语多为旁批，也偶有眉批。这些圈评从《总序》开始，直到秦序和另记十三条，贯穿全书首尾，一丝不苟，而圈评的作者则不知谁何了。

至于《畿辅丛书》本和清抄本的文字内容，小有异同，清抄本有不少讹误，《畿辅丛书》本也偶有小误。推测秦聚奎在校勘全书时，也核对了原文出处，多有更正。

其余如清抄本不避清讳，《畿辅丛书》本避清讳，可勿论。

《首都师范大学图书馆藏普通古籍目录》："《乾坤大略》，清王馀祐编辑，清咸丰间刊本，四册。"贵州省图书馆亦著录"乾坤大略十卷补遗一卷，（清）王余佑撰，清咸丰四年（1854 年）刻本，4 册"。其书未见，或即《畿辅丛书》本，因秦聚奎《序》作于咸丰四年而致误。

（三）宝兴堂刻本与王文烜家传抄本

宝兴堂《乾坤大略》刻本虽然刊刻时间颇晚，但是其来源则是王文烜家传抄本，并且基本上保存了家传抄本的原貌，因此比较珍贵。

光绪三十三年（1907 年）宝兴堂刻本《乾坤大略》，函套书签题"宝兴堂，新刻乾坤大略，历代名将兵法战略"。全书有圈点，有旁批。书末有王馀祐《题后语》及"十六陵荒烟草余"诗，《畿辅丛书》本无，清抄本有，《国粹学报》作为单篇收录。内容录出如下：

《题后语》云："尔其狂乎？曰：非狂也。尔其伤乎？曰：不止于伤也。吾欲抒告天昏地惨、神愁鬼哭、山崩海沸之奇冤，而非此不能也。然则尔其有功乎？曰：救过尚不遑焉，乌乎功！曰：尔其身为之耶？曰：身得则为之，不得则子孙焉，子孙不肖则天下人为之，万世人为之。天下万世有为之者，吾师也，吾所祷祀而求也。噫！"

《诗》云："十六陵荒烟草余，几人着眼看皇舆？滴残腔血缘何事？画遍炉灰是此书。龙虎韬雄倾峡水，河山策定闭门车。王灵未改天心巩，肯使隆中计略疏？"

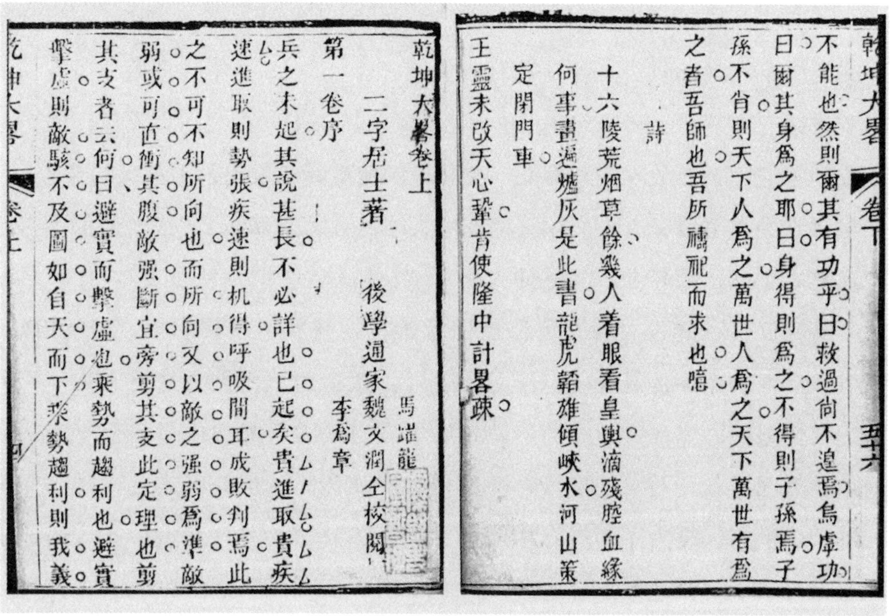

乾坤大畧 卷下 五十六

不能也然則爾其有功乎曰救過尙不遑焉烏虖功
曰爾其身爲之耶曰身得則爲之不得則子孫焉子
孫不肖則天下人爲之萬世人爲之天下萬世有爲
之者吾師也吾所禱祀而求也噫

詩

十六陵荒烟草餘幾人着眼看皇輿滴殘腔血緣
何事畫遍爐灰是此書龍虎韜雄傾峽水河山策
定閑門車
王靈未改天心犟肯使隆中計畧疎

乾坤大畧卷上

二字居士著

後學通家魏文潤仝校閱 馬端龍 李爲章

第一卷序

兵之未起其說甚長不必詳也已起矣貴進取貴疾
速進取則勢張疾速則机得呼吸間耳成敗判焉此
之不可不知所向也而所向又以敵之强弱爲準敵
弱或可直衝其腹敵强斷宜旁剪其支此定理也剪
其支者云何曰避實而擊虛也乘勢而趨利也避實
擊虛則敵駭不及圖如自天而下乘勢趨利則我義

乾坤大畧 卷上 四

宝兴堂刻本《乾坤大略》

宝兴堂刻本书首有王文熹、王文烽《刊刻〈乾坤大略〉序》云：

山人馀祐公为吾家八世祖，（姿）〔资〕学过人，著作甚富。其《五公山人集》已梓行于世，《葫芦诗稿》备载于《畿辅诗传》，然此皆文章绪余。若其学问、经济，则《居诸编》外，又具备于此书。熹等愧非知兵，未敢妄赞一辞，幸家学流传，窃尝于侍读余闲，蒙先严指示，得稍闻其崖略。盖山人心仪龙虎者也，因地非隆中，故隐其名曰“二字居士”。观其《论书帖（字）〔子〕》与卸后一诗，已确知其非诬。至书中精术妙用，久为序题家所深许，巨眼英雄，亦自有以鉴定之。先严曩欲付梓，特为承平日久，讳不言兵，用是赍志以殁。近日东亚多事，奇杰有志者争欲醵金刊刻，余亦乐行先严之志，而广吾祖之传也。遂厘订原稿，授诸剞氏。倘海内伟人能发挥是书之旨，铸成盛世，熹等则尤有厚望焉。杀青伊始，聊弁数行，用志其缘起云尔。光绪三十三年岁次丁未新正月人日，裔孙文熹、文烽谨志。

光绪二十年（1894 年）甲午海战，光绪三十年（1904 年）日俄战争，而此序写于光绪三十三年（1907 年）。在《乾坤大略》一书问世之后，不论何时，只要面临国家危亡、外敌入侵，都能一次又一次地重新激发出爱国主义的斗志。

宝兴堂刻本书后又有王文烊《〈乾坤大略〉弁言》略云：“……郁郁不得已之志遂笔之于书，因名之曰《乾坤大略》。彼孙征君所谓《廿一史》，杜征君所谓《茅簷款议》者此也。若其诗稿已梓行于世，并载《献县志》《河间府志》《畿辅通志》，余亦不必赘言矣。吾先严静轩公久欲付诸剞劂，奈有志未逮，而此书遂仅传墨稿。烊也熟闻庭训，兢兢焉不敢忘，因于光绪丙午冬嘉平月，商之兄弟及族间诸叔，乃鸠工聚资，镌是书以广流传焉。虽亦继志之微忱，究未始无补于斯世尔。是为序。旹光绪三十二年十二月二十日，八世孙文烊谨记于河城巡警局。”

又有陈锦堂《五公山人〈乾坤大略〉后跋》略云：“山人，明季诸生也，讳馀祐，字介祺。兄弟三人，山人居次，孝行甚笃，故名其里曰‘王三孝子庄’云。山人身不满五尺，目光炯炯，口若悬河。性警敏，诵十行下。贯彻经史暨百家言，而奇门、六壬、韬钤诸书靡不究极其用，以故著作甚夥。如《车战图》《兵民经络图》《万乘车春秋》《十三刀法》，皆能发摅精要，成一家言，而其全副智料，则毕萃（与）〔于〕《居诸编》与《乾坤大略》一书，盖皆隐于五公山作也。山人为容城孙夏峰先生高足弟子……光绪三十三年岁次丁未新正月上浣同邑后学陈锦堂敬笔。”

王文烊为王馀祐的八世孙，《王氏家谱》记载世系为：王馀祐→王孚→王超宗→王九思→王成己→王将华→王松林→王惺→王文烊。

《王氏家谱》载：“惺，字静轩，岁贡生，候选训导。子四，长子曰文烽，立为胞兄思嗣，次曰文熺，三曰文辉，四曰文焕。”又载：“文辉，字星垣，邑庠生。寿六十有七，卒于民国十六年九月□初日寅时。子二，长曰培萛，次曰培芑。”

王悳与王惺为亲兄弟，字皆从心。王文辉即王文烊，王文熹即王文熺，字皆从火。王文烊、王文熹是王悳子侄辈。秦聚奎自王悳获观家传抄本，而宝兴堂则是直接据王文焊、王文熹家传本刊刻。宝兴堂刻本与秦聚奎校本为同一来源，并且汇刊了王馀祐《四囊书》中的其他兵学著作，如《兵策略》《问混一大略》《兵民经络图说》等，所以比较珍贵。

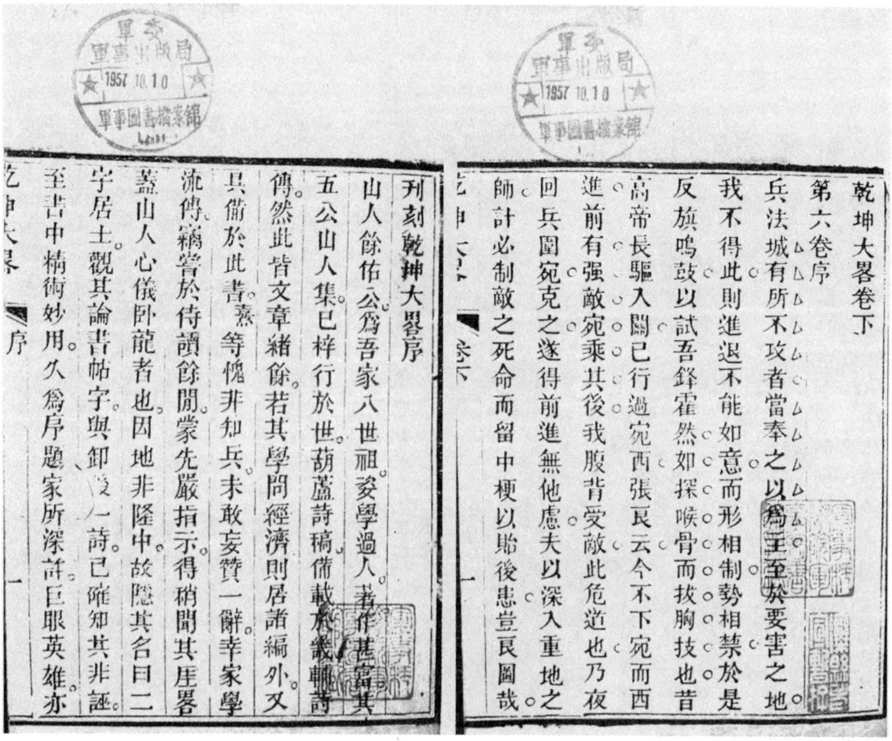
乾坤大畧卷下
第六卷序
兵法城有所不攻者當奉之以爲王至於要害之地我不得此則進退不能如意而形相制勢相禁於是反旗鳴鼓以試吾鋒霍然如探喉骨而拔胸技也昔高帝長驅入關已行過宛西張良云今不下宛而西進前有强敵宛乘其後我腹背受敵此危道也乃夜回兵圍宛克之遂得前進無他慮夫以深入重地之師計必制敵之死命而留中梗以貽後患豈良圖哉

乾坤大畧 卷下 一

刊刻乾坤大畧序
山人餘佑公爲吾家八世祖姿學過人著作甚富其五公山人集已梓行於世葫蘆詩稿備載於畿輔詩傳然此皆文章緒餘若其學問經濟則居諸編外又具備於此書熹等愧非知兵未敢妄贊一辭幸家學流傳竊嘗於侍讀餘閒蒙先嚴指示得稍聞其崖畧蓋山人心儀卧龍者也因地非隆中故隱其名曰二字居士觀其論書帖字與卸[illegible]一詩已確知其非誣至書中精術妙用久爲序題家所深許巨眼英雄亦

乾坤大畧 序 一

军事科学院图书馆藏宝兴堂刻本《乾坤大略》

军事科学院图书馆藏宝兴堂刻本《乾坤大略》有“滦县老宣暂存”钤印。宣永光（1886—1960年），乳名和尚，学名金寿，笔名“疯话老宣”，河北滦县人。著有杂文集《妄谈》《疯话》《老宣放言录》。

（四）《乾坤大略》的其他抄本

除了王馀祐后裔王悳、王文焊的家传抄本以外，流传于世的清代和民国间抄本至少有十种。

1. 中国科学院图书馆所藏《乾坤大略》抄本一种，收入《四库未收书辑刊》第玖辑第拾册，1997 年北京出版社影印出版。又收入“雕龙”古籍网“六府文藏·子部·兵家类”中。书名题《乾坤大略》，首有《乾坤大略总序》，书口写作“此书总序”。《乾坤大略总序》题下署名“二字居士著”，序尾署名“五公山人王馀佑自序”。全书有圈点，行距间有旁批。书末有《题后语》及诗，又有秦聚奎题语。钤“中国科学院图书馆藏”印，共计 82 个筒子页。

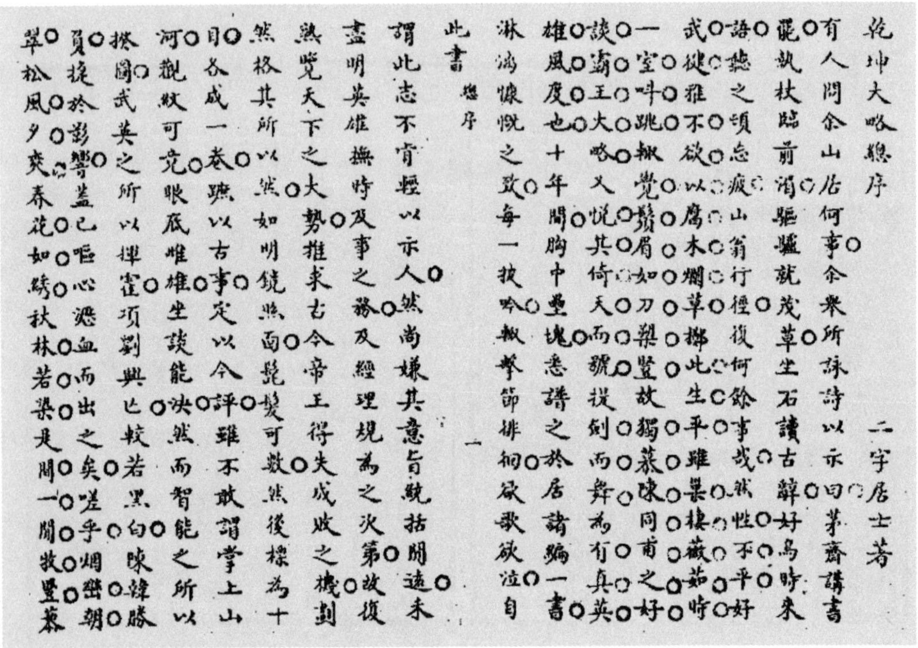

中国科学院图书馆所藏《乾坤大略》抄本

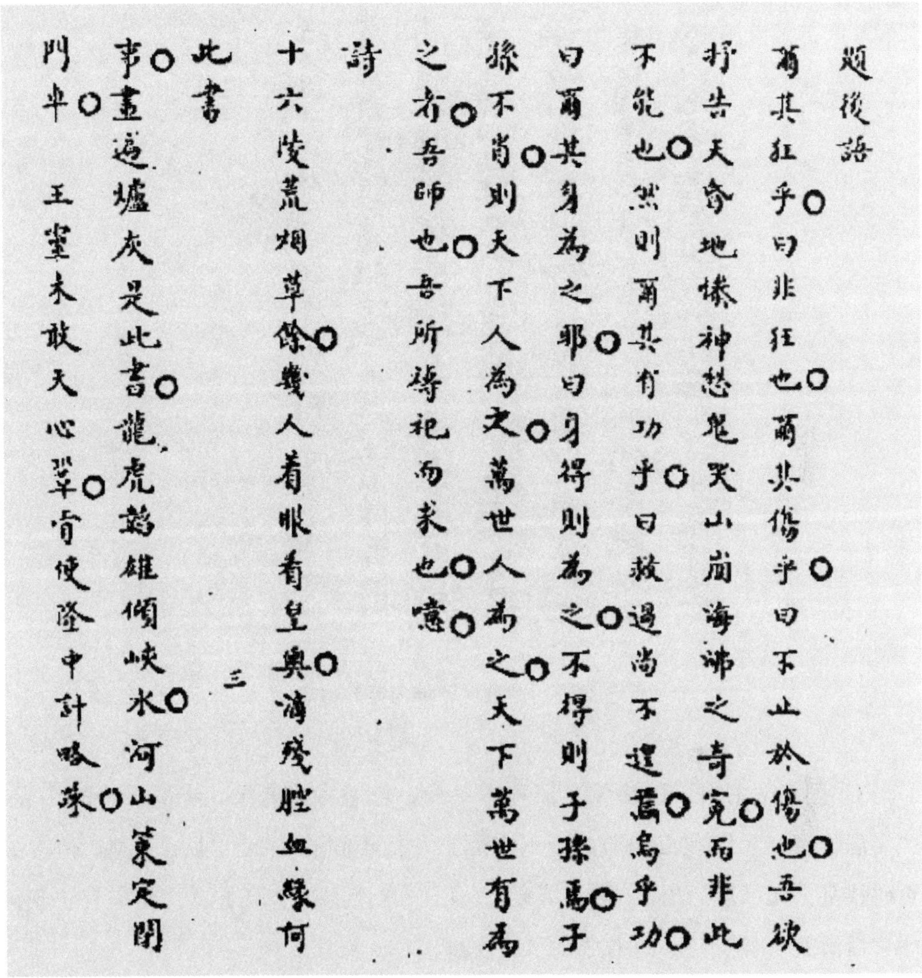

題後語

爾其狂乎○曰非狂也○爾其傷乎○曰不止於傷也○吾欲
將告天奇地慘神愁鬼哭山崩海沸之奇冤○而非此
不能也○然則爾其有功乎○曰救過尚不遑焉○烏乎功○
曰爾其身爲之耶○曰身得則爲之○不得則子孫焉○子
孫不肖○則天下人爲之○萬世人爲之○天下萬世有爲
之者○吾師也○吾所禱祀而求也○噫○

詩

十六陵荒烟草餘○幾人着眼看皇輿○濟殘腔血緣何
事○畫遍爐灰是此書○龍虎踞雄傾峽水○河山策定閉
門車○ 王室未敢天心翠○肯使隆中計略殊○

此書

三

中国科学院图书馆所藏《乾坤大略》抄本书末有《题后语》及诗

2. 台湾影印馆藏《乾坤大略》抄本一种，书名题《居诸编》，署名“五公山人”，收入《稀见清代四部辑刊》第 1 辑第 64 册，台湾经学文化事业有限公司 2014 年影印出版，学苑出版社 2016 年影印出版。行楷字，内容系摘抄，非全文，有圈点，偶有眉批。无收藏钤印，亦不注明馆藏来源。原抄本无页码，共计 74 个单页。据书写风格，此本似民国间抄本。

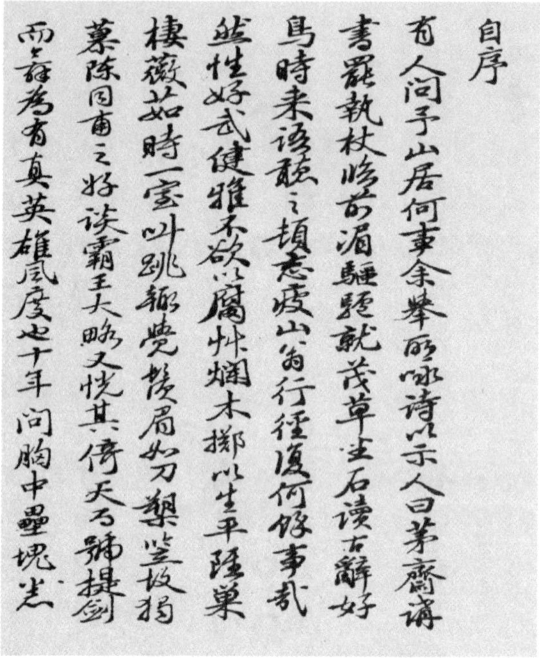
自序
有人问予山居何事余舉所咏詩以示人曰茅齋誦
書罷執杖臨前澗驅犢就茂草坐石讀古辭好
鳥時來語聽之頓忘疲山翁行徑復何修事亂
然性好武健雅不欲以腐草爛木擲以生平陸巢
棲薇茹時一室叫跳鄉覺髮眉如刀槊豈彼猶
慕陳同甫之好談霸王大略又悦其倚天乃歸提劍
而亦爲有真英雄風度也十年問胸中壘塊也

台湾影印馆藏《乾坤大略》抄本

3. 国家图书馆《居诸编》清抄本一种，普通古籍著录，十卷，补遗一卷，二字居士撰，元亨利贞四册。全书有圈点，行距间有旁批。收尾完整，但多处页码错乱。无《题后语》、诗、秦聚奎题语。共计 335 个筒子页。此本有收藏钤印“吕海寰”“镜宇”“尚书之章”三枚。

吕海寰（1842—1927 年），字镜宇，山东掖县人。清末著名外交家、中国红十字会创始人，历任驻德国、荷兰两国公使，工部尚书、钦差商约大臣、兵部尚书、外务部尚书、督办津浦铁路大臣，中国红十字会会长、名誉会长等职。著有《奉使金鉴》六十卷，补辑四十卷；《庚子海外记事》四卷。

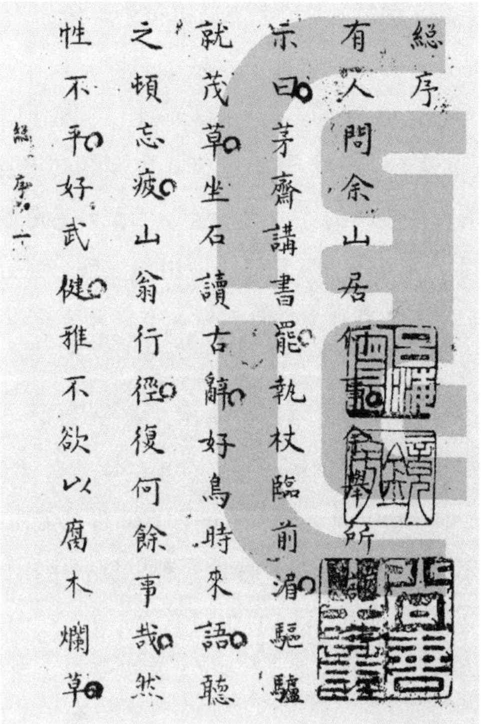
總序
有人問余山居何事余舉所
示曰。茅齋講書罷。執杖臨前渚。驅驢
就茂草。坐石讀古歸。好鳥時來語。聽
之頓忘疲。山翁行徑。復何餘事哉。然
性不和。好武健。雅不欲以腐木爛草。
總序 十

国家图书馆《居诸编》清抄本

4. 台湾“国家图书馆”馆藏《乾坤大略》旧钞本一种，共四册，经王祖询、叶恭绰旧藏，有“王氏二十八宿砚斋秘籍之印”“恭绰”“玉父”“遐庵经眼”钤印，及朱墨笔批校。

王祖询，1869 年生，字次欧，号雨亭、蟫庐，浙江秀水人，后迁居江苏苏州，清末藏书家。长子王大森（1892—1949 年），字荫嘉，号苍虬，又号殷泉，好金石考古、目录版本之学，著有《二十八宿砚斋善本书录》，稿本藏于苏州图书馆。次子王大隆（1901—1966 年），字欣夫，号补安，复旦大学教授，著有《文献学讲义》。王大森、王大隆均沿用“王氏二十八宿砚斋秘籍之印”。

叶恭绰（1881—1968 年），字裕甫、玉甫、玉虎、玉父、誉虎，号遐庵，晚年别署矩园，室名宣室。著有《遐庵诗稿》《遐庵清秘录》《遐庵词》《遐庵谈艺录》。

5. 晚清马叙伦、邓实等人所见《乾坤大略》抄本一种。马叙伦、邓实等人曾见到一种《乾坤大略》的抄本，“字迹遒挺拔俗，传为山人遗墨”，但仅过录了该书的序跋、目录及《与人论〈此书〉帖子》等三篇，铅排发表在光绪三十三年（丁未，1907年）的《国粹学报·撰录》上。同时刊出的还有王源《五公山人传》，但是没有秦聚奎《序》，其标题格式也完全与清抄本吻合。据马叙伦描述，这个钞本是由曾任藩属的“山西某公”所藏，为陈黻宸、陈孟聪叔侄在京时所见，得以借阅，从而将序跋等部分抄出。陈黻宸字介石，浙江温州瑞安人，号称浙江大儒，清末为京师大学堂教习，推崇颜李之学。马叙伦为其弟子。侄陈孟聪，入光复会。“山西某公”不知何人。

《国粹学报》同时刊出的还有马叙伦所作《跋》，署名“啸天庐主”，以及邓实所作《附识》，署名“枚”。《国粹学报》刊出的序跋等部分亦足资为《乾坤大略》的抄本作参校，但“山西某公”所藏的抄本原件已无所查考了。

6. 湖南省图书馆藏《乾坤大略》抄本一种。据《中南、西南地区省、市图书馆馆藏古籍稿本提要》，湖南省图书馆藏有“王五公山人《乾坤大略》十一卷，清王馀祐撰，清饶阳刘凤来钞本一册”，其书未见，既言“饶阳”，未知是否与秦聚奎相关。

7. 山西省图书馆藏《乾坤大略》抄本一种。据全国古籍普查登记基本数据库：山西省图书馆藏《乾坤大略》十卷，补遗一卷，（明）王馀佑撰，清抄本，2册。

8. 辽宁省图书馆藏《乾坤大略》抄本一种。

据全国古籍普查登记基本数据库：辽宁省图书馆藏《乾坤大略》十卷，补遗一卷，（清）王馀佑撰，清抄本，2册，善本号61372。辽宁省图书馆还藏有王馀祐《甲申集》稿抄本。

9. 石家庄市图书馆藏《乾坤大略》抄本一种。据全国古籍普查登记基本数据库：石家庄市图书馆藏《乾坤大略》十卷，补遗一卷，（清）王馀佑撰，清光绪三十一年（1905）抄本，2册。

10. 笔者所藏民国间《乾坤大略》摘抄本一册，内容为各卷之序及《题后语》。

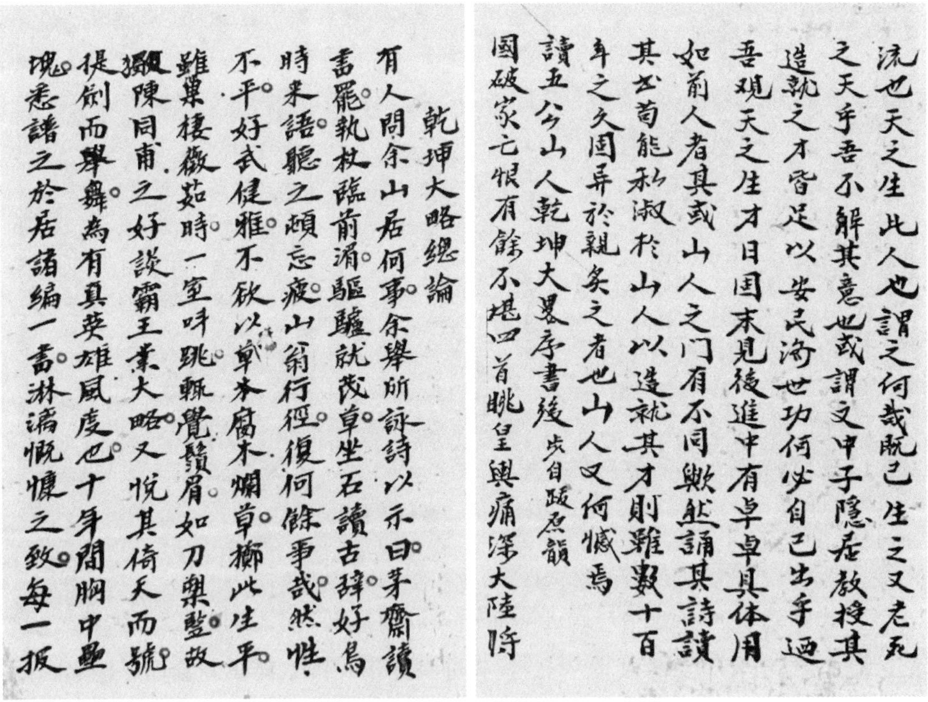

乾坤大略總論

有人問余山居何事余舉所詠詩以示曰茅齋讀書罷執杖臨前澗驅驢就茂草坐石讀古辞好鳥時來語聽之頓忘疲山翁行徑復何餘事哉然性不平好武健雅不欲以草木腐木爛草獮此生平雖巢棲嶶菇時一室吁䟦瓢覺鬚眉如刀槊豎故獵陳同甫之好談霸王業大略又悦其倚天而號提劍而舞為有真英雄風度也十年間胸中壘塊悉譜之於居諸编一書淋漓慨慷之致每一振

流也天之生此人也謂之何哉既已生之又老死之天乎吾不解其意也或謂文中子隱居教授其造就之才皆足以安民濟世功何必自己出乎迺吾觀天之生才日困末見後進中有卓卓具体用如前人者具或山人之门有不同歟然誦其詩讀其書苟能私淑於山人以造就其才則雖數十百年之久固昇於親炙之者也山人又何憾焉

讀五公山人乾坤大畧序書後 步自題原韻

國破家亡恨有餘不堪回首眺皇輿痛深大陸將

笔者所藏民国间《乾坤大略》摘抄本

(五)《乾坤大略》的清末民国铅印本

《乾坤大略》的清末民国铅印本至少有六种。

1. 宣统三年（辛亥，1911）绿云楼铅印本《乾坤大略》。共计二册，各卷题下有“绿云楼辛亥第一次校印”小字，卷首书口标注“此书”，页面有署名“海若”的两句诗“为校遗编配心史，一灯红接下邳遥”，全诗见韩衍《蓍伯遗著·绿云楼诗存》，题为《宜城咏五首》。《绿云楼诗存》又有《此诗》一首，自注：“一名《乾坤大略》”，诗云：“到处南风有此诗，十三陵下一车驰。应知辛亥王炎午，泪尽新蝉欲蜕时。”“此诗”犹言咏王馀祐《此书》之诗。韩衍，原名重，字蓍伯，号孤云，江苏丹徒人，清末加入同盟会，创办《安徽通俗公报》《安徽船》《青年军报》。绿云楼为韩衍在安庆所居室名。《诗存》中又有《自题海若园》，可知“海若”为韩衍园名。

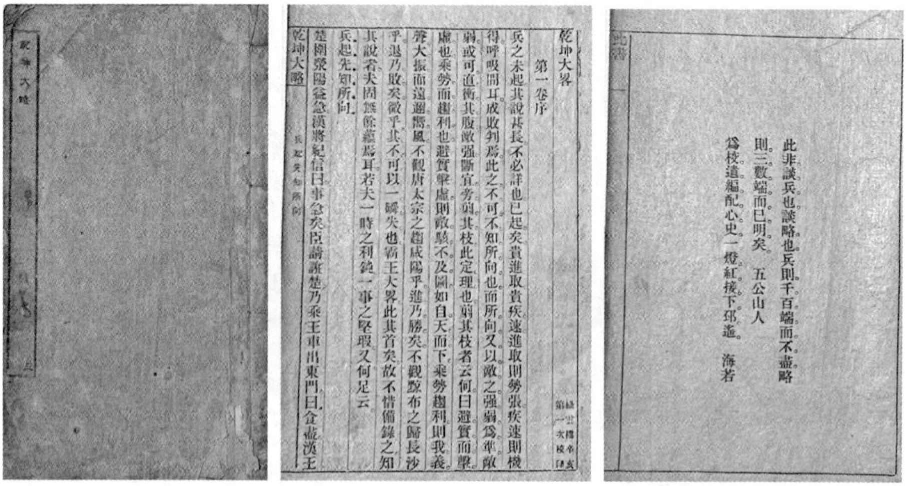
乾坤大略

乾坤大畧
第一卷序
兵之未起其說甚長不必詳也已起矣貴進取貴疾速進取則勢張疾速則機得呼吸間耳成敗判焉此之不可不知所向也而所向又以敵之强弱爲準敵弱或可直衝其腹敵强斷宜旁翦其枝此定理也翦其枝者云何曰避實而擊虛也乘勢而趨利也避實擊虛則敵駭不及圖如自天而下乘勢趨利則我義聲大振而遠邇嚮風不觀唐太宗之趨咸陽乎進乃勝矣不觀黥布之歸長沙乎退乃敗矣微乎其不可以一瞬失也霸王大畧此其首矣故不惜備錄之知其說者夫固無餘蘊焉耳若夫一時之利鈍一事之堅瑕又何足云
兵起先知所向
楚圍滎陽益急漢將紀信曰事急矣臣請誑楚乃乘王車出東門曰食盡漢王

此非談兵也談略也兵則千百端而不盡略則三數端而已明矣　五公山人
爲校遺編配心史一燈紅接下邳游　海若

绿云楼铅印本《乾坤大略》

2. 民国二年（1913 年）武进陶湘据《畿辅丛书》汇印本《乾坤大略》。新城王灏于光绪五年刊刻《畿辅丛书》，武进陶湘于民国二年重新会印，题名《畿辅丛书初编》，共计 443 册，内容、版式与《畿辅丛书》相同。

3. 民国七年（戊午，1918 年）山西育才馆铅印本《兵鉴》。线装二册，书名题为《兵鉴》，扉页题“戊午孟秋育才馆印”，书前为王源《五公山人传》，书后附王馀祐《与人论此书帖子》。

4. 民国九年（庚申，1920 年）山西育才馆铅印本《冰鉴》。线装二册，书名题为《冰鉴》，增注古今地名标于书眉。山西育才馆成立于 1918 年，主要招收山西大学和法政专门学校的毕业生，学习时间分为三个月期和六个月期，培养省政府各机关和各县县长等文职人员，《山西育才馆简章》规定：“本馆按照《国民政治纲目》，以培养本省专门学校毕业人才，使能适应现时行政自治及社会事业之用为宗旨。”

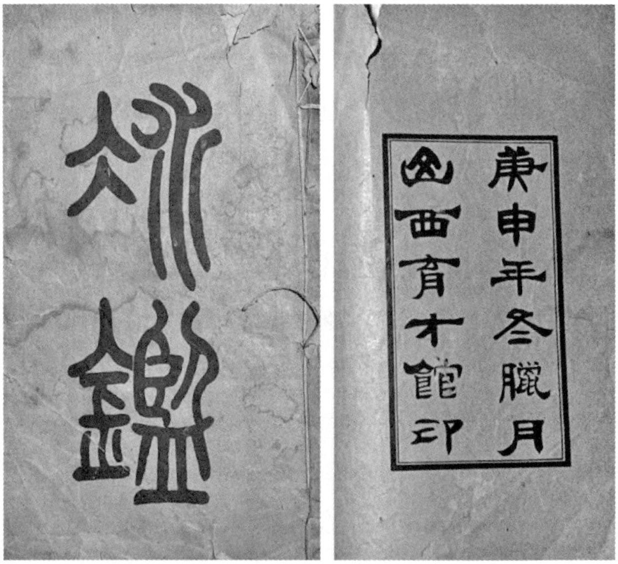

民国九年山西育才馆铅印本《冰鉴》

5. 民国二十六年（1937 年）上海商务印书馆《丛书集成初编》铅印本《乾坤大略》。平装一册，以《畿辅丛书》本为底本排录。

6. 民国初年谷如墉《乾坤大略校注》。据《中国教育大系·历代教育名人志》湖北教育出版社 1994 年版、2015 年版，谷如墉（1853—1916 年），字芙塘，山西神池人，山西大学堂兼办人，同盟会著名创始人谷思慎的伯父。民国元年曾任山西省民政长、省议会全省选举总监督。著有《神池县志稿》《四子义疏》《左传义疏》《古乐斋遗文》及《乾坤大略校注》。其书未见，未知是否与马叙伦所言“山西某公”抄本相关。

三、结语

王馀祐《乾坤大略》一书，在明末清初北学一派著作中是比较有特色的。北学一派偏重于实学，讲究学以致用，以“六府三事”为期许，具有“政学合一”的特点。特别是遭逢北方游牧民族入侵的刺激，北学一派普遍参与军事活动，儒家至于兵而至极。

作为一部兵学著作，其内容宁失之简，勿失之繁。《乾坤大略》在篇幅上比较精简，作为古籍，其年代也并不久远，但其版本流传却比较复杂。首先，作为反清复明的战略指导，它的书名一再更换，先是比较隐晦，后则归于通俗；其次是传抄为主，刊刻较晚；最后，《乾坤大略》的流传刊刻伴随着时代变迁而不断转换其政治角色。

《乾坤大略》的流传刊刻大致有五个高潮。《乾坤大略》从清初编定到咸丰初年，是家传抄本秘藏和秘密流传、随时准备兴起义军推翻清朝的阶段。到咸丰、道光时期，群雄豪杰均已长逝，反清复明的议题已经不复存在，因而这些革命者的著作也得以公开出版。到光绪后期，中日冲突尖锐，《乾坤大略》乃成为对抗日本、提振士气的武器。到清末辛亥革命之际，《乾坤大略》重新成为革命党人“恢复中华”的利器。而到了抗日战争时期，《乾坤大略》以及王馀祐的个人事迹再度成为对抗日本的精神动力。

王馀祐在同治十三年以后入祀新城、献县的乡贤祠，顾炎武、黄宗羲、王夫之三大儒从祀孔庙之议始于光绪初。大约在同光之际，上距清兵入关已经二百余年，出现了一个政治上和文化上的临界点。当年群雄豪杰之举经过岁月的淘洗已经逐渐转化，由在野的反抗力量转而成为深度汉化下的清政权的有力辅翼，实际上也是实现了群雄豪杰期待“后之圣王”的愿望。反清复明何时了？随着汉化的深入、国祚的延长、临界点的变化，“反清复明”这一紧扣“夷夏之辨”的内涵，也必须发生转变。

近现代思想研究

万法唯实

——论张申府的哲学精神

许　宁[*]
（陕西师范大学　哲学学院，陕西　西安　710062）

摘要：张申府是近现代哲学史上的重要思想家，其生平出入于政治与学术之间，屡遭踬踣，学术成就遂为政治风云所掩，虽无暇著述，未成大书，然张申府首倡中西马三流合一，“我所思兮，一切皆实”，在哲学界自成一家。本文试寻绎其旨趣，恢弘其规模，发越其深心，揭橥张申府“万法唯实”的哲学精神。张申府明确将英国的罗素哲学命名为“唯实宗”，比拟为隋唐时期的佛教开宗立派之学。所谓的“三流合一”，在张申府看来，应当是以“实”为基础的中、西、马的会通和融合，同时也代表了世界哲学发展趋势。张申府的哲学体系可以命名为“新实学”，与其弟张岱年的哲学体系（“新气学”）蔚然成为近现代哲学史上的双子星座，继印度佛教的无著、世亲，北宋理学的明道、伊川之后，并为哲学史上各成体系、难得一见的兄弟哲学家。

关键词：张申府；万法唯实；三流合一

“万法唯实”是本文对张申府哲学精神的概括。在中国佛教宗派中，华严宗讲“一切”，唯识宗论“万法”，皆属于宇宙和人生中普遍事物和现象的总称。

---

* 许宁，安徽合肥人，陕西师范大学哲学学院教授，博士生导师，研究方向为近现代哲学。

张申府讲过“我所思兮，一切皆实”①，鼓吹“实的哲学”，王中江先生评价其哲学为“唯实世界观”②，可见“实”乃是其哲学思想的核心范畴，“实学”乃是其哲学思想的体系建构。

一、唯实宗：张申府对罗素哲学的理论定位

张申府被认为是“中国罗素研究第一人”，自称“可能是全中国唯一了解罗素的人”，连罗素都称赞在中国有一位张申府先生比自己更了解罗素哲学，并且为罗素的著作编制了一份难以想象的完整书目。张申府直接策划了罗素的访华活动，除了十余种译文外，他还撰写了《自由人的崇拜》《罗素论原子新说》《罗素自叙思想的发展》《申府与罗素》《罗素的演绎论》《关于罗素》《罗素论西洋文明》《罗曼·罗兰与罗素》《罗素的新书》《祝罗素七十》《海登教授论罗素的科学观》《罗素——现代生存的最伟大的哲学家》等介绍罗素哲学思想的论文。

首先，张申府将罗素作为西方哲学流派中“唯实宗”的杰出代表。西洋哲学流派众多，张申府独具只眼，判之以“唯实”“唯心”二宗分垒对峙。他解释道，所谓的“唯”，当“崇”或“钟”字来理解，表达“特重”的含义③，以此阐扬和强调“唯实”“唯心”二家哲学的方法、态度、动机和精神。唯实宗，假定实有，以实为主，是客观的；唯心宗，假定心有，以心为主，是主观的。他指出：“实宗之精神，实英学最有而特出之精神。凡历来所谓唯名论、经验论、感觉论、实证论、现象论（如马克斯威尔、马赫者），以及自然主义、实验主义，举与实在论的客观法属此同一精神。本书所陈之现代哲学家，罗素先生，

---

① 张申府：《所思》（其二），《张申府集》（上册），石家庄：河北人民出版社 2017 年，第 363 页。

② 王中江：《实在、客观和价值：张申府的“唯实世界观”探析》，《哲学分析》2013 年第 6 期。

③ 张申府赞同熊十力关于“唯”的理解，即“‘唯’者‘殊特’义，非‘唯独’义”。见《编零》（二），《张申府集》（上册），第 637 页。

显属如此意谓之唯实宗。所谓在他指导之下的‘新实在论’派自也有然。”① 张申府高度颂扬罗素是西方哲学史上承先启后、继往开来的杰出人物，“不但把英国本国最大最好的哲学传统都得到了，更以他伟大创辟的造诣把过去英国一切哲家都已超过而上之，而且更已不止一次地开发了伟大的世界上的哲学新潮流，而且还在开发着”②。

其次，张申府认为“实”是罗素哲学的宗要和纲领。他表彰了罗素哲学的实在论立场，认为“唯实宗”最能“代表西洋历来最好的传统”，能够兼顾哲学与科学两个方面，既能辨析精微、不加成见，又能客观切实、实践科学方法，故而是二十世纪初世界最伟大的哲学家。诚然，罗素哲学是不断发展变迁的，但百变不离其宗，而且越变越近其宗。那么，罗素哲学的“宗”是什么呢？“宗就是实，就是如实，就是切实。”③ 张申府在对事、理、事实三个概念进行区分的时候就曾说：“罗素在他的《数理哲学引论》里有一句最深切著明的话，便是说：“只有一个世界，即‘实’世界。”④ 他特意强调这段话是理解罗素精神的必须，若有遗漏必生是非。张申府认为罗素思想里的“实”，总体而言就是 Realism，体现了“对于实在的壮健率直之感”，即以实事求是的态度去思考一切，从而贯彻了张申府所主张的纯客观法的精神。

再次，“实”是理解和认识罗素哲学的关键所在。在罗素七十岁寿辰时（1942 年），张申府写了一篇《祝罗素七十》。他指出凡是一种新哲学，总是有一种新方法，“罗素对于哲学最伟大创辟的成就贡献，造时代而且千古不磨的成就贡献，也就是在他的新方法”⑤。张申府列举了罗素“富有充实的逻辑力”的哲学方法，如逻辑解析、以构代推、摹状论、类型论等，强调“罗素尝自称他生来是一个经验论者。这就对了。这实是罗素哲学最大特点之一，要了解罗素与

① 张申府：《〈现代哲学［导引］〉校论》，《张申府集》（上册），第 284 页。

② 张申府：《祝罗素七十》，《张申府集》（下册），第 219 页。

③ 张申府：《祝罗素七十》，《张申府集》（下册），第 219 页。

④ 张申府：《事、理或事实》，《张申府集》（中册），第 9 页。

⑤ 张申府：《祝罗素七十》，《张申府集》（下册），第 219 页。

罗素哲学是必须懂得这个的"①。这种"实"不仅仅反映了罗素的哲学方法，而且体现了罗素的学术风格与人格风范，即"健实的实在之感"（robust sense of reality)。张申府主张通由这种"实在感"去认识罗素、研究罗素，从而热爱罗素。为什么张申府最喜欢罗素呢？因为罗素"是最能表现实者"。张申府认为："现在讲逻辑解析方法或使用逻辑解析方法的哲学家已经很多了，但罗素这位大师依然有他的特色，那就是他的始终保持不忘而且越来越发加甚的'健实的实在之感'：实实在在要脚踏实地，不背具体实际事实，切实，如实，平实。重视罗素、研究罗素的人特别要注意这一点。"②

王中江先生就此认为："（张申府）所说的'实'、'实在'首先并主要是来源于罗素的哲学，其次才是唯物论。这使得探讨张氏的实在论，在很大程度上就成为考察他如何接受罗素的'实在'观念。"③ 一方面，张申府从唯物论的角度肯定罗素哲学的价值，认为"辩证唯物论虽尚非罗素所晓，但他本大有唯物倾向"④；另一方面，他又认识到罗素哲学的局限性，批评罗素的最大缺点之一是"没大了解唯物辩证法或辩证唯物论"⑤，主张把罗素思想推进到辩证唯物论的新阶段。本文同意美国学者舒衡哲的看法，张申府在现代哲学史上并非是罗素哲学的膜拜者，而"始终是一个批判性的罗素专家"的角色。张申府对"实"的推崇备至，是他自身的思想建构与罗素哲学相得益彰的结果，同时基于对罗素哲学局限性的认识，他提出了会通中西马、实现"三流合一"的创造性主张。

二、三流合一：张申府对中西马的思想会通

从张申府的学思经历看，恰巧经历了中、西、马三个阶段。早期是中学阶

---

① 张申府：《祝罗素七十》，《张申府集》（下册），第 219 页。

② 张申府：《罗素——现代生存的最伟大的哲学家》，《张申府集》（下册），第 481—482 页。

③ 王中江先生对此做了较为详尽全面的分析。参见王中江《实在、客观和价值：张申府的"唯实世界观"探析》，《哲学分析》2013 年第 6 期。

④ 张申府：《〈现代英国哲学〉》，《张申府集》（中册），第 301 页。

⑤ 张申府：《祝罗素七十》，《张申府集》（下册），第 220 页。

段，他幼时在村塾里学习《诗经》《礼记》以及四书等传统典籍；其次是西学阶段，他于1908年考入顺天高等学堂，与梁漱溟、汤用彤等同学，开始学习英文，接触西学思想，1914年考入北京大学本科后，偶然读到罗素的《我们的外界知识》，就此产生浓厚的哲学兴趣，正式从事哲学研究；再后是马克思主义阶段，1916年后张申府受李大钊、陈独秀的影响，关注唯物史观和辩证唯物论，深入研读马列经典，一起创立马克思主义小组，成为一名共产主义的信仰者。

正是在对中、西、马的哲学传统深入研究的基础上，张申府提出了自己最具创造力的哲学主张。1932年10月，张申府第一次明确提出："我的理想：我愿意，百提（即罗素），伊里奇（即列宁），仲尼，三流合一。"① 在1942—1943年的《家常话》中，他写道："我始终相信，孔子、列宁、罗素是可合而一之的。我也始终希望，合孔子、列宁、罗素而一之。"② 1948年，他在纪念孔子诞辰的文章中仍然坚持这样的观点："孔子，罗素，列宁，合而一之。"③ 所谓的"三流合一"既是孔子、列宁、罗素的合三为一，又是价值、辩证、解析的合三为一。张申府认识到"三流合一"是中国哲学发展的趋势，更立"三流合一"为新世界的学统，试图为世界哲学的发展指明道路。方克立先生指出如何处理中西马三种文化资源或知识体系是"五四"之后事关中国文化发展道路和走向的关键问题，而张申府是第一个主张将中西马辩证综合、融通和会的思想家，方先生评价认为"极富前瞻性地提出'三流合一'的思想是张申府先生对中国现代思想史的最大贡献"④。

本文认为"三流合一"的思想意蕴可以从两个维度加以考察。首先，基于中西马会通的横向维度，"三流合一"倡导接着中西马最好的哲学传统讲，其中孔子代表了中国古代哲学最好的传统，列宁代表了马克思主义哲学最好的传统，罗素代表了西方哲学最好的传统，旨在强调中西马以"实"为本的思想会通。在张申府看来，现代唯物论重视"实"，罗素哲学最能表现"实"，而博大充实

① 张申府：《编余（二）》，《张申府集》（上册），第614页。

② 张申府：《家常话》（二九九），《张申府集》（下册），第143页。

③ 张申府：《论纪念孔诞》，《张申府集》（下册），第662页。

④ 方克立：《序》，《我相信中国》，桂林：广西师范大学出版社2017年，第6页。

则是中华民族精神和立国精神的显著特点。可见，中、西、马“三流”都彰显了“实”的价值取向。按照王中江先生的看法，“张氏的‘唯实’信条，是他接受、吸取不同的实在观念并将之融合起来的过程”①。

就中国古代哲学传统而言，“实本是中国最好的传统，凡是中国的长处都在于实”②，中华民族是“尚实的民族”，中国传统哲学里有着极高深的“实”之理、“实”之道在。张申府将儒家的“正名”的本意解释为“循实”，借此呼吁时人多用理性辨析中国当下文化，厘清中国的文字、概念、思想使其更加清楚、切实。他还说：“如实之至，得其道，‘顺其理’”，“实”做到至极之处就是得道，是顺应天理。就好比庄子讲的庖丁解牛和《淮南子》所言的不绳而直，贯通“实”理也就是做到了对自然规则的悠然应用。在他看来，中国人重实在，脚踏实地，就是唯物论，强调变易和变化，就是辩证法，因而“辩证法唯物论可以说是真正的中国的传统”③。对此，汤一介先生评价道：“申府先生所说的‘实’应就是‘诚’，即‘真实无妄’，宇宙人生本自有其当然的道理，这是实实在在的，因此所谓‘唯物’就是中国传统思想‘诚’之义。”④

就马克思主义哲学而言，“实而活”是辩证唯物论或唯物辩证法的精蕴。列宁乃是马克思最伟大的继承者，代表了马克思主义哲学最好的传统。“马克思派的所谓唯物论，其实乃极广义的，实在论或唯实论与客观论，都包于其中。而我既是信经验论者，又是信客观论者，也始终是信实在论者。”⑤ 他引用列宁的“物质就是客观实在”的命题，肯定心也是一种物质作用。张申府认为唯物辩证法内涵丰富，代表了未来的发展方向。“唯物辩证法即是实法，承认实在，接近现实，注重实践，研究事实。解决实际问题，自当唯它是赖。”⑥

就西方哲学传统来说，罗素是“唯实宗”的当然代表，表现为逻辑解析的

---

① 王中江：《实在、客观和价值：张申府的“唯实世界观”探析》，《哲学分析》2013年第6期。

② 张申府：《实与理性》，《张申府集》（中册），第506页。

③ 张申府：《哲学与哲学家》，《张申府集》（下册），第623页。

④ 汤一介：《会通中西　熔铸古今——读〈张申府文集〉》，《社会科学论坛》2005年第10期。

⑤ 张申府：《无谓之争》，《张申府集》（上册），第404页。

⑥ 张申府：《续所思》（八十八），《张申府集》（上册），第745页。

哲学方法。张申府认为“哲学总是要找根的。因此也特别用得着辨——解析”，“逻辑解析遂成了今日专门哲学的方法的主干”①。“所谓科学方法等等，详细现在不必说，语其精要，一言以蔽之，就在就事论事。换言之，也就是脚踏实地、实事求是。更简单说，便是‘切实’二字。……这与佛家的如实、孔子的‘四绝’（‘毋意，毋必，毋固，毋我’），本来相近。”② 可见，张申府一直在力求寻找罗素哲学与传统哲学的契合之处，尝试做“中国最好的传统和西方最新的思想之间的桥梁，……在儒学中的人道主义和罗素的数理逻辑之间建立共同的基础”③。

其次，基于向实而趋历史潮流的纵向维度，“三流合一”要求在会通基础上实现中西马的整合与超越，从而建构起以“实”为核心的新哲学。张申府指出，中国社会最大的弊端就在于“虚而不实”，所以根治中国社会的良药就在于“崇实戒虚”。“不论在哲学上，在政治上，在文学艺术上，在生活行动上，我都相信最根本切要的都在于实。”④ 他特别提出：“说实话，作实事，讲实学；如实，切实，实际，实践；脚踏实地，实事求是。我认为这就是为人、作事、讲学态度上、观点上、方法上最根本的准则、轨范。”⑤

在《实》《实!》《说实》《再说实》《说实话》等文中，他写道：

> “实”，乃是我生平最喜欢的一个字。⑥
>
> 真正最可以救中国的就是一个“实”字。⑦
>
> 近来最想宣传的就是实的教义。⑧

---

① 张申府：《战时哲学的必要》，《张申府集》（中册），第467页。

② 张申府：《非科学的思想》，《张申府集》（中册），第319—320页。

③ ［美］舒衡哲著，余景华摘译：《在孔子与罗素之间——访罗素专家张申府》，《社会科学论坛》2000年第7期。

④ 张申府：《实》，《张申府集》（中册），第425页。

⑤ 张申府：《实》，《张申府集》（中册），第425页。

⑥ 张申府：《说实》，《张申府集》（中册），第269页。

⑦ 张申府：《实!》，《张申府集》（中册），第391页。

⑧ 张申府：《实》，《张申府集》（中册），第425页。

我的信念，就是讲学就应讲实学，作事就应作实事，说话就应说实话。①

思想是切实的，态度是诚实的，身体是坚实的，而生活是朴实的。②

实既是中国最好的传统，又是今日所必需，实在应该发扬之、光大之、履行之。③

我近来的意思已简单明显极了，最根本的只是一个“实”字。由“实”的哲学的根据，以“实”的教育手段，而期达到建立“实”的文化的目的。④

所以，张申府设想以“实”为核心的建构路径，就是通由“实的哲学”，构建“实的教育”，最后全面建设“实的文化”。

在哲学层面上，张申府认为未来的哲学，至少未来的中国哲学，必是他所信持的大客观法或纯客观法，也称为“实法”（Realism）。“我所谓大客观法或纯客观法，可说是中国好的旧东西与西洋好的新、旧东西的集成，而科学法、唯物辩证法、辩证唯物论、罗素哲学的逻辑解析暨其成果、罗素等的物理主义等，皆收于其中。由此不但有一哲学方法，并由此得一知识论，得一元学（有论，宇宙论），得一世界观、人生观、人生理想，实可成一完整之哲学系统。”⑤

在教育层面上，张申府的教育理念也是一个“实”字。他认为“今日的一切，没有比实更重要的了。因此，遂必需一种实的哲学，实的教育，实的文化，来鼓吹实，来教导实，来养成实”⑥，“中国今后一切教育，均应以‘实’为最高原则”，总而言之“以实为本，集体同教”，战时教育是符合学生的教育，更是针对全民的教育，体现了张申府基于现实考虑而期望切实推行的教育实践。

---

① 张申府：《说实》，《张申府集》（中册），第 269 页。

② 张申府：《再说实》，《张申府集》（中册），第 280 页。

③ 张申府：《实》，《张申府集》（中册），第 427 页。

④ 张申府：《〈文化·教育·哲学〉小序》，《张申府集》（中册），第 476 页。

⑤ 张申府：《张季同〈关于“新唯物论”〉编者附记》，《张申府集》（中册），第 52 页。

⑥ 张申府：《战时哲学的必要》，《张申府集》（中册），第 470 页。

在文化层面上，“实”则是未来文化的核心。在抗日战争的危急关头，他特别设计了“十级宝塔”凸显“实”在文化纲领中的核心地位：

实
理性
新科学
思想解放
自觉与自信
普及大众教育
编刊新百科全书
建立抗战建国文化
树立起文化上的国防
实现文化上的三民主义①

“十级宝塔”的逻辑进路是由“实”的哲学的根据，以“实”的教育手段，而期达到建立“实”的文化的目的。而“十级宝塔”的具体内容，则展开为“理性”，其次是“新科学”，又次是“思想解放”，总之是“新启蒙运动”。具体的作法在“普及大众教育”，与“编刊新百科全书”，以示准绳，由是展开为“建立抗战建国文化”“树立起文化上的国防”等主要内容。他明确提出：“现在需要的文化，就纲领说，就社会、政治方面说，特殊言之，就是……抗战建国的革命文化；就内容说，就作用说，就思想、态度说，一般言之，就是新启蒙运动反封建的实的文化。二者实是二而一，一而二的。”②

张申府的“实”作为共同之理贯穿了一切物实、事实、情实、现实，既是中华民族追求的最高价值理想，又是深入到中国人民一切思想、学问、生活的最根本原则。正如他所说，一个独立的国家必有其立国的精神，“我可以谨严郑

① 张申府：《普及教育运动与当前文化运动》，《张申府集》（中册），第463页。

② 张申府：《战时文化社旨趣书》，《张申府集》（中册），第472页。

重、直截了当地回答：就是实与理性”[①]，后来他又发展为“实在第一，理性至上”[②]。

张申府晚年接受美国学者舒衡哲采访时，将自己的哲学思想概括为“实”“活”“中”三个字。他强调：“‘实’，您知道，是我在‘五四’开始时的一篇文章的中心信念。我常写文章讨论真实的重要，及人们对真实视而不见的偏向。我在30年代甚而替一份叫《实报》的报纸写文章。我的大客观哲学，目标就是求实。”[③] 晚年的张申府夫子自道，认为人生至乐，乃在从从容容地对实、活、中的真知、实践。这样，中国传统思想与逻辑分析法以及辩证唯物主义都能在“实”的基础上圆融会通，成为他所期待的世界哲学发展趋势。

三、现代新实学：张申府哲学的体系建构

关于张申府是否有自己的哲学思想，学界有不同的看法。少数学者持否定意见，他们认为张申府没有自己的哲学，只是模糊思想阵线的“大杂烩”，或仅迸发了些许思想火花。大多数学者持肯定立场，他们一致认为张申府有自己的哲学建树和贡献。张岱年先生撰写过《张申府的哲学思想》专文，肯定其兄张申府是“当代中国的哲学家”，试图兼综辩证法和逻辑分析法，从而体现了“有原则地博采众长”的进步趋向[④]。汤一介先生进一步强调张申府是“20世纪上半叶一位有创造性的哲学家”，他认为张申府哲学思想植根于中国传统思想文化，又经过西方哲学（主要是唯物辩证法和罗素的分析哲学）的洗礼，再来认识中国哲学的真精神、真价值，其旨则要在会通中西、融铸古今的基础上希望能建构一新的中国哲学，因此其“不仅是20世纪现代中国哲学中不可或缺的部

---

① 张申府：《实与理性》，《张申府集》（中册），第506页。

② 张申府：《哲学与哲学家》，《张申府集》（下册），第621页。

③ ［美］舒衡哲著：《张申府访谈录》，［美］李绍明译，北京：北京图书馆出版社2001年，第245页。

④ 参见张岱年《〈张申府文集〉序》及《重印〈所思〉序》，《张申府集》（下册），第715页，第705页。

分，而且是对现代中国哲学有着特殊贡献的一种哲学”①。许全兴先生系统总结了张申府对中国现代哲学的三大主要贡献，一是对罗素哲学的介绍，二是大力提倡马克思主义的唯物论和辩证法，并把它用于认识社会和改造社会，三是提出了把马克思、罗素和孔子三者思想相结合的主张②。李维武先生提出张申府孕育了新的哲学精神，即在“解析”和“唯物”之间、西学与中学之间、逻辑与诗之间寻求一种结合点，由此融会古今中西哲学的精华，创造出体现新的时代精神和民族精神的现代形态中国哲学③。程志华先生充分肯定张申府区分“孔家店”与“孔夫子”的意义，即区分儒教糟粕与孔子精神，对作为儒教糟粕的“孔家店”应该打倒，而对作为孔子精神的“孔夫子”应该继承，进而针对现实问题对儒学进行“哲学地”研究，以为中国文化未来发展提供价值之源④。

基于张申府是中国现代哲学家的认识，学界对张申府的哲学及其体系有不同的定位，如称为“解析法的新唯物论”（孙道昇、刘静芳），或“解析的辩证唯物主义”（郭一曲），或“科学的哲学”（董德福）等。本文赞同王中江先生的看法。王中江先生将张申府哲学称为“唯实论”，强调“唯实”才是张申府哲学的灵魂。他提出：“张申府声称的‘实’，比罗素的实在论要宽泛，更不是唯物论的‘物质’概念所能涵盖的，它是用他的‘实’将自然、社会和人类贯穿起来的宏大世界观。‘实’在张申府哲学中的重要性和贯通性，使我们有充分的根据可以将他的哲学概括为‘唯实世界观’（或‘唯实论’）。”⑤

按照张申府自己的论说：“究竟，我是弄哲学的。虽然我不得教哲学已经十年了，我所最愿谈的究竟还是哲学。如我的素愿，我也愿意谈谈我自己的哲学。

---

① 参见汤一介《会通中西　熔铸古今——读〈张申府文集〉》，《社会科学论坛》2005 年第 10 期。

② 参见许全兴《张申府与中国现代哲学》，《清华大学学报》（哲学社科学版）1996 年第 1 期。

③ 参见李维武《张申府先生的哲学精神》，载张岱年、汤一介等著：《文化的冲突与融合——张申府、梁漱溟、汤用彤百年诞辰纪念文集》，北京：北京大学出版社 1997 年。

④ 参见程志华《打倒孔家店　救出孔夫子——张申府的儒学观》，《河北大学学报》（哲学社会科学版）2017 年第 5 期。

⑤ 王中江：《实在、客观和价值：张申府的“唯实世界观”探析》，《哲学分析》2013 年第 6 期。

我也有我自己的哲学么？当然，是有的。”① 张申府对自己哲学思想的介绍与论述主要体现在《共同纲领的原则部分》《我的哲学的中心点——具体相对论》《哲学与哲学家》《我自己的哲学》等文章中。他有深沉的时代关怀和鲜明的问题意识，认识到“今日需要的为抗战建国文化主宰或核心的哲学，也就是实的哲学”②，呼唤和鼓吹“一种新的中国的主张切实、注重实践的哲学”③。他概括自己的哲学观点和进路：“在哲学上，我曾称道新实在论，我自己的哲学观点是‘大客观’。这些的最主要点都不外一个实字。”④

正因为新哲学来源于新方法，张申府的新哲学也来自于新方法。张氏新方法表现为三点：一是纯客观法，二是具体相对论，三是辩证唯物论。所谓“纯客观法”是张申府自己的哲学见解，也称作“实法”。他希望扩大客观的范围，并包括主观于其中，以客观为主，结合主观客观而为一。他认为：“说明纯客观可以超越主观，也可以客观地观察主观。能纯客观的人，可以主观地观察客观。此一观察事物的角度包括了和超越了主观和客观二者。”⑤ 例如历史是人类的创造物。因而要将客观的范围扩大，把主观部分也包括在里面。世界是物质的、客观的、实在的。人也是世界的一部分，人的思想认识可以影响世界，人和物质是不应该分开，人也是物质，这样人的力量也是一种物质的力量。他相信，未来的中国哲学必是他所信持的大客观法或纯客观法。汤一介先生就此评价：“申府先生的‘大客观’是要求消除‘主观’和‘客观’的对立，创造一种融‘主观’与‘客观’为一的哲学，而这样一个思路正是和西方哲学不同的中国哲学的思维方式。”⑥

所谓“具体相对论”是要使得真理各得其所的哲学，也称为“绝对相对论”或“相对绝对论”。“真理是具体的，绝对是相对之积”，通过积相对而成一绝

① 张申府：《我自己的哲学》，《张申府集》（下册），第427页。

② 张申府：《抗战建国文化的建立发端》，《张申府集》（中册），第460页。

③ 张申府：《战时哲学的必要》，《张申府集》（中册），第470页。

④ 张申府：《实》，《张申府集》（中册），第425页。

⑤ 张申府：《我自己的哲学》，《张申府集》（下册），第427页。

⑥ 汤一介：《会通中西　熔铸古今——读〈张申府文集〉》，《社会科学论坛》2005年第10期。

对，简言之，不论对于一句话，对于一个道理，或一种理论，都不可以孤立来看，更不可以抽象来说，也不可以笼统、模糊、含混着就断定其是非。真理无非是“实话”的雅称，是客观实在的主观认识。真理一定要表现在具体的事实上，不表现在事实上的抽象的真理不过是人的想象。真理是表现许多事物间的关系或事物变迁、发展的情况，先事物而存在的真理是没有的。构成大客观以得真理的条件有如实观、面面观、平等观、发展观和关联观等。例如，他对哲学的界说就罗列了若干条，充分反映了他的“具体相对论”的运用，如“哲学是可能的之学”“哲学是原理原则之学”“哲学是假定之学”“哲学就是逻辑解析”或“哲学是人类行动的最高指导”等，以此说明“一个东西的方面不同，或所从而看的方面不同，就可以有不同的说法”①。

所谓“辩证唯物论”乃是一整个的哲学系统，既有它的方法、态度，也有它的元学、知识论，更有它的人生观、人生哲学，其最根本义则在承认有不依附人的客观实在。在张申府看来，唯物辩证法是以“活”为其内在本质。“活”相当于“权”，人要能守“经”，更要善从“权”。辩证法唯物论也可以说是就是“权”的逻辑，它反对机械、反对呆板、反对割裂。

张申府和张岱年是中国近现代哲学史上的双子星座，张岱年在长兄张申府的影响下走上哲学之路，成长为中国哲学界的巨擘。张申府的哲学可称为“新实学”，张岱年的哲学可称为“新气学”②。张申府的“新实学”与张岱年的“新气学”既有联系，又有区别，成为各具特色的哲学体系。

在核心范畴上，张申府“唯实”，以“实”为基础会通中西马，力求接着孔子、罗素和列宁为代表的世界哲学传统讲，创造“新世界学统”；张岱年“唯气”，以“气”为最细微、最流动的物质，肯定在中国哲学话语中以物的范畴解说一切之根本论，乃是气论，力求接着张载、王夫之、颜元、戴震等气学传统讲，自觉地以继承和发展“气学”作为自己的哲学使命。

在价值观上，张申府强调“时中”的理想和态度，“中者天下之所终也”，

---

① 张申府：《论什么是哲学》，《张申府集》（下册），第520页。

② 参见朱晓红、许宁《张岱年“新气学”思想述要》，《安徽大学学报》（哲学社会科学版）2009年第6期。

哲学以中及通为归宿，提倡圆融中道，反对折中、执中，“理性聿张，融融时中”[①]；张岱年提倡“兼和”为上，认为兼容多端而相互和谐是价值的最高准衡，再三强调兼和是“最高的价值准则”。

在文化观上，张申府倡“三流合一”，主张“合孔子、列宁、罗素而一之”，尤其要“打倒孔家店，救出孔夫子”[②]，将孔子仁道和逻辑解析、辩证唯物统贯起来，呼唤扬弃和超越“五四”的“新启蒙运动”；张岱年阐“综合创新”，要求“唯物、理想、解析，综合于一”，兼综东西文化之长，精辟指出“文化的综合创新的核心是马克思主义与中国文化的优秀传统的结合”[③]。

在理论构造上，张申府建构了“新实学”，是明清实学（尤其是颜李学派）在新的历史条件下的发扬和开展，体现了他对中西马哲学传统的思想会通，具体展开为纯客观法、具体相对论、辩证唯物论等理论建构，其理论旨趣是崇实戒虚，说实话，作实事，讲实学，重实干，一切下实功夫，政治上以实立国、民主共产，教育上以实为本、集体同教，伦理上据实谈性、平等自由，文化上以实为旨、辩证中西，审美上以“充实之谓美”为最高标准。张岱年则发展了“新气学”，属于宋明张横渠、王船山气学与马克思主义唯物论哲学相结合的理论产物。他通过对“气”范畴的唯物主义的哲学阐释，对传统气学做出唯物主义的解读和梳理，构建了现代“新气学”的唯物主义思想体系。他自觉地以继承和发扬“气学”为己任，而且运用唯物辩证法来进行改造和诠释，促进古典气学向现代的生成与转化，对于传统哲学的现代化具有积极的启示意义。蒋国保先生认为“（张岱年）对‘气本论’哲学的现代诠释，使我们找到了谋求中国哲学现代化的新路数，即创造性的综合辩证唯物论、逻辑分析方法与中国特色的唯物论（气本论）于一体的‘新气学’路数”[④]，李存山先生也认为“张岱年先生在三四十年代，推崇‘（横）渠（船）山’之学、颜李之学，……也是‘接

---

① 张申府：《天人行》，《张申府集》（下册），第 317 页。

② 张申府：《论纪念孔诞》，《张申府集》（下册），第 662 页。

③ 张岱年：《我与中国 20 世纪》，《张岱年全集》第 8 卷，石家庄：河北人民出版社 1996 年，第 526 页。

④ 蒋国保：《张岱年“新气学”散论》，《湖南大学学报》2006 年第 3 期。

着’中国传统的气论或气学讲的，亦可谓是‘新气学’”①。这样，“二张”继印度佛教的无著、世亲，北宋理学的明道、伊川之后，并为哲学史上各成体系、难得一见的兄弟哲学家。

① 李存山：《破除对马克思主义与儒学的“夷夏之辨”》，载崔龙水、马振铎主编《马克思主义与儒学》，北京：当代中国出版社1996年，第9页。

张岱年先生的孔子研究*

曹树明**

（陕西师范大学　哲学学院，陕西　西安　710119）

摘要：孔子是张岱年长期重点关注的哲学家之一。与康有为等尊孔派和胡适、李大钊、陈独秀等反孔派的偏颇不同，张岱年提倡研孔、评孔，体现出客观地评判孔子的科学态度。基于明确的方法论，张氏在分析孔子的哲学概念时，注重运用来自西方的解析法，乃至应用于被普遍认为孔子没有加以界定的“仁”的分析上。张岱年重视对孔子哲学之条理系统的发掘，认为他创造了一个包括宇宙论的思想萌芽、人生论、致知论的思想体系。他还强调要辩证地、历史地衡定孔子的历史地位。

关键词：张岱年；孔子；解析法；条理系统；历史地位

孔子的命运在20世纪的中国可谓跌宕起伏，张岱年则是这一起伏过程中理性对待孔子的重要学者之一。三四十年代，他撰写的《中国哲学大纲》一书及《中国知论大要》《孔学评议》等论文中，就开始对孔子进行现代性的哲学阐释，八九十年代更是写作了《孔子哲学解析》《孔子评价问题》《论孔子之“是非”》《关于孔子哲学的批判继承》《孔子在中国文化史上的地位》《要正确理解孔子》《孔子对于中华民族的贡献》等多篇文章，或分析其思想，或揭示其地位，或考

* 国家社科基金项目“张岱年的中国哲学史个案研究”（16XZX007）的阶段成果。

** 曹树明，陕西师范大学哲学学院教授，博士生导师。

量其是非，或总结其贡献，从多个维度透视孔子。

一

近代以来，对于孔子，尊奉者有之，批判者有之，但把西学作为参照则是无一例外的。康有为看到了宗教在西方国家的力量，从而致力于孔学的宗教化，把孔子打造成托古改制的“大地教主”，并将保教提到了与保种、保国同等的高度，但这一切皆旨在为其变法维新做理论准备。把康有为划入尊孔派，应该是成立的，然而他的孔教观与其说是学术的，不如说是政治的，且其孔子研究仍然笼罩于今文经学的模式之下。五四新文化运动的主力军胡适、李大钊、陈独秀等则提倡“打倒孔家店”，因而可称之为反孔派。胡适在《吴虞文录·序》中赞赏吴虞是“只手打孔家店”的“老英雄”①。尽管“打孔家店”与“打倒孔家店”尚有一定区别，但在客观效果上却掀起了五四时期打倒孔家店之风。立足于唯物史观，李大钊声称：“孔子生于专制之社会，专制之时代，自不能不就当时之政治制度而立说，故其说确足以代表专制社会之道德，亦确足为专制君主所利用资以为护符也。……故余之掊击孔子，非掊击孔子之本身，乃掊击孔子为历代君主所雕塑之偶像的权威也；非掊击孔子，乃掊击专制政治之灵魂也。”②陈独秀也说：“要拥护那德先生，便不得不反对孔教，礼法，贞节，旧伦理，旧政治。”③ 反孔派多倾向于文化上的全盘西化，这在其时中国的启蒙意义是毋庸置疑的，但在学理上的偏颇也是显而易见的。

较早突破片面地尊孔、反孔的学者，张岱年的兄长张申府是其中之一。他

---

① 胡适：《胡适文存》，《胡适文集》（2），欧阳哲生编，北京：北京大学出版社 1998 年，第 610 页。

② 李大钊：《自然的伦理观与孔子》，《李大钊全集》第二卷，朱文通等整理，石家庄：河北教育出版社 1999 年，第 454 页。

③ 陈独秀：《〈新青年〉罪案之答辩书》，王观泉选编：《〈独秀文存〉选》，贵阳：贵州教育出版社 2014 年，第 92 页。

以为五四的口号“应下一转语”：“‘打倒孔家店’，‘救出孔夫子’。”① “孔门儒教，当然应该打倒。把孔子当教主，罢黜百家，定为一尊，严门锁户，使得学术不得进步，遗害中国已经两千年，当然要不得，当然要该打倒。”② 然而，历史上的真实孔子，“究竟是不失其为‘大哉’的。不过，‘大哉’也就是他最适当的称誉。若以他为万能，为全对，当然便错。孔子只是中国最大的思想家、教育家、政治家，若以为教主而崇祀之，也只有害了他”③。将儒教与真实的孔子之学区分开来，是对其切实的、唯物的、客观的、数量的、解析的“科学法”④ 的实践。在方法论上，张岱年的孔子研究与其兄可谓一脉相承。

二

在《中国哲学大纲》“自序”中，张岱年提出“审其基本倾向”“析其辞命意谓”“察其条理系统”和“辨其发展源流”四种研究中国哲学史的方法。此后，尽管随时代的不同而做出相应调整，但这四种方法始终是他的基本方法论。在自觉的方法论的支配下，张岱年对于孔子思想的阐发至少有三个方面值得关注。

（一）解析法的运用

与张申府一道，张岱年力倡“逻辑解析法”。所谓逻辑解析，就是“把表面上似乎很明白的概念与命题加以考察，疏理，分别其不同的意谓”⑤，此即《中国哲学大纲》里所云的“析其辞命意谓”。在对孔子之概念范畴的分析上，张岱年就极力推行此法。

1931 年发表的考订老子年代的论文里，解析法就被张岱年用于分析孔、老

---

① 张申府：《什么是新启蒙运动？》，《张申府集》（中册），杜运辉编，石家庄：河北人民出版社 2017 年，第 381 页。

② 张申府：《论纪念孔诞》，《张申府集》（下册），第 662 页。

③ 张申府：《尊孔救得了中国吗？》，《张申府集》（中册），第 235 页。

④ 张申府：《五四纪念与新启蒙运动》，《张申府集》（中册），第 375 页。

⑤ 张岱年：《逻辑解析》，《张岱年全集》第一卷，石家庄：河北人民出版社 1996 年，第 178 页。

的共用概念的含义，以判断二人思想之先后。他指出，孔子的“道”有“学说”“主义”和“真理”两层含义，老子的“道”的意义“就特殊化、深刻化了，变为一个生万有，包万有，并为万有之规律的玄想实体”；而“‘天’，在孔子，是个不甚明显的有意志的天，……孔子的态度正是初民的上帝之天到老子的实质之天中间的过渡”①。因此，老子思想决在孔子后。《中国哲学大纲》更为详细地阐发了孔子之“天”的含义：“孔子所谓天，是从当时传统信仰中取来的，而其意谓则已有所改变。传统信仰中所谓天，是有人格的上帝；孔子怀疑鬼神，而有人格的上帝，实亦在怀疑之列。孔子所谓天，其实即指高高在上的苍苍之天，认为此苍苍之天即生成一切统治一切之最高主宰。一切皆此天之所生，此天对于一切有宰制之力。而此最高主宰之天，并无具体人格。孔子的天之观念，可以说是由上帝之天到自然之天之过渡。”②《中国古典哲学概念范畴要论》则对之进行历时态的解析：“孔子所谓天，仍有最高主宰的意义。如说：‘天之将丧斯文也，后死者不得与于斯文也。天之未丧斯文也，匡人其如予何！’文化的兴衰，个人的安危，都是天所决定的。但孔子讲天，有时亦指广大自然而言，如说：‘大哉尧之为君也，巍巍乎！唯天为大，唯尧则之。’……孔子这句话，可能是晚年讲的。孔子关于天的思想可能有一个转变。”③ 此外，张岱年还分析了孔子的一些含义难考的概念，如关于“两端”，他说：“从词义来看，孔子是承认凡事皆有两个方面，不能仅仅注意其一个方面。这是一个深湛的观点。”④ 关于孔子之“智”，张氏则认为，“孔子所谓智的意义是广泛的，其中包括由经验而得到的智慧”⑤，“孔子所谓知包括对于事物的认识和对于道德的认识”⑥。

张岱年对于解析法的重视，尤其突出地体现在他对孔子哲学之核心概念“仁”的诠解上。通常认为，孔子未曾给“仁”下一个明确的定义，而是针对不

---

① 张岱年：《关于老子年代的一假定》，《张岱年全集》第一卷，第 6，7 页。

② 张岱年：《中国哲学大纲》，《张岱年全集》第二卷，第 35 页。

③ 张岱年：《中国古典哲学概念范畴要论》，《张岱年全集》第四卷，第 472 页。

④ 张岱年：《中国古典哲学概念范畴要论》，《张岱年全集》第四卷，第 590 页。

⑤ 张岱年：《中国伦理思想发展规律的初步研究》，《张岱年全集》第三卷，第 486 页。

⑥ 张岱年：《中国伦理思想研究》，《张岱年全集》第三卷，第 616 页。

同弟子的提问做出不同的回答。张岱年反对这种流行的看法，而以为“孔子实曾明白的给出仁之界说”，此即其所云“夫仁者，己欲立而立人，己欲达而达人”。将这两句话视为孔子对仁的界说，理由在于：第一，一般问仁，他是就问者的程度予以指点，只说出仁的一面，而此二句是在子贡误将比仁更高的圣的境界视为仁时孔子所说，如是，“孔子自不得不说出仁之全义，以见仁之全义尚不及此境界，而不能仅只说仁之一片断了”①，“孔子区别‘圣’与‘仁’，因而必须讲明‘仁’的完整含义，必须如此才能揭示圣与仁的不同意指”②。第二，“夫仁者”三字，颇似立界说的形式。第三，《论语》中其他说“仁”的文字，“含义都不若此条之深广，其意旨都不出此条之范围”，“以此为界说，以观《论语》言仁各条，则无有不通，且各显深义”③。鉴于此，张岱年指出，“己欲立而立人，己欲达而达人”是仁的本旨、仁的中心意谓，此本旨甚约，而所涵甚广，可以含括忠恕、克己复礼和力行等仁之具体面向，“应该承认，这是道德的一项最根本的原则，可以称为古代的人道主义观点”④。在张氏看来，这句话还包含多层含义：“（1）首先肯定自己有立达的愿望；（2）其次肯定别人也有立达的愿望；（3）努力实现人与己的立达愿望就是仁的含义。”⑤ 不止于此，张岱年又对仁的中心意谓做了更进的解析：“一，仁是一方自强不息，一方助人有成，是人己兼顾的。二，仁可以说包含对别人的尊重。三，仁是由己及人，仍以自己为起点。四，仁固包含情感上的爱，乃物质生活上的扶助，而更注重道德上的励导。仁固注意别人生活的维持，而更注意别人道德的提高。仁者对于别人的爱助，目的在于使其成为有德行有成就的人。”⑥ “孔子谓仁即‘己欲立而立人，己欲达而达人’，其意义就是与人共进，相爱以德。”⑦

---

① 张岱年：《中国哲学大纲》，《张岱年全集》第二卷，第 283 页。

② 张岱年：《中国古典哲学概念范畴要论》，《张岱年全集》第四卷，第 615 页。

③ 张岱年：《中国哲学大纲》，《张岱年全集》第二卷，第 283—284 页。

④ 张岱年：《中国古典哲学概念范畴要论》，《张岱年全集》第四卷，第 615 页。

⑤ 张岱年：《中国伦理思想的基本倾向》，《张岱年全集》第六卷，第 378 页。

⑥ 张岱年：《中国哲学大纲》，《张岱年全集》第二卷，第 288—289 页。

⑦ 张岱年：《世界文化与中国文化》，《张岱年全集》第一卷，第 155 页。

关于孔子之仁，学界多是归纳其含义，如蔡元培认为孔子之仁是“统摄诸德完成人格之名”①；谢无量采用理学家的解释：“仁也者，实为天理之至纯，而可以总括人心之全德者也。程明道谓仁者以天地万物为一体，朱子谓仁者无私心而合天理之谓，此最善言仁之本体，深有得于孔子之旨。”② 胡适赞同蔡元培之说，进而指出“能尽人道，即是仁”，“成人即是尽人道，即是‘完成人格’，即是仁”③；日本学者三浦藤作说，“仁，孔子教学之极致，一贯之道之内容也”，“孔子之道德理想，可以仁之一字总包括之”④；纲岛荣一郎“以为孔子之所谓仁，有广狭二义。广义之仁，为一切诸德之主，而视为统御诸德之穷极理想（即统一的原理）。……狭义之仁，与智勇二德并称，当于仁爱，即英语benevolence之德”⑤；梁启超以“同情心”释孔子之仁⑥；冯友兰指出，“《论语》中言仁处甚多，总而言之，仁者，即人之性情之真的及合礼的流露，而即本同情心以推己及人者也”⑦。“己欲立而立人，己欲达而达人”，在冯氏那里，只是为仁的方法。可见，各位学者皆欲从孔子关于仁的论说中抽绎出其含义，而未尝以为他自己有明确的仁之定义。张岱年则断定孔子曾界定仁，并以之贯穿于其他关于仁的论说中。这在其时乃至今日都是独树一帜的见解。

追根溯源，断言孔子曾界定“仁”，是张岱年格外重视对西方的解析法之汲取的结果。可以肯定的是，其判定无论是否符合孔子思想的本真，都让我们更为清晰地理解了孔子之仁。他在此基础上对仁之中心意谓的更进的解析，在一定意义上即是对仁的现代阐发，将之视为简略的新仁学亦不为过。应该说，张氏的哲学史研究及哲学创造，皆得益于其解析法的运用。

---

① 蔡元培：《中国伦理学史》，上海：商务印书馆1928年，第19页。

② 谢无量：“第一编上”，第65页，《中国哲学史》，上海：中华书局1916年。

③ 胡适：《中国哲学史大纲》上卷，第114页。

④ ［日］三浦藤作：《中国伦理学史》，张宗元、林科棠译，上海：商务印书馆1926年，第45，49页。

⑤ ［日］纲岛荣一郎：《春秋伦理思想史》，转引自三浦藤作：《中国伦理学史》，第48页。

⑥ 梁启超：《先秦政治思想史》，北京：东方出版社1996年，第81页。

⑦ 冯友兰：《中国哲学史》，北京：中华书局1947年，第97页。

（二）条理系统的发掘

众所周知，冯友兰在其《中国哲学史》里即强调中国哲学虽无形式上的系统，但有实质的系统，"讲哲学史之一要义，即是要在形式上无系统之哲学中，找出其实质的系统"①。张岱年将冯氏此说视为"不刊之至论"②，并具体应用。对孔子哲学之条理系统的探究，《中国哲学大纲》一书的观点最值得重视。在张岱年看来，作为中国哲学之创始者的孔子，在宇宙论、人生论、致知论三个"部门"都是先行者。

1. "中国宇宙哲学之先驱"

中国哲学的宇宙论（用中国传统哲学的术语又可称为天道论），于张岱年而言，有本根论和大化论之分。其中，本根论即关于宇宙之最究竟者的理论，大化论则旨在探究宇宙历程的内容，包括关于变化及其规律的研究。西方传统的形而上学有 Ontology 与 Cosmology 之分，"中国古代哲学中，本根论相当于西方的 Ontology，大化论相当于西方的 Cosmology"③，"'本体论'（Ontology），也有人译为'存在论'，讲万物存在的根据。'宇宙论'（Cosmology），也有人译为'生成论'，讲天地起源、宇宙变化的过程"④。

张岱年指出，春秋时代及战国初还没有宇宙的观念，当时认为最大的覆盖一切的是天，而孔子之天的含义"似神而非神，非人格上帝而乃自然主宰"⑤，是生成一切统治一切的最高主宰，是从上帝之天到自然之天的过渡，"以此意义言，孔子实可谓为中国宇宙哲学之先驱"⑥。从子贡所云"夫子之言性与天道，不可得而闻也"，张岱年推断道："既言夫子之言天道，则孔子必亦尝论及天道，故孔子虽非中国宇宙论之创始者，却可以说是中国宇宙论之前导。"⑦

---

① 冯友兰：《中国哲学史》，第 14 页。

② 张岱年："自序"，第 2 页，《中国哲学大纲》，《张岱年全集》第二卷。

③ 张岱年：《中国哲学大纲》，《张岱年全集》第二卷，第 124 页。

④ 张岱年：《中国哲学中的本体观念》，《张岱年全集》第五卷，第 488 页。

⑤ 张岱年：《中国哲学大纲》，《张岱年全集》第二卷，第 123 页。

⑥ 张岱年：《中国哲学大纲》，《张岱年全集》第二卷，第 35 页。

⑦ 张岱年：《中国哲学大纲》，《张岱年全集》第二卷，第 35 页。

在张岱年看来，认为宇宙是变化的，乃中国哲学的一个根本倾向；而这种观念在孔子那里就已经有端绪，他所说“逝者如斯夫，不舍昼夜”即是表达这种观念的意义深远的话，“他肯定事物有如川流，四时运行不息，百物生生不绝，这已初步提出了过程的观点”①。依张氏之见，先秦儒家虽无关于宇宙的详细的理论，但却有“深微的观点”，先秦儒家天道论有“生”和“诚”两个重要观念，其中“生”的观念就始于孔子。“孔子尝说：‘天何言哉？四时行焉，百物生焉。’特别提出行字生字，意趣极为深微。孔子在川上所说的‘逝者如斯夫，不舍昼夜’，亦即指示行字之义蕴。孔子实认为世界是动的，百物生生不息，一切俱非静止。”②

通过对“天”“生”两个概念的体察，张岱年认为孔子已有一些本根论和大化论方面的思想萌芽。这些分析中，不仅运用了概念解析法，而且贯彻了“辨其发展源流”的方法论。

2.“第一个提出一个人生论系统”

人生论是中国哲学的中心部分，“中国哲学家所思所议，三分之二都是关于人生问题的。世界上关于人生哲学的思想，实以中国为最富，其所触及的问题既多，其所达到的境界亦深”③。中国哲学向来不重视区分，宇宙论与人生论也是不分别的：中国的哲学家多认为人生的准则就是宇宙的本根，宇宙的本根就是道德的标准，关于宇宙的根本原理就是关于人生的根本原理。如是，中国人生论立论的步骤常是“由宇宙论而讲天人关系论，进及于性论，再由性论而讲人生之最高准则；人生最高准则确立后，便推衍其原理以讨论人生各问题”④。当然，孔子是个例外，他重视人生问题的探讨，却没有真正建立宇宙论学说。但在中国哲学史上，孔子是第一个建构人生论系统的，这也是他被视为中国哲学开端的原因所在。

由于宇宙论的缺乏，孔子没有讨论天人关系，但他是第一个讲性的。孔子

---

① 张岱年：《中国古代哲学的基本特点》，《张岱年全集》第五卷，第 503 页。

② 张岱年：《中国哲学大纲》“补遗·儒家之天道论”，《张岱年全集》第二卷，第 626 页。

③ 张岱年：《中国哲学大纲》，《张岱年全集》第二卷，第 194 页。

④ 张岱年：《中国哲学大纲》，《张岱年全集》第二卷，第 195 页。

尚未像孟荀那样以善恶论性，其所谓性，与习相对。张岱年反对根据“唯上智与下愚不移”的话把孔子定位为性三品论者的看法：“所谓上智下愚，原非论性，而是讲才智的差别，性本不可以智愚来说。”① 时至今日，以为这句话是谈孔子人性论的，也大有人在，但张氏的判断才是客观的、准确的。

关于人生最高准则的人生理想论是孔子哲学的主要部分。孔子是第一个提出人生理想的。他没有特殊的宇宙论和人性论，一生所辛苦倡导的，就是人生之当然准则和与其联属的政治理想。张岱年主张，仁就是孔子的人生理想，它“境界极高，而平实简易：是一个宏大而切近的生活准则”“仁是一个极崇高而又切实的生活理想，不玄远，无神秘，而有丰富义蕴”②。上文已示，在张氏眼中，仁的主要含义是“己欲立而立人，己欲达而达人”，而所谓立是主体性的确立，所谓达是主体性的提高。“仁肯定了自己的主体性，同时又肯定了别人的主体性。这是一个崇高而又切近的理想原则”③。此外，孔子特别重视“义”，认为人的行为应合乎当然的准则，此当然准则的内容其实就是仁。换言之，“在孔子，仁与义不是并立的二德，而只是一事”④。孔子又常常仁知并举，仁且知，而有大功于众人，就是圣人。孔子那里，圣人的境界是高于仁的，但“圣是最高人格之名称，而非生活的准则”⑤，故而仁才是孔子的人生理想。

3. “关于致知方法的研讨，始于孔子”

中国哲学的重心是人生论，知识论却不是很发达，然而论人论天，都在知中，“闻道”也必讨论到“闻道之方”，即“致知之方”。孔子没有论及知识，但中国哲学中关于致知方法的探讨，始于孔子。

张岱年从方法和态度两个维度讲孔子的致知之方。他指出，孔子的致知方法的第一原则是“一以贯之”，第二原则是“博学于文”，这两个原则基于其对学与思的并重，前者是学之工夫，后者则是思之工夫所致。“孔子所说的一以贯

---

① 张岱年：《中国哲学大纲》，《张岱年全集》第二卷，第 211 页。

② 张岱年：《中国哲学大纲》，《张岱年全集》第二卷，第 283，289 页。

③ 张岱年：《要正确理解孔子》，《张岱年全集》第六卷，第 557 页。

④ 张岱年：《中国哲学大纲》，《张岱年全集》第二卷，第 290 页。

⑤ 张岱年：《中国哲学大纲》，《张岱年全集》第二卷，第 291 页。

之，是后来直觉法之渊源；多学而识，是析物法的本始”。[①] 此外，“绎言”即演绎，“叩其两端”即勘察其对待，“辨惑”即自己反省而免除自相矛盾，“一言一蔽”即对于不同意见应容忍而不必排斥，“阙疑”即对于不能确定者存而不论，等等，都是孔子的致知之方[②]。求真知应有的态度，即孔子所云“知之为知之，不知为不知”，而意（臆测）、必（武断）、固（固执）、我（主观）则是寻求真知所必须戒绝的。

孔子关于名与辩的讨论，亦是方法论的一部分。“一般方法论，是关于探索真知的途径之理论；名与辩的讨论，则是关于表达思想、论证真知的思维规律之理论。”[③] 张岱年指出，关于名的讨论，起源于孔子的正名。正名就是使名实相应，名符于实，实符于名。孔子的正名，还重视近似的名词之间的区别，《论语·子路》中分别“政”与“事”[④]，即是实例。

胡适、冯友兰之后，张岱年在中国哲学史专著里致力于孔子哲学之条理系统亦即哲学体系的整理，且表现出与胡、冯的很大不同。以形式而言，胡适《中国哲学史大纲》从“孔子略传”“孔子的时代”“易”“正名主义”“一以贯之”几个方面叙述孔子的哲学，冯友兰《中国哲学史》从“孔子在中国历史中之地位”“孔子对于传统的制度及信仰之态度”“正名主义”“孔子以述为作”“直，仁，忠，恕”“义利及性”等角度展示其思想，张岱年则把孔子哲学思想分置于“宇宙论”“人生论”“致知论”等哲学问题之下，从而显示了更多的哲学味道。

（三）历史地位的肯定

张岱年生活的时代，民国时期发生了具有一定启蒙意义的五四新文化运动，新中国建立初期又发动了政治层面的思想改造运动和“文化大革命”，抛弃这些

---

① 张岱年：《中国哲学大纲》，《张岱年全集》第二卷，第557页。

② 张岱年：《中国哲学大纲》“补遗·孔子方法论阐微”，《张岱年全集》第二卷，第640—642页。“辨惑”又见张岱年：《孔子“崇德辨惑”之教》，《张岱年全集》第七卷，第522—523页。

③ 张岱年：《中国哲学大纲》，《张岱年全集》第二卷，第588页。

④ 《论语·子路》载：“冉子退朝，子曰：何晏也？对曰：有政。子曰：其事也！如有政，虽吾不以，吾其与闻之。”

运动的其他方面不论，单就对孔子来说，它们无疑都是致命的打击。因而，一些有识之士在思潮过后致力于孔子及其儒学的价值重估，冯友兰《孔子在中国历史中之地位》(《燕京学报》1927 年第 2 期)、庞朴《孔子思想的再评价》(《历史研究》1978 年第 8 期)、李泽厚《孔子再评价》(《中国社会科学》1980 年第 2 期）诸文皆意在此。张岱年也是其中之一。

不同于尊孔、反孔两股偏颇的思潮，民国时期的张岱年公允地介绍了孔子的历史地位："把古代思想总结起来而成一个一贯系统的第一个哲人是孔子。孔子是开创新时代的人，却也是集大成的人。他结束了以前的时代，开始了新的时代。孔子哲学不是以前思想之反，而乃以前的思想之结晶与更进的发展。"① 在《中国哲学大纲》里，他也说："中国哲学之创始者，当推孔子。……孔子是集过去时代之学问思想之大成的人，而又是一个新时代的开创者。……他将以前所有的学术萌芽、以前所有的文化成绩，加了一番系统的整理，而自己创立一个一贯的原则以统摄之。"② 1946 年撰写的《孔学评议》一文再次宣称："孔子在中国历史中有其独特的位置，他是中国传统教育的开创者，他又是汉代以后约二千年间正统思想的最高宗师。他对于中国文化，对于中国一般人的意识，有深刻而广被的影响。"进而强调辩证地、历史地分析其思想之价值："孔子哲学中有已经陈腐不足称述、应加摈弃的方面，亦有虽旧犹新、将随人类文化之延续而仍有一定意义的方面"，"今日治学，最应有客观的态度与批评的精神。现在崇拜孔子者仍所在多有，而高呼打倒孔子者亦不乏其人。实则尊孔早已过腐，而简单的否定亦已不足。对于曾经对中国文化有深远影响的孔子，实应根据历史的事实作比较正确的分析"。③

针对"文化大革命"中的"批林批孔"及"批儒评法"中的反孔，八九十年代，张岱年多次发声，表明其"研孔""评孔"的立场："'尊孔'固不足以骗取人心，'反孔'亦不足以伪装革命，因而有可能对于孔子进行科学的实事求是

① 张岱年：《中国思想源流》，《张岱年全集》第一卷，第 194 页。

② 张岱年：《中国哲学大纲》，《张岱年全集》第二卷，第 10 页。

③ 张岱年：《孔学评议》，《张岱年全集》第一卷，第 346 页。

的讨论了。我们现在哲学史工作者的任务之一是全面地客观地评论孔子。”① “孔子在历史上既有消极的影响，又有积极的影响。我们应该根据实际情况，对孔子及其思想进行全面的考察，作出历史的辩证的分析。”② “尊孔的时代已经过去了，或者说应该过去了；反孔的时代也已经过去了，或者说也应该过去了……现在我们的任务是研孔、评孔，对孔子进行研究，进行分析，进行评论。”③ “我们现在的任务是如实地理解孔子，正确地评价孔子，也就是对孔子进行科学的研究，批判继承儒学的文化遗产。”④

于上可知，张岱年在两个不同的历史时段，针对尊孔、反孔的偏颇，在研究方法上提出的见解都是科学的、客观的和理性的。

基于对孔子历史地位的正确评估以及研究方法论的科学，张岱年对于孔子思想做出了辩证的一分为二的解析。如民国时写作的《孔学评议》认为孔子哲学中陈腐的应加以否定的方面有好古、卑视工艺、严分尊卑，而兼重仁智勇三德、时、生则是其哲学中比较合理的部分。其时的一些“思想札记”里说：“孔子之长：一、积极有为；二、重文化，阐明教育与学习之基本原则。孔子之短：一、好古；二、薄武；三、轻视劳动。”⑤ 80年代撰写的《谈孔子评价问题》指出孔子的主要贡献是：他在客观上为战国时代的百家争鸣开辟了道路；提炼并宣扬了关于公共生活规则的处世格言，提出了仁说；他重视人的问题而不重视神的问题，提出积极有为的乐观精神，要求在日常生活中体现崇高理想，从而为中华民族的“共同心理”奠定了基础，但同时认为其“信而好古”、重视尊卑、轻视劳动、反对公布刑律等，表现了严重的阶级局限性，应受到严肃的批判。《关于孔子哲学的批判继承》亦认为孔子学说中的精华是肯定事物的变化、提出“两端”“中庸”等辩证观点，糟粕则是其“述而不作”，不重视创新。《孔子在中国文化史上的地位》则称孔子积极乐观的有为精神、对于道德价值的高

① 张岱年：《孔子哲学解析》，《张岱年全集》第五卷，第335页。

② 张岱年：《谈孔子评价问题》，《张岱年全集》第五卷，第393页。

③ 张岱年：《关于孔子哲学的批判继承》，《张岱年全集》第五卷，第482页。

④ 张岱年：《〈孔子大辞典〉序》，《张岱年全集》第八卷，第152页。

⑤ 张岱年：《认识·实在·理想》，《张岱年全集》第一卷，第466页。

度重视、重视历史经验等为中国文化的发展提供了思想基础，而其述而不作、对于创新重视不够，强调德治、对于军事重视不够，推崇礼乐、对于生产劳动重视不够是缺欠。

三

孔子是张岱年在不同历史时期都主要关注的对象之一。由于孔子哲学主要是人生哲学，而张岱年信持的新唯物论之重心则在宇宙论，因此，除却对其崇高而切实的人生理想表示特别称赞外，张岱年对孔子的评价基本保持了平实和公允的态度。其孔子研究最突出的特点，就是将西方的解析法应用在对孔子之哲学概念的辨析上，尤其是对其核心概念“仁”的分析上。条理系统之发掘，特别是《大纲》一书从宇宙论、人生论和致知论三个视角对孔子哲学的整理，就其在理论探讨的深度和系统性方面而言，是超迈前人的。而张氏对孔子思想的精华与糟粕、贡献与局限的二分评价，则是辩证法在哲学史研究上的成功运用。张岱年孔子研究的如上贡献，使其值得书写在20世纪中国孔学史上。

张岱年《文化通诠》的文化观

范　鹏*

（兰州大学　马克思主义学院，甘肃　兰州　730000）

摘要： 张岱年先生的《文化通诠》一文，内容丰富，思想深刻，见解独到，意义深远，是从整体上阐明一种文化观念的通论性质的文章，值得重新认识、深入研读、大力推介。《文化通诠》与当时和今天众多文化论著相比，有自身重要的特点，如历史唯物主义的文化立场、系统辩证的文化发展观、深沉的文化历史意识等，体现了文化话语的中国表达。当然也有明显的时代局限与不足，准确认识这些特点与不足，对于我们深化对文化的认识，建设中国特色社会主义文化强国具有重要的意义与价值。

关键词： 张岱年；《文化通诠》；文化观；当代价值

《文化通诠》是张岱年 1943 年写成，1946 年发表于《艺术与生活》杂志创刊号的一篇文章，全文不足 5000 字，收入清华大学出版社 1992 年 5 月出版的《张岱年文集》第三卷，列入“杂著”栏目。此文虽然简短，且发表已经七十多年，但其内容丰富、思想深刻、见解独到、意义深远，值得重新认识，深入研读，大力推介。故专门撰文加以研究推介，以期对今日文化观念的深化有所帮助。

---

* 范鹏，兰州大学马克思主义学院教学，博士生导师，中国现代哲学研究会副会长。

一、《文化通诠》的主要内容与基本观点

正如题目所指，《文化通诠》是从整体上阐明一种文化观念的通论性质的文章，大体包括文化概念的界定、文化理论的框架、人类文化的主要类型、从文化角度看人类历史等内容。下面分别介绍。

（一）文化概念的界定

《文化通诠》给文化下的定义是："人类改造自然环境同时亦变易人性之成就，谓之文化，亦曰文明，亦曰人文。"① "人之所以异于禽兽者，在于有文化或能创造文化。"② 文化有广义狭义之分，"广义之文化，指产业经济社会制度及学术思想一切方面。而狭义之文化，专指学术思想及教育而言。"③

（二）文化三大理论

关于文化的理论有三个大的部分，即文化系统论、文化变迁论、文化类型论。"文化系统亦即文化结构。文化含有如何之要素，其诸要素间之关系为何如？此文化系统论之所当论也。文化常在变易之中，其变易之原动力在何？此文化变迁论之所当论也。有创造之诸民族各自创造其独立文化，于是文化有不同之类型。各类型之同异何如？此文化类型论之所当论也。"④

（三）文化系统论

《文化通诠》的文化系统论将文化分为五个要素、三个层次。"五要素者：一曰正德，二曰利用，三曰厚生，四曰致知，五曰立制。正德亦曰尽性，利用亦曰宰物，厚生亦曰健力，致知亦曰穷理，立制亦曰尚群。"⑤ 正德是为了扩充人之所以贵于禽兽的品质，利用是为了物尽其用，厚生是为了充实生命保持健

---

① 《张岱年文集》第三卷，北京：清华大学出版社1992年，第299页。以下引用此文只注明页码。

② 第299页。

③ 第299页。

④ 第299页。

⑤ 第300页。

康，致知是为了把握规律应对变化，立制是为了维护群体利益、彼此和睦相处。“人生之达道，在于权时宜以立新制也。”① 五要素构成之文化系统可分成三个层次：“第一层曰产业，即生产事业。第二层曰群制，即群体制度。第三层曰学术，即道德学问思想艺术。”② 产业即改造外在自然之事业，即利用厚生之实际、实践；群制即人群关系之调节系统，即立制之实际、实现；学术即对所以然之自然规律的理解认识和所当然之理想的理解设定，以及表现理想之艺术，即正德致用之实际、实行。这三个层次是下中上之关系，“下层乃上层之所本也。上层乃下层之所至也”③。此三层次之间的关系犹如树木之根、干、果。

（四）文化变迁论

文化是变化发展的，文化发展变化的动力在生产实践之中。“文化变迁之原动力何在耶？曰在于生产事业之变迁。人之生活状况之改进，基于人之生产状况之改进。产业之形式有变，则群制随之而变。群制有变则学术思想亦随之而变。自东西古今之文化历史观之，每一类之产业，有与之相应之制度，有与之相应之学术思想。是故产业形式之交易，乃文化变易之原动力也。”④ 这一原理也可表述为“利用厚生为正德致知之本也”⑤，“用之不利，生之不厚，利无暇以及于正德致知。既利其用，既厚其德，然后德可正而知可致也。德正则人之群居益和，知致而生产之技术益精，此数者亦交致其功矣。如用利而不务育德，生厚而不务崇知，则穷其奢欲，极其纷争，不知大常，妄作而凶，争夺相杀，大乱不止。将并其利用厚生者亦丧之矣。此正德致知之所以不可不尚也。”⑥ 本来人类文明是不断进步的，工业文明高于农业文明是不争的事实，可是为什么作为工业社会的当今文明还有日益激烈的纷争？张岱年的解释是：“其故有二：一惟务利用厚生而不务正德也。不尊德性，专以穷欲为事。欲不可穷，于是争

---

① 第300页。

② 第300页。

③ 第300页。

④ 第301页。

⑤ 第301页。

⑥ 第301页。

夺无已。二工业之所产，犹有不足也。”① 资本主义生产方式固然创造了许多“惊心炫目”的物质财富，但如果分配给全人类仍然是杯水车薪，于是不足而引起纷争成为必然，加之“不隆义理”而“惟图从欲”，竞争更加无序。“是故利用、厚生、立制、致知、正德五者，得其均衡则治而盛，失其均衡则衰而乱，此文化之大常也。”② 这一思想十分深刻。

张岱年分析了文化反常现象，他指出：“文化有其内在之乖违”③，一是由于文化创造有误造成的谬妄流弊；二是文化成果被用于反文化的目的；三是过多的文化遗产反而成为负担。张岱年还深刻地指出了“文化之流弊”有三个方面：一是“生产发达则人耽于逸乐奢靡而日娇弱”。二是“制度周密则人务于繁礼苛法而多诈伪”。三是“学术昌盛则人溺于空文戏学而崇虚浮”④。文化之进步往往是以人的能力降低和乐趣减少为代价的。

（五）文化类型论

对文化进行分类是古今中西之争潮流中的普遍做法，张岱年也没有例外，他认为：“人类文化大体相同，以人性大体相同故，以地上环境大体相同故。而各民族之各自创造其文化，原非相谋，因而各独立创造之文化，莫不为有其特异之点，常历久而弥显，而为一民族之文化一贯精神。就此类特异之点而加以区别，则人类文化可别为不同之三类型：一曰中华型，二曰印度希伯来型，三曰希腊型。”⑤ 他分类的标准与依据是对自然和人生的态度，认为希腊型的基本倾向是战胜天然而满足生之欲望；印度希伯来型的基本倾向是“以人神合一而消弭生之欲望”⑥；而中华型以天人和谐而节适生之欲为基本倾向。用另一视角说，希腊是向外之文化，印度希伯来是向内之文化，而中华文化则是合内外为一之文化。用老子为道日益日损之说论，希腊文化主益，印度希伯来文化主损，

① 第 301 页。

② 第 301 页。

③ 第 301 页。

④ 第 302 页。

⑤ 第 302—303 页。

⑥ 第 303 页。

而中华文化尚中庸。文化类型事实上也是同中有异，异中有同，如希腊文化与印度文化虽类型有异，但在宗教方面却共有“重慈爱、望来世”之特点。在西方文化发展的不同阶段，不同的文化占据主导地位，中世纪的西方文化实际上是希伯来型的，而近代西方文化其实是希腊文化的复兴。印度文化也传入过中国，但中国文化有吸纳外来文化而中国化的特殊功能。“今日中国文化又为西洋近代文化所震烁。其何以截长补短、兼采并纳西洋近代之创获，以裨益固有之精神，而卓然自立于世，与人并驾而不仅追随于后耶？是在于吾侪之勉力矣。”① 中国文化在近代与西方文化的差异实际上多是农业文化与工业文化的区别。人类文化的三大类型类似于中国古代的文化三大家：中华文化类似于儒家，印度文化类似于道家，而希腊文化类似于墨家。

（六）人类历史论

张岱年认为：“人类历史由物、生、知、义四者错综而成。物者外在之环境，生者人生之大欲，知者事理之知解，义者当然之理想。人类图其生活之充实与升进而演成历史，故人生之大欲实为历史之究竟动力。”② 需要是根本动力，而产业则是历史演进之要因，知识进步、理想形成都依赖产业之进步，但知识之深化也有利于产业之进步。人类不仅要追求生产发展与知识进步，也还要维持与扩展“贵于禽兽之德性”，于是形成了人类之理想。而人类的历史“一方面为人欲之满足与冲突之历程，一方面亦为求达理想之历程。其所以穷究事物之理，以谋产业之改进者，亦求理想生活之实现也”③。历史与文化之关系，可以表述为：“历史可谓人之宰物以厚生、致知以行义之历程。宰物以厚生，然后可以有闲暇以致知而行义，然后其宰物以厚生者益进矣。”④ 最后这一结论才使我们明白为什么文化通诠最后要讲到历史观。

① 第303页。

② 第303—304页。

③ 第304页。

④ 第304页。

二、《文化通诠》文化观的主要特点与不足之处

《文化通诠》与当时（如冯友兰的《新事论》）和今天众多文化论著相比有自身重要的特点，当然也有明显的时代局限与不足，准确认识这些特点与不足，对于我们深化对文化的认识，建设中国特色社会主义文化强国具有重要的意义与价值。

（一）历史唯物主义的文化立场

有人曾经认为张岱年是一个文化保守主义者，通过此文我们可以再一次明确地认定他绝不是什么文化保守主义者，而是一个文化上坚定的历史唯物主义者。这从此文的第一自然段开宗明义就可以认定："人类生于自然环境之中，而图维持其生活，则不得不对自然有所改变。当其从事改变自然环境之时，而人之所有之性质亦随而改变。人类改变自然环境同时亦变易人性之成就，谓之文化。"① 改变自然的物质生产活动产生作为物质生产活动成果和改造人类自身成果的文化，这是历史唯物主义的第一原理。这一观点终始是《文化通诠》的核心思想。在论证文化结构要素及变化规律时，张岱年指出，生产活动是文化之根，进步之基，而文化变迁之原动力"在于生产事业之变迁。人之生活状况之改进，基于人之生产状况之改进。产业之形式有变，则群制随之而变。群制有变，则学术思想亦随之而变"②。"人类历史由物、生、知、义四者错综而成。物者外在之环境，生者人生之大欲，知者事理之知解，义者当然之理想。人类图其生活之充实与升进而演成历史，故人生之大欲实为历史之究竟动力。"③ 由此可见《文化通诠》自始至终是坚持历史唯物主义立场的，这一立场在张岱年来说不是讲文化时临时形成的，而是其自 20 世纪 30 年代以来的基本哲学立场。

（二）系统辩证的文化发展观

《文化通诠》的哲学立场不仅是历史唯物主义的，而且是系统辩证的。张岱

---

① 第 299 页。

② 第 300 页。

③ 第 303—304 页。

年首次明确提出“文化系统（结构）论”。其系统辩证的文化发展观主要体现在：一是坚持文化是在物质生产基础上不断变化发展的相对独立的系统，这一系统由五个要素、三个层次构成，且要素之间相互联系，层次之间有递进关系。二是文化发展变化是有自身的客观规律的，其中最重要的规律就是“人之生活状况之改进，基于人之生产状况之改进。产业之形式有变，则群制随之而变。群制有变，则学术思想亦随之而变”①，这一变化规律张岱年也称之为“历史演变之要因”②。文化的发展变化是一个系统演化的过程“自东西古今之文化历史观之，每一类型之产业，有与之相应之制度，有与之相应之学术思想。是故产业形式之变易，乃文化变易之原动力也”③。四是文化有变迁既是“自然之常”，也是“当然之则”④。既然文化变化发展是客观规律，我们也应该自觉遵守规律、科学应用规律主动促进文化发展变化以适应社会进步之潮流。五是文化要素之间的均衡也是文化发展的重要规律。“利用、厚生、立制、致知、正德五者，得其均衡则治而盛，失其均衡则衰而乱，此文化之大常也”⑤。六是文化对人类社会的发展既有其积极的作用，也有消极的影响。文化进步有时可能伴随人类能力与道德的倒退，文化遗产有时也可能成为文化负担。为此，张岱年提出了文化的内在矛盾与负面作用，头脑之清醒、态度之辩证十分令人敬佩。

（三）深沉的文化历史意识

张岱年《文化通诠》的文化观有着深沉的文化历史意识与文化历史自觉。全文始终把文化放到人类历史的大视野中去把握，深刻地揭示了一部人类发展史实际上也就是一部人类文化演进史。文章从人类为了自身生存而从事生产改造自然进而改进自身说起，到人类的历史也就是“人之宰物以厚生、致知以行义之历程”结束⑥，自始至终充满了历史主动精神与历史自觉意识。

---

① 第300页。

② 第304页。

③ 第300—301页。

④ 第302页。

⑤ 第301页。

⑥ 第304页。

（四）文化话语的中国表达

《文化通诠》最突出的特点是文化话语的简明扼要的中国式表达。从文章开头的文化定义到文化要素的确定，从文化系统结构的分析到彼此关系的揭示，从文化变化的规律到文化类型的划分，从整体风格到概念表达，文章无处不体现出高超的中国智慧与准确的中国表达。特别是关于文化五要素的“正德（尽性）、利用（宰物）、厚生（健力）、致知（穷理）、立制（尚群）”说和文化发展规律的中国式论证，打通了西方话语与中国思想而又坚持了马克思主义的基本立场，真可谓文化观上打通中西马、融合文史哲的成功范例。西方话题，马克思主义立场，中国传统文化语境的表达圆融无碍地集中在文化基础理论中，至今无人能超越。

（五）文明文化不分的不足

当然，《文化通诠》也有一些不足之处，最为明显的就是文化，文明，人文不分。也许从中国人视文化为“人文化成”的角度来说，三者为一说可能也有一定道理，但从今天已经形成的基本学术共识来说，这种理解显然是比较笼统甚至粗糙的，我们也没有必要为尊者讳。

三、《文化通诠》文化观的当代价值与重要启示

（一）对深化文化概念的认识与界定有重要价值

《文化通诠》的文化定义有一个突出的特点就是打通了人对自然的改造与自身的提升，将文化定义为“人类改造自然环境同时亦变易人性之成就”①，而且将文化之形成与人类之需要紧密相联，文章开宗明义便指出：“人类生于自然环境之中，而图维持其生活，则不得不对于自然环境有所改变。当其改变自然环境之时，而人所有之性质亦随而改变。”② 这句十分简短却特别深刻的话，一语道破了文化产生于人类生产生活的基础之上的大道理，说清了需要推动生产，

---

① 第299页。

② 第299页。

形成生活的历史真相，清除了文化形成问题上的历史唯心主义的迷雾。时至今日，还有人在这些问题上没有跳出泥潭，鼓吹精神优先说、文化决定论。张岱年在《文化通诠》中给文化下的定义即“人类改造自然环境同时亦变易人性之成就”① 比现在通用的辞典，比如《现代汉语词典》“人类在社会历史发展过程中所创造的物质财富和精神财富的总和，特指精神财富，如文学、艺术、教育、科学等”② 这样的定义更加简明扼要，更加准确深刻，更有中国味道。我们的文化定义就应该这样既简明又准确且充满发展变化的动态空间。

（二）对建设文化强国有重要实践意义

《文化通诠》的文化观既讲清楚了文化的道理，也分析了文化发展中的问题，不仅在学术理论上有重要的贡献，而且对文化实践也有不少启示。比如，该文提出的“人之所以异于禽兽者，在于有文化或创造文化”③，“有文化”的人之本质说是中国传统文化的基本观点，而“创造文化”的人之本质说则是张岱年《文化通诠》文化观的一个创造性界定，值得我们高度重视并深入论证；文化是一个系统，文化发展需要文化要素之间的均衡和相互促进；文化资源既是一个优势也是一种负担；“文化之流弊，不可不审辨而匡救之也”④ 等观点，结合今天文化强国建设的实践而深入思考、深入研究会有不少裨益。目前文化建设中存在的不同领域相互分割、盲目崇尚传统文化、传统与现代脱节、创造不足、创新不够等问题都可以得到启示而有所改进。特别是文化发展中同样存在的“发展不充分不平衡与广大人民群众对美好文化生活的向往之间的矛盾”这一主要矛盾，用文化要素平衡的思想观点去分析问题、解决问题具有重要的启发意义。

（三）对文化传承创新有重要学术价值

《文化通诠》讨论文化基础理论和文化发展基本问题论断多而论证少，但这些论断绝非人云亦云，无论在当时还是在当下，这些论断的学术价值与理论意义都是不可忽视的。这里仅就其对中华优秀传统文化的“创造性传承、创新性

---

① 第299页。

② 参见《现代汉语词典》，北京：商务印书馆2007年，第1426页。

③ 第299页。

④ 第302页。

发展”的学术价值谈一点看法。首先，《文化通诠》的文化观本身就是“创造性传承、创新性发展”的示范。无论是就文化本质的理解来说，还是就文化要素的结构组成与关系分析来说，该文都是既创造性地传承了中华优秀传统文化的文化思想与文化精神，又创新性地提出了自己的新文化观；既是照着传统文化“正德、利用、厚生、致知、立制”的文化思维方式讲的，更是接着“人之所以异于禽兽者”在于人有“人文化成”的特殊能力的文化实践指向往下讲的，其可贵之处在于深刻地揭示了“人能创造文化”才是人的真正的本质即人之所以“贵于禽兽”者①。其次，《文化通诠》的文化观，不仅在概念上形式上传承着中华优秀传统文化，更重要的是以马克思主义为指导、以历史唯物主义为基本立场用中国人的思维方式和文化话语体系提示了文化的本质与特点。文化五要素、三层次、三类型、动力源、规律论等深刻的思想和科学的界定既是马克思主义的，也是中国传统文化的；既是传统话语，也是当代表达，符合“与现代社会相协调、与当代文化相适应”的传承创新标准。最后，《文化通诠》的话语体系已经在文化观的基础理论和基本问题方面示范性地打通了中华优秀传统文化的话语体系与马克思主义的话语体系，这是张岱年的一个特殊的重要的贡献。其实，上世纪三四十年代张岱年的一系列哲学思考，特别是收入《张岱年文集》第三卷的《哲学思维论》《知实论》《事理论》《品德论》《天人简论》等后来被称为《天人五论》的哲学论著，事实上已经构筑起了一个初步打通中西马的哲学原理话语，这个话语体系的价值需要重新评估、重新挖掘、重新振兴。

（四）对澄清文化是非有重要参考价值

在文化问题的讨论中有很多不同的声音，这是一个好现象。同时，也有一些是非需要通过讨论甚至争论去厘清。别的不说，就张岱年的文化立场、文化思想倾向究竟是文化保守主义的还是马克思主义的，究竟是什么意义上的中国文化立场的，什么意义上的马克思主义立场的，等等，学术界其实也是有一些不同看法和还没有从根本上说清楚的问题。深入研究《文化通诠》的文化观，有利于说清楚讲明白这些问题，而这些问题的讨论与厘清并非只涉及张岱年一

---

① 第304页。

个人的思想文化观点的研究，它事实上还涉及一些非常重要的理论问题与文化问题。通过学习讨论《文化通诠》的文化观，上述问题都可以得到一个初步的回答：张岱年的文化立场的确是中华文化的立场，但同时又是把马克思主义基本原理与中华优秀传统文化相结合的，是中国化马克思主义意义上的“马克思主义的”，同时又不是一般意义上理解的以中国共产党人的理论创新为主要标志的“中国化马克思主义”的。这些区别是非常具有学术价值和理论意义的，起码我们可以看到马克思主义中国化也并不是只有一种方式。

附：

文化通诠

张岱年

人类生于自然环境之中，而图维持其生活，则不得不对于自然环境有所改变。当其从事改变自然环境之时，而人所有之性质亦随而改变。人类改造自然环境同时亦变易人性之成就，谓之文化，亦曰文明，亦曰人文。文化乃自然环境之改造，而亦为人性之变易。自然环境，可谓人之外在之自然，人性可谓人之内在之自然。要而言之，文化可谓自然之改造。此所谓自然，兼内外而言。

孔子曰：“大哉尧之为君也，巍巍乎其有成功也，焕乎其有文章。”又曰：“文王既没，文不在兹乎?”所谓文章与文者，即今所谓文化矣。人之所以异于禽兽者，在于有文化或能创造文化。

文化或文明，有广狭二义。广义之文化，指产业经济社会制度及学术思想一切方面。而狭义之文化，专指学术思想及教育而言。如常语有云：经济政治之文化，则将文化置于经济政治之外也。吾国之文化一词，本系对武功而言，今所谓文化之广义，则括武功在内矣。

关于文化之理论，可区为三部：一、文化系统论，二、文化变迁论，三、文化类型论。详语之则綦繁，兹但论其大要而已。文化系统亦即文化结构。文化含有如何之要素，其诸要素间之关系为何如?此文化系统论之所当论也。文化常在变易之中，其变易之原动力在何？此文化变迁论之所当论也。有创造力之诸民族，各自创造其独立文化，于是文化有不同之类型。各类型之同异何如？此文化类型论之所当论也。

文化所有之要素凡五，而共列为三层。五要素者：一曰正德，二曰利用，三曰厚生，四曰致知，五曰立制。正德亦曰尽性，利用亦曰宰物，厚生亦曰健力，致知亦曰穷理，立制亦曰尚群。正德者，扩充人之所以贵于禽兽者也。利用者，宰制物质使各尽其用也。厚生者，充实生力令保其健也。致知者，穷究事理以知常而应变也。立制者，人不能无群，而群必有制度。制度时或失宜，则须变以通之。人生之达道，在于权时宜以立新制也。

《左氏春秋》以正德、利用、厚生为三事，实有见于人生要务之大端矣。正德可赅立制，利用可赅致知。故五事可约为三事。兹求其明显而无偏，故列为五事。《易传》曰："精义入神，以致用也。利用安身，以崇德也。过此以往，未之或知也。穷神知化，德之盛也。"此言精义、利用、崇德之关系，至矣微矣。精义入神者，穷理以知变也。利用安身者，宰物以保生也。穷理所以致用也，利用所以崇德也。不穷理则无以致用，舍崇德则利用何为哉？

文化之系统可别为三层：第一层曰产业，即生产事业。第二层曰群制，即群体制度。第三层曰学术，即道德学问思想艺术。产业者，即改造外在自然之事业，即利用厚生之实际也。群制者，即人群关系之系统，即立制之实际也。学术者，即对于自然之理解与关于当然之理想，以及表现理想之艺术，即正德致知之实际也。第一层亦可谓之下层，第二层亦可谓之中层，第三层亦可谓之上层。下层乃上层之所本也。上层乃下层之所至也，中层乃居于其中者也。下层譬如木之根，中层譬如木之干，上层则木之花与果也。

文化变迁之原动力何在耶？曰在于生产事业之变迁。人之生活状况之改进，基于人之生产状况之改进。产业之形式有变，则群制随之而变。群制有变，则学术思想亦随之而变。自东西古今之文化历史观之，每一类型之产业，有与之相应之制度，有与之相应之学术思想。是故产业形式之交易，乃文化变易之原动力也。所谓产业者，即人改造外在自然之事业。人改造自然之途术，决定人类文化之规模。人类之产业，或为牧畜，或为农业，或为工业。牧畜时代之人民，可谓尚无文化。而农业时代之文化，可谓为农业文化。工业时代之文化，可谓为工业文化。农业文化之各方面异于牧畜之生活；而工业文化之各方面，亦异于农业之文化。牧畜之民拙而猛，农业之民朴而宁，工业之民巧而狂。

生产事业之发达，为文化变迁之原动力，即利用厚生为正德致知之本也。用之不利，生之不厚，利无闲暇以及于正德致知。既利其用，既厚其生，然后德可正而知可致也。德正则人之群居益和，知致而生产之技术益精，此数者亦交致其功矣。如用利而不务育德，生厚而不务崇知，则穷其奢欲，极其纷争，不知大常，妄作而凶，争夺相杀，大乱不止。将并其利用厚生者亦丧之矣。此正德致知之所以不可不尚也。

当今之世，工业甚盛矣，而纷争益烈，何耶？其故有二：一惟务利用厚生而不务正德也。不尊德性，专以穷欲为事。欲不可穷，于是争夺无已。二工业之所产，犹有不足也。今日西洋工业之所制，固已惊心炫目矣，然如分之于全世界之人人，则犹有不足。未足均之于全民，则仅为少数人之所独享，于是争夺遂日烈。且不隆义理，惟图从欲。于是产业不以供给全民之生养为务，而以奇技淫巧相竞。玩物丧志，此之谓矣。是故利用、厚生、立制、致知、正德五者，得其均衡则治而盛，失其均衡则衰而乱，此文化之大常也。

文化有其内在之乖违：第一，文化之创造非尽精纯。人类工作乃不能无误者，所创造之文化常有谬妄之因素，其流弊常甚烈。第二，文化之利器可利用于违反文化之目的。庄子书云："为之斗斛以量之，则并与斗斛而窃之。为之权衡以称之，则并与权衡而窃之。为之符玺以信之，则并与符玺而窃之。为之仁义以矫之，则并与仁义而窃之。"而近世科学之助长残酷之战争，亦其一例矣。第三，文化遗产固为文化进步之基础，而亦常成为阻挠进步者。文化遗产常能束缚人之思路，而无形消蚀创造力。且文化遗产过多，后世之人仅学习此遗产，即须耗费甚多精力，而吸其精萃，去其粗滓，常非易事，于是文化遗产反而成为一种负荷。文化形式多因时制宜，过时则失宜，如仍迷恋之，其弊或甚于本无文化。《易传》曰："易穷则变，变则通，通则久。"文化有变迁，固文化自然之常，亦文化当然之则矣。

文化之流弊凡三：一，生产发达则人耽于逸乐奢靡而日娇弱。二，制度周密则人务于繁礼苛法而多诈伪。三，学术昌盛则人溺于空文戏学而崇虚浮。故文明民族有时反不足以与野人抗斗者，文化之流弊伤之也。体娇弱则失其与自然抗争之力；多诈伪则人群之内在团结不固；崇虚浮则丧其正德厚生之实功。于是反不若野人之强壮朴厚矣。文化之流弊，不可不审辨而匡救之也。

农业文化包容牧畜时代之文化端绪，而工业文化包容农业文化成绩，故人类由牧畜时代入于农业时代，由农业时代入于工业时代，可谓为进步。农业文化之利用自然，甚于牧畜；而工业文化之改变外物，又胜于农业。然祸福相伏，利害相依。得之于此，或失之于彼。是故农业之民，失之于弱而佞；工业之民，失之于躁而奢。当工业时代，工匠日与机器为伍，遂失农人乐天之趣。而善于巧取豪夺以有资产者，见习于淫奢而日以心斗，亦无宁静之乐。工业文化亦非文化之极规。由工业文化而再进，则可有超工业文化。超工业文化者，能保工业文化之长而免其短者也。

人类文化大体相同，以人性大体相同故，以地上环境大体相同故。而各民族之各自创造其文化，原非相谋，因而各独立创造之文化，莫不为有其特异之点，而不能尽同。每一独立文化之特异之点，常历久而弥显，而为一民族之文化之一贯精神。就此类特异之点而加以区别，则人类文化可别为不同之三类型：一曰中华型，二曰印度希伯来型，三曰希腊型。希腊型者，以战胜天然而餍生之欲为基本倾向。印度希伯来型者，以人神合一而消弭生之欲为基本倾向。中华型者，以天人和谐而节适生之欲为基本倾向。希腊文化，可谓为向外之文化；印度希伯来文化，可谓向内之文化；而中华文化，则可谓为内外合一之文化。老子有云："为学日益，为道日损。"希腊文化，主益者也。印度希伯来文化主损者也，中华文化尚中庸者也。印度与希伯来两民族之宗教，不同之处固多，而基本倾向则可云相同，其皆重慈爱、望来世，尤为若合符节。西洋中世纪之文化，实为希伯来型，可谓希伯来文化乘希腊文化之衰而入主欧陆。西洋近世文化，则是希腊文化之复兴。印度文化亦曾侵入中国，然中国文化尚能吸纳而裁制之以自保其本统，然蒙其影响已不少矣。今日中国文化又为西洋近代文化所震烁。其何以截长补短、兼采并纳西洋近代之创获，以裨益固有之精神，而卓然自立于世，与人并驾而不仅追随于后耶？是在于吾侪之勉力矣。

中国文化留滞于农业时代者垂三千年，而西洋古代工商业即较发达，迨及近世，复有工业革命，遂入于工业时代。今日以前之中国文化与西洋近代文化之异点，多系农业文化与工业文化之异点。然中国亦不能久滞于农业时代，而即将入于工业时代矣。由牧畜进而为农业，由农业进而为工业，此一切文化之所同。其变化之迟速不相同，其穷则变、变则通，则莫不同。然此一文化之农业时代，与彼一文化之农业时代，亦有其不同，此则文化类型区别之所在矣。文化之诸基本倾向，亦一切文化之所同有者。各文化之不同，在于其畸重畸轻之不同，在于其何种倾向为主导。中国思想中之三大系，儒墨道，实代表三文化型。中国文化为儒家型，印度文化可谓道家型，而希腊文化可谓为墨家型。

人类历史由物、生、知、义四者错综而成。物者外在之环境，生者人生之大欲，知者事理之知解，义者当然之理想。人类图其生活之充实与升进而演成历史，故人生之大欲实为历史之究竟动力。生活之充实与升进，有结于生活需要之满足；而满足生活需要之基本途术，在于改变外物。改变外物之事业，即生产事业。人类由有生欲乃有生产事业。人类之产业状况，以时而异。夫人类之生欲，终古如是也；而人类之生活状况，以时而异，其变异实系于产业状况之变异。故产业之改进，为人生其它方面之改进之所本，而可谓历史演变之要因矣。人有自觉及辨别外物之能力，于是有知识有学术。而知识学术之进步，虽基于产业之进步，而亦能发明新器具而促进产业之进步，此知识之实际功用也。然人不惟求生而已，更有贵于禽兽之德性，于是有关于当然之理想。人之历史，一方面为人欲之满足与冲突之历程，一方面亦为求达理想之历程。其所以穷究事物之理，以谋产业之改进者，亦求理想生活之实现也。人之义有二：一日伦，二曰制。伦者人伦，制者群制。荀子曰：“圣也者尽伦者也，王也者尽制者也。”人伦之实践，群制之实际，固皆随生产事业之状况之变易而变易，然亦有影响于产业。如人伦不修，群制不良，则纷争不已，虽有精美之器具，亦无所用之矣。

历史可谓人之宰物以厚生、致知以行义之历程。宰物以厚生，然后可以有闲暇以致知而行义也；能致知而行义，然后其宰物以厚生者益进矣。

一九四三年写于白米斜街寓所　载于 1946 年《艺术与生活》创刊号

名家书评

王船山哲学文本的诠释问题

——读程志华教授《宋明儒学之重构》

柴文华*

（黑龙江大学　哲学学院，黑龙江　哈尔滨　150006）

摘要：程志华教授新著《宋明儒学之重构——王船山哲学文本的诠释》近日由武汉大学出版社出版②。该著作作为国家社科基金重点项目的最终成果，向学界展示了对王船山哲学文本的一种新理解。所谓种“新”，体现在“重构”的致思理路、诠释的方法论、对船山哲学体系的理解以及关于宇宙论、本体论等问题的论述当中。本文对“新”的部分内容进行了疏解，一则可以展现此著作的学术价值，二则可以促进学界关于王船山哲学的深入研究。

关键词：王船山；哲学文本；诠释；程志华

一、“重构”的致思理路

历史地看，明、清易代可比之于周、秦之变——它们均引发社会剧变，而剧变的重要内容是学术思想变化——周、秦之变的结果是先秦诸子百家的涌现，

---

* 柴文华，1956年生，黑龙江大学哲学学院教授、博士生导师，黑龙江大学中国近现代思想文化研究中心主任，兼任中国现代哲学研究会副会长。

② 程志华：《宋明儒学之重构——王船山哲学文本的诠释》，武汉：武汉大学出版社2022年。

与之相似，明、清易代也导致了大家辈出。由于汉代以后儒家为学术思想的骨干，故明、清易代在儒学中反应更为剧烈——儒学既是反思的首要对象，亦是建构的主要对象——由此而促生了一批儒学思想家。关于这些思想家，学术史上有以黄宗羲、顾炎武、王船山为明末清初“三大儒”“三先生”“三大思想家”之说，有以黄宗羲、顾炎武、王船山、方以智为明末清初“四大学者”之谓，有以黄宗羲、顾炎武、方以智、王船山、朱舜水为明末清初“五大师”之论等多种说法。很显然，无论在哪种说法当中，王船山都是一个重要代表人物。

依梁启超的说法，就“三大儒”之比较来讲，王船山之所以为王船山，他之所以重要，在于他既与黄宗羲不同，又与顾炎武不同。具体来讲，黄宗羲的理路是“史学”的，顾炎武的理路是“科学”的，王船山的理路是“哲学”的；而且，与顾炎武一样，王船山的特点是既能“破坏”又能“建设”。梁启超说：“黄宗羲、万斯同一派，以史学为根据，而推之于当世之务。顾炎武所学，本亦具此精神。而黄、万辈规模之大不逮顾，故专向此一方面发展。”① “船山和亭林，都是王学反动所产生人物。但他们不但能破坏，而且能建设。拿今日的术语来讲，亭林建设的方向近于‘科学的’，船山建设方向近于‘哲学的’。”②

这里，无论是“破坏”，还是“建设”，落实到学术思想当中，首要之务是“反思”，而“建设”则为“建构”；“反思”与“建构”合在一起即可谓“重构”。河北大学程志华教授新著《宋明儒学之重构——王船山哲学文本的诠释》（武汉大学出版社 2022 年出版）即是在这样一种理解之下对王船山哲学文本的诠释。“具体来讲，一个方面，王船山返诸儒家经典，对宋明儒学进行了全面反思。……另一个方面，他基于对宋明儒学的反思，致力于开创新的儒学方向，建构新的儒学形态。”③ 在程志华教授看来，“反思”为手段，“建构”为目的；“反思”为基础，“建构”为顶端；“反思”和“建构”的途径是，以宋明儒学为对象，诉诸原始儒学，谋求儒学新形态创建。他说：“王船山‘以发明正学为己

① 梁启超：《清代学术概论》，上海：上海古籍出版社 1998 年，第 4 页。

② 梁启超：《中国近三百年学术史》，北京：东方出版社 2004 年（下同），第 87 页。

③ 程志华：《宋明儒学之重构——王船山哲学文本的诠释》前言，武汉：武汉大学出版社 2022 年（下同），第 1—2 页。

事’，致力于恢复、发扬‘圣学’。……就‘发明正学’来讲，王船山的理路是‘反思’与‘建构’；‘反思’是对已往之学的反思，‘建构’是对‘圣学发扬’的建构。实际上，‘反思’与‘建构’可以由‘重构’一个词来概括，因为‘重构’包含‘反思’和‘建构’这两层意义。”①

二、诠释的方法论——道与术

从与相关学术著作相较来看，程志华教授有非常强的方法论自觉，所著《宋明儒学之重构》在《绪论》中有专节讨论方法论，就中国哲学史研究进行诠释方法的厘定。首先，他探讨并区分了哲学诠释的“道”与“术”。关于“道”，他的解释是研究哲学史所依循的“道理”“规律”“法则”或“理念”。所谓“术”，指的是研究哲学史所依循的“策略”“方法”或“技巧”。他说：“要探究哲学史研究方法，可从两个层面契入：一是‘道的层面’，指哲学史研究所依循的‘道理’‘规律’‘法则’或‘理念’。……二是‘术的层面’，指哲学史研究所依循的‘策略’‘方法’或‘技巧’。”② 其次，他区别了“内在诠释”与“外在诠释”两种方法，并以之概括以往哲学史研究所采用的诠释理路。

“所谓‘外在诠释’，指诠释者‘跳出’研究对象的概念、义理框架，探究时代背景对这些概念、义理所造成的影响，并揭示概念、义理的意识形态功能和社会影响。”③ 具体来讲，“外在诠释”所指如下：其一，本质是侧重探讨哲学思想与时代背景之间的互动关系；其二，理论预设或前提是时代背景乃哲学思想产生的最终决定因素；其三，理论特征是“即存在以论本质”——通过实际来把握思想，属于一种“宏大叙事”；其四，理路不是在实际中概括思想，不是把具体性上升为普遍性，而是把思想“还原”为实际，把普遍性“还原”为具体性。从知识论角度言之，这是一种“反向”的思维方式。

“‘内在诠释’要求解释者在研究对象的思想框架内进行诠释；一般只就概

① 程志华：《宋明儒学之重构》，第 57 页。

② 程志华：《宋明儒学之重构》，第 35 页

③ 程志华：《宋明儒学之重构》，第 35 页。

念谈概念，就义理论义理，不去涉及时代背景，也不牵涉思想的意识形态功能和社会影响。”① 具体来讲，“内在诠释”所指如下：其一，本质是重视文本、问题和思想本身的学理分疏，寻求概念间的联系和义理间的递进。其二，理论预设是研究对象有“内在线索”可循，“外在线索”最终要通过“内在线索”起作用，即“内在线索”为概念、义理变化的决定性因素。其三，特征不是“即存在以论本质”，而是“即本质以论本质”——在思想本身框架内诠释思想，不属于“宏大叙事”，而属于“微观叙事”。其四，理路为在实际中概括思想，把具体性上升为普遍性，然后在普遍性层面进行研究。从知识论角度讲，这是一种“正向”的思维方式。

基于上述分析、比较，程志华教授认为，“内在诠释”为哲学史研究方法，“外在诠释”属社会学、思想史或文化史研究方法，故从事哲学史研究应弃后者而取前者。他说：“在从事哲学史研究时，应采取‘内在诠释’理路，而不宜取‘外在诠释’理路。质言之，‘外在诠释’作为一种社会学方法或社会科学方法，用于社会学、思想史、文化史等研究无疑是正当的、合理的，但它用于治哲学史则有‘错位’或‘不到位’之嫌。”②

依程志华教授的理解，取“内在诠释”虽属于“道的层面”，但不属于严格意义的“诠释”；它仅属于“外围性”工作，为“清理场地”的工作，之后还须有“图纸设计”“工程施工”环节——这些说法乃仿照建筑工程而言理论建构。

所谓“图纸设计”，对应的是理论的“诠释”，而“诠释”为“诠释学”核心概念内容。程志华教授回顾并分析了两种诠释学：其一，施莱尔马赫和狄尔泰所代表的传统诠释学——客观诠释学，它以谋求文本的“客观”意义为宗旨。其二，伽达默尔为代表的“主观诠释学”和傅伟勋所奠立的“创造的诠释学”。他说：“施莱尔马赫和狄尔泰的‘客观诠释学’强调文本的重要性，主张诠释的任务是消除‘误解’，以谋求‘客观’的文本意义。伽达默尔不赞成‘客观诠释学’的基本主张，而强调并凸显解释者的重要性，并将诠释界定为一个‘开放

① 程志华：《宋明儒学之重构》，第 37 页。

② 程志华：《宋明儒学之重构》，第 38 页。

性’的无限过程，故而其诠释学为‘主观诠释学’。傅伟勋继承了伽达默尔的‘开放性’思想，但他不满足于此，而是进一步强调并凸显诠释所应有的‘创造性’，进而构建起以‘五谓’为基础的‘创造诠释学’。”① 程志华教授的主张是，应超越并综合“客观诠释学”，施用“主观诠释学”“创造的诠释学”。相对于哲学史诠释讲，诠释学理论的厘清是一种类似建筑工程之“图纸设计”的工作。

所谓“工程施工”，对应“诠释”来讲，分别为三个方面。其一，诠释策略：“援西入中”。程志华教授认为，在中西哲学碰撞背景下，哲学史诠释应“既肯定西方哲学的积极意义，又促进中国哲学的未来发展”②。其二，诠释方法：林安梧所主张的“诠释五层级论”——“存有的开显”涉及“道”“意”“象”“构”“言”五个层级：“道”指就寂然不动的存有根源，为总体浑沌而未发；“意”指纯粹的意向性，为将发而未发之几微；“象”指图象，为显现而无分别；“构”指结构，为显现而有分别；“言”指文本语句，为分别而为对象物。程志华教授解释说：“就诠释来讲，相对于‘言’的是语句的记忆；相对于‘构’的是结构的把握；相对于‘象’的是想象的发挥；相对于‘意’的是心灵的指向；相对于‘道’的则是总体的体证。”③ 其三：诠释技巧：肯认并主张胡适和冯友兰的观点。胡适认为，就整个中国哲学史的写作而言，应注意把握“述学”“明变”“求因”“评判”四个方面。所谓“述学”，指将哲学家的思想系统化地表达出来。所谓“明变”，指阐明哲学学说的前后渊源、发展及变化条理。所谓“求因”，指阐明哲学学说的问题意识和发生原因。所谓“评判”，指分析哲学学说的影响和价值。④ 冯友兰则认为，在从事中国哲学史研究时，必须要做到三个“说清楚”：其一，“说清楚”“问题意识”及其逻辑开展；其二，“说清楚”哲学思想的体系；其三，“说清楚”哲学思想的理论价值。⑤ 相对于哲学史诠释讲，这些工作类似于建筑工程的“工程施工”。

---

① 程志华：《宋明儒学之重构》第44页。

② 程志华：《宋明儒学之重构》第45页。

③ 程志华：《宋明儒学之重构》第46页。

④ 参见胡适《中国哲学史大纲》，北京：东方出版社1996年，第25页。

⑤ 参见冯友兰《中国哲学史新编》上卷，北京：人民出版社1998年，第42—43页。

三、对船山哲学体系的理解

关于王船山的哲学体系，学界的观点并不相同。大致讲来，比较有代表性的观点如下：（一）梁启超的观点。梁启超认为，王船山哲学与西方哲学的基本理路相同，而且与西方哲学的“认识论转向”吻合，故而可将王船山哲学分为“宇宙论”“本体论”“知识论”“论理学”（即逻辑学）等内容，而且以“知识论”和“论理学”为主要部分。①（二）嵇文甫的观点。在现代哲学史中，嵇文甫是较早且全面研究王船山的人物。在所著《船山哲学》中，他将王船山哲学分为上、下两篇：上篇为“性理哲学”，包括“天人性命论”“理势常变博约等”两部分。下篇为“历史哲学”，包括“古今因革论”“朝代兴亡论”“华夷文野论”三部分。②（三）侯外庐的观点。侯外庐主要以当时盛行的“两个对子”为“标准”，对王船山哲学体系进行了分析，认定“夫之是汉代的唯物论者王充的继承者”，并将王船山哲学分为五个部分：第一部分为“自然唯物论”即“细缊生化论”。第二部分为“道器论”。第三部分为“人性论”。第四部分为“知识论”。第五部分为“人类社会史观”。③（四）冯友兰的观点。冯友兰在晚年所著《中国哲学史新编》中第五十九章为“后期道学的高峰——王夫之的哲学体系”，其中将王船山哲学分为“客观世界的真实性”“有无问题”“动静问题”“形上形下问题”“理”“认识论”“知行问题”“性命问题”“历史观”“辩证法”十个问题④。就这些问题的内容来看，它们其实可以进而归为五类：第一类是“本体论”，包括“有无问题”“动静问题”“形上形下问题”。第二类是“知识论”，包括“认识论”“知行问题”。第三类是“人性论”，包括“性命问题”。第四类和

---

① 参见梁启超《中国近三百年学术史》，第 87—91 页。

② 参见嵇文甫《船山哲学》，《船山全书》第十六册，长沙：岳麓书社 2011 年第 2 版（下同），第 1006—1077 页。

③ 参见侯外庐《中国早期启蒙思想史》，《船山全书》第十六册，第 1133—1240 页。

④ 参见冯友兰《中国哲学史新编》下卷，北京：人民出版社 1999 年，第 305—327 页。

第五类则分别是“历史观”和“辩证法”。①

基于上述回顾和梳理，程志华教授所著《宋明儒学之重构》将王船山哲学体系分为“‘无终始’的宇宙论”“‘实有’的本体论”“‘善’的人性论”“‘修身为本’的工夫论”“基于‘演进’的循环历史观”“‘天’‘民’并重的资治论”六个部分，以此来展示王船山哲学的主体内容。由上述分类不难发现，这样一种分类有两个充分考虑：其一，“普适性”，即充分考虑哲学体系的普遍内容即“共相”或相似性，此指“本体论”“宇宙论”“人性论”“历史观”等。其二，“本土性”，即充分考虑王船山哲学进而儒家哲学、中国哲学的特殊性即“殊相”或不似性，此指“工夫论”“资治论”等。当然，“普适性”是通过“本土性”呈现的，“本土性”受限于“普适性”。

四、部分代表性新见

读了《宋明儒学之重构》，发现其中有诸多新见。由于篇幅所限，列举几个问题以为反映。

（一）关于宇宙论

作者认为，依中国哲学传统，“宇宙论”与“本体论”之分别不明显；而且，即使有分别，也是以“宇宙论”为重点且在先的。这是中国哲学相较西方哲学的一个重要特点。就西方哲学讲，“本体论”主要讲 being 即“是什么”，而 being 的原形是 to be，故“本体论”实是关于 to be 的理论。“宇宙论”主要讲 becoming 即“怎么样”，是 to be 的展开或呈现。显而易见，中国哲学传统侧重关注 becoming 即“怎么样”，而不是 to be 即“是什么”。质言之，西方哲学重“本体论”，中国哲学重“宇宙论”。有鉴于此，在展开王船山哲学研究时，作者没有将“本体论”置先，而是把“宇宙论”置先，而且将“本体论”“宇宙论”分开讲，把传统上归入“本体论”或“本体宇宙论”当中的“宇宙论”完全独

① 参见程志华《宋明儒学之重构》第 55 页。

立出来讨论。[①] 应该说明的是，作者这种做法不是依西方哲学范式的推演，而是对中国哲学实情的展现。

基于上述区别，作者专设"'无终始'的宇宙论"一章，专门讨论王船山的宇宙论。本章分三节，分别是：

第一节"乾坤并建""以为大始"：一、反对"天地有始说"；二、乾坤并建。

第二节"日新之化"之"天地之德"：一、日新之化；二、人乃天地之心。

第三节"一阴一阳之谓道"：一、道之"主持"而"分剂"；二、"非有一，则无两"。

作者强调，王船山的宇宙论有一个基于中国哲学传统概括出来的前提即"天地无始终"，而这个前提一以贯之地贯彻并体现于王船山整个哲学体系。具体来讲，王船山反对"天地有始说"，认为天地有开端然后万物发生的说法乃不可见而臆测的"愚论"，实际上天之运行不息并无终始。作者进而认为，王船山反对"天地有始说"，意味着他只承认与人相关的经验世界或"此岸世界"，拒绝与人无关的超验世界或"彼岸世界"。或者说，他将"彼岸世界"置于"现实世界"当中，将"现实世界"视为"此岸世界"和"彼岸世界"的总体。[②]

（二）关于本体论

关于王船山本体论的研究，不可越过的一个问题是——他明确提出过多个本体概念，故如何理解这些本体概念关系、何者为其究竟的本体概念，乃是一个重要课题。关此，以往研究有过多种说法，或将究竟本体落于"太虚""天"，或落于"太和""道"。程志华教授未取这些说法，而是主张——王船山从"太虚""天""太和""道"多个角度探究，最终将天地万物本体归结于"太极"。也就是说，在王船山，"太虚""天""太和""道"均指涉"太极"，为"太极"之不同角度的言说，故均出于和归于"太极"；此不仅符合《易传》所论之义，而且亦符合周敦颐所开创之"道学"。具体来讲，作者认为，其一，"太虚"与

① 参见程志华《宋明儒学之重构》，第 56 页。

② 参见程志华《宋明儒学之重构》，第 143 页。

“太极”的关系为：“‘太虚’为‘太极’的另外一种说法——‘太虚’就本体为‘虚湛’而言，‘太极’就本体为‘一实’而言。”① 其二，“天”与“太极”的关系为：“‘天’虽为万物所资始者，万物‘形’‘性’均源于‘天命’，但‘天’乃‘太极之体’无时而息的呈现。”② 其三，“太和”与“太极”的关系为：“尽管万事万物最终根源为‘太和纲缊之实体’，但‘太和’作为‘阴’‘阳’之和合即‘太极’。”③ 其四，“道”与“太极”的关系为：“‘道’作为‘物所众著而共由者’即指‘天地人物之通理’的‘太极’。”④ 由上述关系不难看出，王船山虽明确提出多个本体概念，但究竟本体乃“太极”，而非其他。

依程志华教授的理解，王船山对“太极”为究竟本体还有进一步阐释，而这些阐释反过来再次印证了“太极”为究竟本体。程志华教授说：“‘太极’作为天地万物的本体，包括‘无有不极’和‘无有一极’两义，故又曰‘无极而太极’。所谓‘无有不极’，指万事万物莫不以‘太极’为最终根据。所谓‘无有一极’，指‘太极’‘无可循之’，不单独落于任何具体事物，因为它通过‘阴’‘阳’遍在于万事万物。而且，正因为‘无有一极’，故而方谓‘无所不极’。”⑤ 程志华教授的意思是，“无有不极”和“无有一极”既是“太极”本体的发用，亦是“太极”作为究竟本体之本体的规定性。

（三）关于历史观

关于王船山历史观的探讨，以往较多学者以“进步”或“进化”历史观来界定。程志华教授认为，这种观点有偏颇之处，主要理由在于，王船山的历史观有两面，而上述观点只看到一面。“就儒家传统来看，以尧、舜时期或‘三代’为社会理想的‘复古论’是重要特征。不过，王船山不赞成美化‘三代’之‘泥古薄今’的观点，认为这些观点在‘达其情’‘详其理’方面存在缺陷，

---

① 程志华：《宋明儒学之重构》第 265 页。

② 程志华：《宋明儒学之重构》第 265—266 页。

③ 程志华：《宋明儒学之重构》第 266 页。

④ 程志华：《宋明儒学之重构》第 266 页。

⑤ 程志华：《宋明儒学之重构》，第 215 页。

故并未把握人类历史真实情况。”① 那么，如何才能“达其情”“详其理”呢？此便是王船山历史观的两面：第一面，就人类作为一个物种来讲，人类经历了一个“进化”过程。“在他看来，人类大致经历了一个由‘直立之兽’——夷狄——文明的演进历程。”② 正是基于此，许多学者持王船山为“进化”历史观的观点。第二面，就人类社会来讲，其历史不过是一种“合离治乱”的循环。程志华教授说：“通过考察已往历史，王船山认为，历史发展过程不过是‘合离治乱’即‘一离一合，一治一乱而已’，而并非‘五德相禅’或‘三统’之说。”③ 这是王船山历史观的另外一面，而且是更具现实意义也更为重要的一面。但是，以往研究常常忽视这一面。既然如此，依作者意思推断，王船山的历史观可直接称为循环的历史观亦无妨。但是，作者并未取此一面而可能会有偏颇之质疑的观点，而是将取两面而将王船山历史观概之以“基于‘演进’的循环历史观”。显而易见，这个结论是更全面、更恰切的。

（四）关于“资治论”

在以往儒家哲学包括王船山哲学的研究中，学者使用“资治论”概念的较少。关于为何使用这一概念，程志华教授的解释是：“‘资治’一词源于司马光的《资治通鉴》之名，内涵指‘力行求治之资’，而非仅指‘知治知乱’之义。具体来讲，指认真研究以往历史，肯定、传承‘致治’之经验，否定、批驳‘召乱’之教训。”④ 这样一种解释是基于王船山所论而展开的。王船山说：“曰‘资治’者，非知治知乱而已也，所以为力行求治之资也。”⑤ 以王船山所论为依据，作者认为，“历史观”与“资治论”是不同的：“历史观”所解决的问题是“知治知乱”，而“资治论”所解决的问题则是“力行求治之资”。不过，二者又是紧密相关的：“资治论”为用，“历史观”为体；二者乃体用之关系。进而，《宋明儒学之重构》的“资治论”展现为如下具体内容：

---

① 程志华：《宋明儒学之重构》，第 479 页。

② 程志华：《宋明儒学之重构》，第 479 页。

③ 程志华：《宋明儒学之重构》第 479—480 页。

④ 程志华：《宋明儒学之重构》第 528 页。

⑤ [明] 王夫之：《读通鉴论》，《船山全书》第十册，第 1183 页。

第一节“人君者、人所归”的君主论，重点探讨和表达君权的合法性、正当性：一、政权的合法性与正当性；二、天子之位之维护。

第二节“即民见天”和“援天观民”的民本论，重点探讨和表达君民关系：一、清议与民岩；二、即民见天和援天观民。

第三节“礼主刑辅”的絜矩之道，重点探讨和表达政治理念和施政方略：一、以政而治民；二、严以治吏和宽以养民。

（五）儒学三形态说

值得注意的是，作者在探讨王船山哲学历史定位时，提出了独到的儒学三期说，而三期说的本质为儒学的三种理论形态。作者认为，儒学分期不能仅仅以时间为坐标，更重要的应以“空间”为坐标——这里的“空间”指“内容”或“内涵”，而“内容”之持定和变化可归于“问题意识”“核心命题”和“概念体系”三类“变化因子”。正是基于“时间”和“空间”双重坐标，作者将儒学史分为三期，而每一期为一种儒学理论形态为典型。三期和三种理论形态分别为：一为原始儒学“实存道德描述形态”，指从先秦到汉唐间以对实存伦理道德理论描述和理想表达为主要内容和以实践为特征的儒学形态；二是宋明儒学“形上学形态”，指宋明两朝时期以程朱理学和陆王心学之形上学为主要内容的儒学形态；三为明末清初儒学“形上道德实践形态”，指以道德本体论为基础、既具形上性又具经世功能为特征的儒学形态。①

关于儒学“三期说”，牟宗三先生的说法颇具影响。他把儒学史分为三个大阶段：以先秦孔、孟、荀到汉代董仲舒为第一期，此为儒学之确立方向、奠定规模的时期。以宋朝周、张、二程、朱熹至明朝王阳明、刘宗周为第二期，其中，宋代儒学表现“极光辉、极深远”，致使文化亦灿烂辉煌；明代则由王阳明“开一尽精微之局”，使“儒家之学之焕奇彩”。第三期则为由面对“生死之试验”的时代问题、上承宋明理学而致力于恢复儒学“健康之本相”的现代新儒家。② 基于这样一种“三期说”，牟宗三认为，现代新儒家为“接着宋明理学

① 程志华：《宋明儒学之重构》，第 586 页。

② 参见牟宗三《人文讲习录》，《牟宗三先生全集》（28），台北：联经出版事业股份有限公司2003 年，第 105 页。

讲"，开启了宋明儒学之后的第三期儒学。

很显然，程志华教授的"三期说"与牟宗三的说法不同。关于为何不同，程志华教授的理由除了上述关于"变化因子"的分析外，还指出："实际上，牟宗三所讲的'第三期儒学'与明末清初儒学'形上道德实践'形态在特征上是一致的。"① 所谓"一致"，作者所强调的是，它们均"既重'内圣'又重'外王'"，而不是说"在明末清初即有了'民主''科学'诉求"，而且"民主"和"科学"诉求属于"外王"的具体表现②。既然"第三期儒学"与"形上道德实践"形态在特征上一致，而"形上道德实践"形态先出，故无论从时间上还是从理论上都可得出结论：现代新儒家并非独立儒学理论形态，而是明末清初所开启的"形上道德实践"形态的延续和发展。质言之，接着宋明儒学讲的不是现代新儒家，而是以王船山等人为代表的明末清初儒者。由此，程志华教授给出了王船山哲学的儒学史定位。他说："直接'接着宋明理学讲'的不是现代新儒家，而是王船山、黄宗羲等人为代表的明末清初儒者；现代新儒学不是宋明儒学'形上学形态'的丰富与展开，而是明末清初儒学'形上道德实践形态'的丰富和展开。……总之，如果说先秦两汉儒学为'正'，宋明儒学为'反'，那么明末清初儒学便是'合'，而现代新儒家为此'合'理路下的继承、发展或发扬。这样来讲，中国的现代化进程不是开启于现代新儒家，而是开启于明末清初儒者。此乃王船山哲学在儒学史上的定位，亦是本著作最终的结论。"③

五、结语

综上所述，本文以"宇宙论""本体论""历史观""资治论""三形态说"为代表反映了《宋明儒学之重构》的部分新见，反映了本著作的独到和创新之处。当然，本著作的独到和创新之处不止于这五个问题，之前所论关于诠释的方法论、关于王船山哲学体系的理解，亦有本著作的独到和创新之处。不过，

---

① 程志华：《宋明儒学之重构》，第 693 页。

② 参见程志华《宋明儒学之重构》，第 694 页。

③ 程志华：《宋明儒学之重构》，第 694 页。

由于篇幅所限，本文仅能至此，不能再进一步展开。

总之，通过上述已揭明，本著作是众多王船山研究成果当中的一项新成果，其方法论、理论体系、理论创新、历史定位都能给予王船山哲学研究以新的启发和思考。

当然，本著作亦非无可商榷或补充之处：其一，王船山的经学思想展现不充分。虽然此著作副标题为“王船山哲学文本的诠释”，以“哲学”为角度，但经学是王船山哲学的出发点，实不可轻忽。其二，王船山哲学体系的建构与原始儒学的关系亦须进一步彰明。本著作当中对此问题有论及，但分散于各个部分当中；作者基于“三形态说”，将原始儒学、宋明儒学和明末清初儒学关系表述为“正”“反”“合”，其中对于“反”论述较充分，但对于“正”与“合”的关系，即原始儒学与明末清初儒学的关系仍有充实或凸显的必要和空间。

最后，衷心希望本著作的出版，能够促进王船山哲学的进一步研究，进而推进中国哲学的创新发展。